Henrik Müller
Wirtschaftsirrtümer

Zu diesem Buch

Steigende Löhne schaden der Wirtschaft? Arbeitszeitverkürzung schafft Arbeitsplätze? Eine starke Währung schwächt die Wirtschaft? Die Steuern sind zu hoch? Stimmt alles nicht! Anhand der größten und am weitesten verbreiteten Wirtschaftsirrtümer deckt Henrik Müller in diesem Buch die tatsächlichen Zusammenhänge auf. Zum Beispiel steigende Löhne: Nur wer einen finanziellen Anreiz hat, ist bereit, mehr und effektiver zu arbeiten, und trägt damit zur Steigerung der Produktivität bei, der wichtigsten Triebfeder für Wirtschaftswachstum. Und Arbeitszeitverkürzung führt nicht zu neuen Jobs, denn nur eine Gesellschaft, die viel arbeitet, ist hochproduktiv und schafft dadurch neue Arbeitsplätze. Kurz, prägnant und anschaulich bietet der promovierte Volkswirt und Journalist unentbehrliches Wirtschaftswissen, stellt populäre Vorurteile und Denkfehler richtig und zeigt mögliche Auswege aus der deutschen Mutlosigkeit.

Henrik Müller, geboren 1965 in Rinteln / Weserbergland, studierte Volkswirtschaft in Kiel, absolvierte die Deutsche Journalistenschule in München und promovierte in Hamburg. Nach Stationen als Wirtschaftsredakteur beim Sonntagsblatt und Stern ist Henrik Müller seit 2000 Redakteur beim manager magazin und hat bereits mehrere Wirtschaftsfachbücher veröffentlicht. 2002 wurde er mit dem Holtzbrinck-Preis für Wirtschaftspublizistik ausgezeichnet. Er lebt mit seiner Familie in der Nähe von Hamburg.

Henrik Müller
Wirtschaftsirrtümer

Richtigstellungen von Arbeitszeitverkürzung bis Zinspolitik

Mit 15 Abbildungen

Ein Eichborn.
Lexikon

Piper München Zürich

FSC

Dieses Taschenbuch wurde auf FSC-zertifiziertem Papier gedruckt.
FSC (Forest Stewardship Council) ist eine nichtstaatliche, gemeinnützige
Organisation, die sich für eine ökologische und sozialverantwortliche
Nutzung der Wälder unserer Erde einsetzt (vgl. Logo auf der Umschlag-
rückseite).

Ungekürzte Taschenbuchausgabe
Piper Verlag GmbH, München
Januar 2006
© 2004 Eichborn AG, Frankfurt am Main
Umschlag/Bildredaktion: Büro Hamburg
Heike Dehning, Charlotte Wippermann,
Alke Bücking, Kathrin Hilse
Foto Umschlagvorderseite: Marcus Lyon/Getty Images
Foto Umschlagrückseite: Andreas Beerlage
Papier: Munken Print von Arctic Paper Munkedals AB, Schweden
Gesamtherstellung: Clausen & Bosse, Leck
Printed in Germany
ISBN-13: 978-3-492-24371-1
ISBN-10: 3-492-24371-1

www.piper.de

Inhalt

Wirtschaftsirrtümer

Einleitung: Der deutsche Blues

Es gibt Erlebnisse, die sich ein für alle Mal ins Gedächtnis einbrennen. Im Frühjahr des Jahres 2003 saß ich mit Wolfgang Clement, damals seit einem halben Jahr Bundeswirtschaftsminister, zusammen. Soeben war die rot-grüne Regierung auf Reformkurs umgeschwenkt, und Clement hatte sich an die Spitze der Bewegung gestellt.

Ich fragte ihn, wann ihm eigentlich deutlich geworden sei, wie schwierig die Lage in Deutschland wirklich ist. Seine Antwort: erst als Minister in Berlin; erst dort habe er »die Tiefe der Probleme, die Dramatik und den Zeitdruck erkannt«.

Nachfrage: »Aber an Mahnungen und Warnungen hat es ja nicht gemangelt, und sie fielen zunehmend dringlicher aus. Haben Sie denn in den letzten zehn Jahren nie die Gutachten der ›Fünf Weisen‹ gelesen?«

Clement gab eine interessante Antwort: Ja gut, sagte er, der Sachverständigenrat habe ja im Vergleich zu den Sozialdemokraten schon immer »eine andere Linie, eine liberale Linie verfolgt«.

Wenn selbst ein kluger, ideologieferner Kopf wie Wolfgang Clement die Realität über Jahrzehnte nur durch die gefärbte Brille wahrgenommen hat, dann hat dieses Land ein gravierendes Erkenntnisproblem. Das Beispiel zeigt, woran die deutsche Debatte krankt: Die Gräben zwischen den politischen Lagern sind so tief, dass ein rationales Gespräch über Probleme und Lösungen kaum möglich ist. Und selbst die Ökonomenzunft, die ja eigentlich die Grundlage für politische Entscheidungen – Erklärungen, Prognosen, Lösungsmodelle – liefern sollte, ist in die parteipolitischen Lagerkämpfe verstrickt; ihre bekanntesten Köpfe werden, zu Recht oder zu Unrecht, der einen oder anderen Seite zugerechnet. Die Folge: Fakten verlieren ihre Überzeugungskraft, die Debatte weicht der Realität aus.

Statt sich den unübersehbaren Problemen zu stellen, werfen Politiker, Gewerkschafter, Verbandsfunktionäre und manchmal sogar hochmögende Wissenschaftler rhetorische Nebelkerzen. Sie argumentieren mit bloßen Behauptungen, mit Halb-, Viertel- oder schlichten Unwahrheiten. Schnell sind sie mit dem Vorwurf bei der Hand, ein Vorschlag der jeweiligen Gegenseite sei »unsozial« oder schade »dem Standort«, um dann sogleich festzustellen: »Das ist mit uns nicht zu machen.« Hauptsache, es passt ins machttaktische Kalkül.

Das Publikum – also das Volk, der Souverän – nimmt es verwirrt zur Kenntnis, um sich dann betrübt abzuwenden. Was bleibt, ist die vage

Ahnung, die Probleme seien unlösbar; die Deutschen müssten sich eben in den unausweichlichen ökonomischen Abstieg fügen. Jetzt, so die verbreitete Haltung, gehe es nur noch darum, den Mangel »gerecht« zu verteilen. Pessimismus und Fatalismus breiten sich aus. Das Gefühl, es habe ja doch alles keinen Zweck, hat sich eingebrannt ins kollektive Bewusstsein. Keine andere europäische Nation blickt so düster in die Zukunft. In der alljährlichen Eurobarometer-Umfrage, mit der die EU-Kommission die Stimmungslage in den Mitgliedstaaten ermittelt, sind die Deutschen seit Jahren Meister im Schwarzsehen. Zuletzt glaubte nur noch ein Fünftel der Befragten, in fünf Jahren werde es ihnen besser gehen als heute. In anderen Ländern, in Italien, Großbritannien oder Schweden, erwartet jeweils rund die Hälfte der Bürger eine bessere Zukunft.

Der spezifisch deutsche Blues hat sich festgesetzt in den Köpfen. Und er zeigt längst realwirtschaftliche Folgen: Die bedrückte Stimmung selbst wird zur Bremse für die wirtschaftliche Entwicklung. Ein Teufelskreis, genährt von Unwissenheit und Hoffnungslosigkeit.

Dieses Buch versucht einen Beitrag zur Versachlichung der Debatte zu leisten. Es greift verbreitete Irrtümer, Urteile und Vorurteile auf, beleuchtet sie von verschiedenen Seiten, relativiert sie, konfrontiert sie mit Fakten. Es stellt einen zeitlichen und räumlichen Kontext her, einen Bezugsrahmen, der erst eine Beurteilung der Gegenwart ermöglicht. Wie sind wir dahin gekommen, wo wir sind? Und: Wie haben sich andere Länder entwickelt?

Der erste Teil des Buches beschäftigt sich mit Fragen rund um die Debatte über die »deutsche Krankheit«: Führt Arbeitszeitverkürzung zur Lösung der Jobmisere? Ist die Senkung der Lohnnebenkosten ein sinnvolles Ziel? Kann der Staat mit höheren Ausgaben die Wirtschaft ankurbeln? Warum sind die skandinavischen Volkswirtschaften genauso erfolgreich wie die amerikanische, obwohl doch die Skandinavier mehr als die Hälfte ihrer Einkommen an den Fiskus weiterreichen müssen, was nach landläufiger Meinung eigentlich jegliche Dynamik abwürgen sollte? Und schließlich: Was ist eigentlich gerecht?

In den folgenden Kapiteln geht es um internationale Aspekte: Haben die Globalisierungsgegner Recht? Droht Unheil, wenn heimische Unternehmen durch ausländische übernommen werden? Ist Einwanderung eine Bedrohung? Schadet eine starke Währung der Wirtschaft des betreffenden Landes? Ist der Euro ein Erfolg oder eine Enttäuschung?

Danach wendet sich der Blick auf die Unternehmens- und Branchenebene: Wie gut ist der deutsche Mittelstand? Nützt oder schadet der Bundesrepublik die verbreitete Fixierung auf die Industrie? Und kommt die Moral im Wirtschaftsalltag unter die Räder?

Die letzten beiden Kapitel schließlich beschäftigen sich mit langfristigen Perspektiven: Welche Probleme wird die Energieversorgung in Zukunft aufwerfen? Wie lässt sich der demographische Wandel, die zunehmende Alterung der Gesellschaft, meistern?

Ich habe mich bemüht, eindimensionale Antworten zu vermeiden. Wer die Kapitelüberschriften liest und glaubt, auf den folgenden Seiten werde das exakte Gegenteil des jeweiligen Irrtums dargelegt, der liegt falsch. So einfach ist die Sache glücklicherweise nicht – sonst wäre die Welt ja furchtbar langweilig. Ein bisschen differenzierter darf's schon sein. Jedes Kapitel endet mit einem Abschnitt »Politische Ökonomie«, der beleuchtet, wer eigentlich ein Interesse am zähen Überleben des jeweiligen Irrtums hat. Diese Abschnitte werden vielen Lesern polemisch erscheinen, und das ist auch so beabsichtigt.

Dies ist das Buch eines Journalisten. Als Redakteur bei großen Zeitschriften habe ich in den vergangenen Jahren das Privileg gehabt, immer wieder hautnah am Geschehen zu sein – Menschen zu begegnen, die wichtige ökonomische Entscheidungen treffen, und solche, die von diesen Entscheidungen betroffen sind. Begegnungen dieser Art sind hier und da in das Buch eingeflossen: kurze Anekdoten, um das wirkliche Leben bei aller Analyse greifbar zu machen.

Dies ist das Buch eines begeisterten Ökonomen. Die Wirtschaftswissenschaften sind eine Disziplin, in der es keine ewigen Wahrheiten gibt, keine »Gesetze« in einem physikalischen Sinn. Vielmehr verändert sich das zu erklärende Objekt permanent, gerade in der jüngsten Vergangenheit. Die Umbrüche der vergangenen anderthalb Jahrzehnte – Mauerfall und Globalisierung, Euro-Einführung, Börsenfieber und Internet, die Terroranschläge des 11. September 2001 und der »Krieg gegen den Terror« – haben eine neue ökonomische Topografie erschaffen und stellen die Welt vor zuvor unbekannte Herausforderungen. Welche hergebrachten Muster gelten noch? In welcher Hinsicht erfordern die neuen Zeiten neue Erklärungen? Faszinierende Fragen, die in diesem Buch immer wieder durchschimmern. Natürlich sind auch die hier präsentierten Antworten nicht neutral, sondern subjektiv gefärbt, aller Fakten und Zahlen zum Trotz. Es sind die Überzeugungen eines Autors, dessen Wertvorstellungen in der liberalen Tradition (nicht zu verwechseln mit der gleichnamigen deutschen Partei) wurzeln, die die freie Entfaltung der Individuen ins Zentrum aller Überlegungen stellt.

Dies ist das Buch eines Optimisten. Es folgt der Überzeugung, dass Wirtschaftswachstum aus dem Wunsch vieler Menschen nach »mehr« erwächst – nach mehr Geld, mehr Ansehen, mehr Macht, mehr Möglichkeiten zur Selbstentfaltung. Wachstum beginnt mit dem Willen, ein besseres Leben führen zu wollen. Anders gewendet: Wer möchte, dass der Wohlstand wächst und die Wirtschaft gedeiht, muss den Menschen die Möglichkeit eröffnen, den Wunsch nach mehr auszuleben.

Was hindert uns daran?

Irrtum 1:
Steigende Löhne schaden der Wirtschaft

Die Deutschen pflegen seit einigen Jahren einen ausgeprägten Hang zur Bescheidenheit. Es besteht ein breiter Konsens, dass ein höherer Lebensstandard für die große Mehrzahl der Bürger nicht zu erreichen sei. So deutlich sagt das zwar kaum jemand, aber alle handeln danach. Ökonomen predigen, die Beschäftigten müssten den Gürtel enger schnallen. Vertreter der Arbeitgeberverbände verkünden, satte Lohnerhöhungen seien nicht drin. Manager großer Konzerne drohen mit Entlassungen. Und die Gewerkschaften verzichten bereitwillig auf Lohnprozente und vereinbaren lieber Arbeitszeitverkürzungen. Sie alle eint dasselbe Credo: Nennenswerte Steigerungen der Verdienste schadeten der Wirtschaft; die Deutschen könnten sich einfach nicht mehr leisten.

Eine fatalistische Haltung, die zur sich selbst erfüllenden Prophezeiung wird.

Übermäßige Bescheidenheit ist der Tod jeder dynamischen Ökonomie. Das lehrt der Blick in die Geschichte: Ein Wirtschaftswachstum, das die Lebensverhältnisse breiter Bevölkerungsschichten auf eine qualitativ neue Ebene hob, konnte erst entstehen, als sich der Wertekanon der Gesellschaft änderte – als der »Geist des Kapitalismus« sich ausbreitete, wie es der Soziologe Max Weber formulierte. Weil der puritanische Protestantismus es für gottgefällig erklärte, möglichst viele materielle Werte im Diesseits anzusammeln, sahen die Menschen plötzlich einen Sinn darin, viel und hart und immer effizienter zu arbeiten. Sie wollten mehr, sie wollten Gott gefallen, und sie wollten von ihren Zeitgenossen zumindest geachtet, besser noch: bewundert werden. Der Geist des Kapitalismus brachte eine dynamische Wirtschaft und eine durchlässige Gesellschaft hervor, die nicht mehr viel zu tun hatte mit der stagnierenden, starren, hierarchischen Welt des Feudalismus, die jedem sein Los durch die Umstände zuwies, in die er hineingeboren wurde, und die ansonsten auf das Jenseits und den Jüngsten Tag verwies.

Der Geist des Kapitalismus lässt sich, wenn man den religiösen Überbau einmal ignoriert, auf eine simple Formel bringen: Gier ist geil. Das gilt bis heute.

Wenn man versucht, diesen Gedanken heutigen deutschen Ökonomen nahe zu bringen, reagieren sie typischerweise erstaunt. Sie kontern mit dem Gegenargument: Es gebe doch in Deutschland Millionen von Arbeitslosen, was beweise, dass die Löhne zu hoch seien – Arbeit sei in Deutschland zu teuer. Also müssten die Löhne beziehungsweise die Lohnkosten sinken, damit die Nachfrage nach Arbeit steige. So funktioniere nun mal der Markt. Punktum.

So wenig das Argument, Arbeitslosigkeit habe etwas mit Lohnkosten zu tun, von der Hand zu weisen ist (siehe auch Irrtum 7), so sehr verharrt es in einer rein statischen Sichtweise – es unterschlägt, was Menschen antreibt. Wer möchte, dass die Wirtschaft wächst, dass der Lebensstandard steigt, dass die Beschäftigten motiviert und leistungsbereit sind; wer fordert, dass die Bürger sich permanent fortbilden, damit sie produktiver und innovativer arbeiten; wer ihnen abverlangt, dass sie flexibler, mobiler und risikobereiter werden – alles richtige Forderungen –, der muss ihnen einen Zusatzertrag für diese Mühen versprechen. Warum sonst sollten die Leute mehr leisten?

Es ist schon seltsam: Spitzenmanager und Topspezialisten billigen sich mit großem Selbstbewusstsein satte Einkommen zu. Leistungsträger, so das gängige Argument, müssten eben Spitzengehälter verdienen. Ab einem bestimmten Glied in der betrieblichen Hierarchie jedoch gilt dieses Argument nicht mehr. Nun werden Löhne und Gehälter nur noch als Kosten betrachtet. Und die müssten, schwierig wie die Zeiten nun mal sind, gesenkt werden. Entweder durch Einkommensverzicht oder durch Entlassungen.

Natürlich sind die Einkommen der Beschäftigten aus Sicht der Unternehmen Kosten. In vielen Firmen stellen sie sogar den mit Abstand größten Kostenblock dar. Doch ohne diese menschlichen Kostenfaktoren würde kein Unternehmen Umsätze und Gewinne erzielen. Der Mensch ist naturgemäß das einzig unverzichtbare Produktionsmittel. Ohne ihn läuft nichts. Und weil er ein eigennütziges Wesen ist – das wird kein Ökonom bestreiten –, muss er seiner Leistung entsprechend bezahlt werden. Warum sonst sollte er mehr, besser, schneller, produktiver arbeiten?

Das mag banal klingen, und das ist es auch. Leider ist der Zusammenhang zwischen Einkommen und Leistung aber erwähnenswert, weil er in Deutschland in Vergessenheit geraten ist.

Unternehmer, zumindest solche, die auf die Leistung ihrer Mitarbeiter Wert legen, wissen aus ihrer täglichen Praxis, dass sie mit Gürtel-enger-schnallen-Parolen wohl Krisenzeiten überbrücken, nicht aber langfristig erfolgreich sein können. Erich Sixt, der Herr über ein europaweites Mietwagenimperium, ein unkonventioneller Kopf, hat einmal erklärt: Er könne es sich gar nicht leisten, in einem Arbeitgeberverband Mitglied zu sein – er müsse seinen Leuten ohnehin viel mehr zahlen als den Tariflohn. Sonst hätten die Mitarbeiter doch gar keinen Anlass, sich für sein Unternehmen ins Zeug zu legen.

Um Missverständnissen vorzubeugen: Dies ist kein Plädoyer für die gewerkschaftstypische Löhne-rauf-und-die-Wirtschaft-brummt-Doktrin, wonach mehr Geld in Arbeitnehmerhand für mehr Konsumnachfrage sorgt, woraufhin mehr produziert wird – und somit die Wirtschaft schneller wächst. Diese Perpetuum-mobile-Ökonomik tut so, als könne simple Umverteilung durch Tarifverhandlungen die Wirtschaft nach vorn bringen: ein Irrtum. Die Gewerkschaften haben mit ihrer Strategie Ergebnisse erzielt – hohe Arbeitslosigkeit, stagnierende Masseneinkommen, Nullwachstum –, die ihre Logik eindrucksvoll widerlegen.

Zusätzliches Einkommen muss erarbeitet werden. Wenige ökonomische Zusammenhänge sind so eindrucksvoll belegt und so unmittelbar einleuchtend.

Und wie wird mehr Einkommen erarbeitet? Indem Menschen mehr und/oder produktiver arbeiten.

Und wie werden Beschäftigte produktiver? Indem sie mehr und/oder verbesserte technische Hilfsmittel (Maschinen, Computer, Transportmittel) einsetzen und sich das notwendige Wissen aneignen, um mit dieser Technik vermarktbare Güter herzustellen.

Und wie gelangt mehr Technik in die Unternehmen? Indem die Besitzer der Firmen investieren, weil sie erwarten, mit diesen Investitionen ordentliche Gewinne erzielen zu können.

Und wieso eignen sich Menschen mehr (wirtschaftlich verwertbares) Wissen an? Weil sie glauben, mit diesen Kenntnissen ein höheres Einkommen sowie einen höheren gesellschaftlichen Status zu erlangen und ein angenehmeres, selbstbestimmteres Leben führen zu können.

Kurz: Wirtschaftswachstum hat vier Quellen – die Steigerung des Arbeitsvolumens und der Produktivität sowie Investitionen in Sachkapital und in Humankapital. Alle vier Quellen haben eines gemeinsam: Sie entwickeln sich positiv, wenn Menschen nach mehr streben – nach mehr Wohlstand, mehr Rendite, mehr Einkommen, mehr Ansehen, mehr Macht, mehr Möglichkeiten zur Selbstentfaltung. Wachstum ist keine Naturgewalt. Wachstum kann nicht von Staats wegen verordnet werden, etwa durch Konjunkturprogramme oder durch niedrige Leitzinsen. Wachstum beginnt im Kopf und im Portemonnaie – mit dem Willen der Menschen, ein besseres Leben führen zu wollen.

Deutschland und einige andere europäische Staaten leisten sich jedoch Systeme, die so tun, als spielten die Wünsche und Träume der Individuen keine Rolle, wenn sie ökonomisch relevante Lebensentscheidungen treffen. Das System der Lohnfindung per Flächentarifvertrag produziert Abschlüsse, die über alle Betriebe, Branchen und Regionen hinweg ähnlich hoch sind – weitgehend unabhängig von der jeweiligen Wirtschaftsentwicklung. Das Steuer- und Sozialsystem wirkt inzwischen so progressiv, dass bei steigendem Verdienst nur ein Bruchteil des Zusatzeinkommens bei demjenigen ankommt, der es erarbeitet hat.

Wer den Bürgern immer höhere Belastungen aufbürden will (wie viele Sozialpolitiker), wer ihnen ständig einhämmert, höhere Verdienste seien nicht erreichbar (wie die Arbeitgeberverbände), wer Verzicht auf Arbeitszeit predigt und dafür stagnierende Löhne hinnimmt (wie die Gewerkschaften), der darf sich nicht wundern, wenn Menschen aus dem Arbeitsmarkt getrieben werden – Ehefrauen ziehen sich nichterwerbstätig ins Heim zurück, hochproduktive Akademiker wechseln auf Teilzeitstellen, Ältere in die Frührente, weniger Leistungsfähige in die Sozialhilfe. Motto: Es lohnt ja doch nicht, sich anzustrengen.

Dass steigende Einkommen und wirtschaftliches Wachstum sehr wohl vereinbar sind, zeigt der Blick auf andere Länder.

Deutschland auf dem Sonderweg: Lohn- und Einkommensentwicklung im Vergleich

Die Gürtel-enger-schnallen-Ideologie zeigt Wirkung. Unter den Beschäftigten der reichen Länder gehören die deutschen eindeutig zu denjenigen, deren Einkommen sich am schlechtesten entwickelt haben. Im vergangenen Konjunkturzyklus, gerechnet von 1993 bis 2002, sind die Verdienste in Deutschland so schwach gestiegen wie in kaum einer anderen entwickelten Volkswirtschaft. Real, also nach Abzug der Inflationsrate, stiegen die Bruttoeinkommen der Beschäftigten in der privaten Wirtschaft im Durchschnitt um lediglich 0,1 Prozent pro Jahr.[1] Ein Armutszeugnis. Sogar im Dauerkrisenland Japan erhielten die Beschäftigten mehr; ihre Reallöhne legten um immerhin 0,5 Prozent zu.

Unter den großen sieben Wirtschaftsnationen, den G7, schnitten lediglich die italienischen Beschäftigten noch schlechter ab als die deutschen: Ihre Einkommen sanken real um 0,5 Prozent. Verschwiegen sei auch nicht,

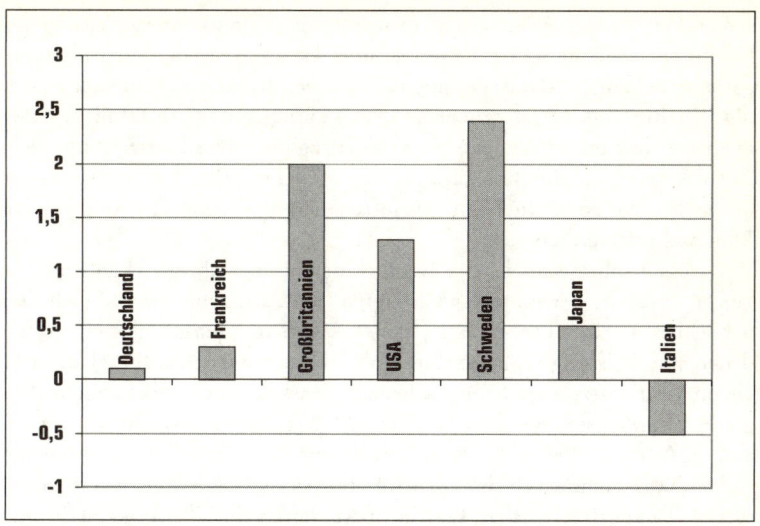

Abb. 1: Entwicklung der Realeinkommen der Beschäftigten in der Privatwirtschaft, 1993–2002 (durchschnittliche jährliche Veränderung, in Prozent).
Quelle: OECD, eigene Berechnungen

dass die Franzosen mit 0,3 Prozent Lohnzuwachs kaum besser dastehen als die Deutschen (siehe Abbildung 1).

Wie erklären sich die Unterschiede? Zunächst: Realeinkommen setzen sich aus zwei Größen zusammen, nämlich Verdienstentwicklung und Inflationsrate. Dass Japan im betrachteten Zeitraum überraschend gut und Italien überraschend schlecht abschneidet, liegt insbesondere an der Preisentwicklung.

In Japan herrscht seit 1995 Deflation; der Index der Verbraucherpreise fällt. In einer deflationären Welt steigen die Reallöhne, selbst wenn die Vergütung nominal konstant bleibt – vom gleichen Geld können die Konsumenten mehr kaufen. Tatsächlich reagiert die japanische Wirtschaft erst seit 1998 auf die sich verfestigende Deflation mit sinkenden Verdiensten, wobei allerdings die Löhne meist langsamer zurückgehen als die Preise – sodass immer noch Reallohnverbesserungen herausspringen.

In Italien verhält es sich genau umgekehrt. Die gravierenden Realeinkommensverluste im Durchschnitt der Jahre 1993 bis 2002 resultieren vor allem aus den relativ hohen Inflationsraten. Noch 1995 stiegen die italienischen Verbraucherpreise um 6 Prozent – die Einkommensentwicklung konnte damit nicht Schritt halten. Erst in der zweiten Hälfte der Neunzigerjahre bekämpfte die Regierung in Rom die Inflation entschlossener, um die Beitrittskriterien zur Europäischen Währungsunion zu erfüllen. Aber bis heute liegt die italienische Preissteigerung über dem Durchschnitt aller Euro-Staaten, was die Beschäftigten regelmäßig mit Einkommensverlusten bezahlen – wie so häufig frisst eine inflationäre Politik die Einkommen der Durchschnittsverdiener.

Wirklich interessant ist die Entwicklung in den übrigen Ländern. Sie zeigen, was in vernünftig gemanagten Volkswirtschaften möglich ist. Schweden – das zwar nicht zu den G-7-Staaten gehört, dessen beeindruckende Leistung an dieser Stelle aber betont werden soll – glänzt mit einem Verdienstzuwachs von 2,4 Prozent jährlich. In Großbritannien stiegen die Verdienste zwischen 1993 und 2002 real um 2 Prozent jährlich, in den USA um 1,3 Prozent und in Kanada immerhin noch um 1,2 Prozent.

Die Zahlen entlarven das auf dem europäischen Kontinent verbreitete Urteil, die angelsächsischen Länder praktizierten einen Turbokapitalismus auf Kosten der Arbeitnehmer, als Zerrbild. In den Neunzigerjahren war es gerade umgekehrt: Das angelsächsische Wirtschaftsmodell verhalf der Mehrheit der Bürger zu steigendem Wohlstand. Hingegen schafften die vermeintlich so sozialen kontinentaleuropäischen Schwergewichte Deutschland, Frankreich und Italien nur sehr bescheidene Zuwächse, wenn überhaupt.

Nicht nur im internationalen Vergleich schneidet Deutschland schlecht ab, auch historisch betrachtet ist die Entwicklung der deutschen Realverdienste erlahmt. Im Durchschnitt der Jahre 1975 bis 1992 war noch ein Plus von zwei Prozent jährlich drin. Selbst wenn man das Ausnahmejahr 1992 ausklammert – als der Boom der deutschen Einheit 6 Prozent zusätzlich auf die Konten der Beschäftigten spülte –, bleibt ein respektabler Zuwachs von 1,7 Prozent jährlich. Und jetzt? Stagnation, bestenfalls. 0,1 Prozent im Durchschnitt seit 1993. Ein Absinken unter die Nulllinie ist durchaus möglich.

Wie konnte es soweit kommen? Was ist passiert?

Eins vorweg: Schuld sind weder die Globalisierung noch die Rationalisierung noch die gut 1,7 Milliarden Überstunden, die deutsche Beschäftigte jährlich leisten – alles Erklärungen, die die Gewerkschaften gern heranziehen.

Also: Was machen andere Länder anders? Vor allem zwei Faktoren bestimmen das Einkommensniveau der Beschäftigten: wie viel und wie produktiv sie arbeiten.

Lohndrücker Nr. 1: Sinkende Arbeitszeiten[2]

Als der damalige Bundeskanzler Helmut Kohl Anfang der Neunzigerjahre gefragt wurde, was ihn eigentlich so zuversichtlich mache, dass im Osten »blühende Landschaften« entstehen würden, antwortete er: Das sind doch auch Deutsche, und die sind genauso fleißig wie wir. Kohl stand mit diesem Glauben nicht allein. Bis heute denken immer noch viele im In- und Ausland, die Bundesbürger seien besonders fleißige Zeitgenossen.

Hier zeigt sich wieder einmal, wie hartnäckig sich Vorurteile halten, auch wenn sie positiver Art sind. Die Wahrheit lautet: In kaum einem anderen wohlhabenden westlichen Land arbeiten die Beschäftigten so wenig – jährlich 1467 Stunden pro Person. In den alten Bundesländern, die bereits seit den Achtzigerjahren den Weg in die 35-Stunden-Woche beschritten, liegt die durchschnittliche Jahresarbeitszeit sogar nur bei 1449 Stunden (Stand: 2001), wie die Organisation für wirtschaftliche Zusammenarbeit und Entwicklung (OECD) vorrechnet. Nur in den Niederlanden und Norwegen liegen die Jahresarbeitszeiten noch niedriger; was allerdings darauf zurückgeht, dass in diesen beiden Ländern ein deutlich höherer Anteil der Bürger beschäftigt ist und von diesen zusätzlichen Erwerbstätigen sehr viele einer Teilzeitbeschäftigung nachgehen.

Die Deutschen arbeiten immer weniger. Zwischen 1990 und 2001 sank die durchschnittliche jährliche Arbeitszeit der westdeutschen Beschäftigten um 140 Stunden. Das sind umgerechnet dreieinhalb 40-Stunden-Wochen weniger, pro Person. Dieser Rückgang der Arbeitszeit hatte dramatische Auswirkungen: Obwohl die Zahl der Beschäftigten in Deutschland stieg, wenn auch nur noch schwach, nahm der gesamtwirtschaftliche Arbeitseinsatz (gemessen in »Vollzeit-Äquivalenten«[3]) in Deutschland in den Neunzigerjahren ab, und zwar im Durchschnitt um 0,7 Prozent jährlich, so die äußerst lesenswerte Studie *Germany's Growth Performance in the 90s* der Europäischen Kommission.

Wiederum ein deutscher Sonderweg: Einen Rückgang des gesamtwirtschaftlichen Arbeitseinsatzes gab es sonst nirgends. Im Zeitraum von 1990 bis 2001 blieb die Arbeitszeit in den USA und Großbritannien etwa konstant. In Schweden stieg sie um 50 Stunden jährlich.

Frankreich ging einen ähnlichen Weg wie Deutschland. Im Nachbarland, wo die sozialistische Regierung unter Lionel Jospin seit Ende der Neunzigerjahre die 35-Stunden-Woche per Gesetz durchdrückte, sank die durchschnittliche Arbeitszeit um 125 Stunden jährlich. Auch in Italien ging sie zurück.

Offensichtlich besteht ein enger Zusammenhang zwischen der Entwicklung der Arbeitszeit und der Entwicklung der Einkommen. In den Ländern mit nur schwach steigenden oder gar schrumpfenden Realeinkommen ging auch die Arbeitszeit der Beschäftigten zurück, nämlich in Deutschland, Frankreich und Italien. Logisch: Wer weniger leistet, kann nicht mit höheren Verdiensten rechnen. Hingegen erhöhten sich die Einkommen dort relativ kräftig, wo die Arbeitszeit stieg oder wenigstens nicht sank.

Zwei Argumente werden regelmäßig angeführt, um die Folgen rückläufiger Arbeitszeiten zu relativieren:

Argument 1: Den Kontinentaleuropäern sei zusätzliches Einkommen offenbar weniger wichtig als zusätzliche Freizeit. Weil ihre materiellen Bedürfnisse größtenteils befriedigt seien, wollten sie jetzt das Leben genießen. Motto: Warum bis zur Erschöpfung arbeiten – wir haben doch alles. Auf den ersten Blick ein guter Hinweis: Was können liberale Ökonomen schon gegen die individuellen Vorlieben der Bürger haben? Wer weniger arbeiten will, sollte diese Option frei wählen können; dagegen ist nichts zu sagen, solange er niemand anderem auf der Tasche liegt. Auf den zweiten Blick jedoch zeigt sich, dass dieses Argument nur bedingt sticht: In den meisten kontinentaleuropäischen Volkswirtschaften wird die freie Wahl der Bürger massiv durch Steuern und Abgaben beeinflusst; viele würden vermutlich gerne mehr arbeiten und verdienen, wenn es sich denn lohnte. Dazu unten mehr.

Argument 2: Die Deutschen seien nun mal so produktiv, dass sie es sich ohne weiteres leisten könnten, wenig zu arbeiten. Weil deutsche Beschäftigte pro Arbeitsstunde deutlich mehr schafften als ihre Kollegen in anderen Ländern, könnten sie früher nach Hause gehen und mehr Urlaub machen. Im Kern ein richtiges Argument: Wenn sie in der gleichen Zeit mehr Güter und Leistungen produzieren, könnten sie theoretisch weniger arbeiten und dennoch steigende Einkommen beziehen. Weniger Arbeit, mehr Geld – der Königsweg ins Nirwana. Leider sieht die Realität anders aus.

Lohndrücker Nr. 2: Schwache Zunahme der Produktivität

Die deutsche Industrie mag immer noch in großen Teilen hochproduktiv sein und ihre Konkurrenz in den USA und anderswo in den Schatten stellen, für die Gesamtwirtschaft jedoch ergibt sich ein anderes Bild: Zwischen 1993 und 2002, dem Zeitraum, den wir oben für die Lohnentwicklung betrachtet haben, stieg die Produktivität der Beschäftigten in Deutschland durchschnittlich um lediglich 1,05 Prozent pro Jahr. Seit Mitte der Neunzigerjahre liegt der Produktivitätsanstieg deutlich unter dem langfristigen Trend von rund 2 Prozent jährlich.

Die permanente Effizienzverbesserung der Wirtschaft – in Deutschland ist sie nachhaltig erlahmt, vergleichbar nur mit der Entwicklung Japans. Dort ging im gleichen Zeitraum die Produktivitätssteigerungsrate noch stärker zurück. Auch Frankreich (plus 1,2 Prozent jährlich) entwickelte sich nicht viel besser. Italien und Großbritannien brachten es immerhin auf 1,4 Prozent, die USA auf 1,8 Prozent, Schweden gar auf 2,6 Prozent.

Offensichtlich gibt es einen Zusammenhang zwischen Arbeitszeit und Produktivitätsentwicklung: Wo die Beschäftigten im Durchschnitt weniger arbeiten, erwirtschaften sie auch vergleichsweise weniger. Denn nichts anderes misst ja die Produktivität – den Output pro Beschäftigtem. Arbeiten die Beschäftigten weniger, mag es zwar noch Produktivitätszuwächse geben – weil neue Maschinen und neue Organisationsformen die Produktion verbessern –, folglich mögen auch die Löhne noch steigen. Die Einkommen nehmen aber um weniger zu, als bei konstanter (wie in den USA oder Großbritannien) oder steigender Arbeitszeit (wie in Schweden) möglich wäre.

Tatsächlich ist der Rückgang der deutschen Produktivitätszuwächse weit weniger dramatisch, wenn man die kürzere Arbeitszeit berücksichtigt, wie es die EU-Kommission in der schon erwähnten Studie über Deutschlands Entwicklung in den Neunzigerjahren getan hat. Die Brüsseler Ökonomen kommen zu dem Ergebnis, dass die deutsche Produktivität pro Stunde deutlich schneller stieg als in Frankreich und in Italien – eine relative Effizienzverbesserung, die allerdings, wie gesagt, wegen der gleichzeitigen Verringerung der Arbeitszeit nicht zu Einkommenssteigerungen führte. Doch selbst wenn man den Arbeitszeiteffekt herausrechnet, bleibt das alarmierende Ergebnis: In der zweiten Hälfte der Neunzigerjahre lief die deutsche Produktivitätsmaschine deutlich langsamer als anderswo, insbesondere als in den USA und in den skandinavischen Ländern.

Ergo: Dass die Realeinkommen in Deutschland kaum gestiegen sind, liegt einerseits an der verringerten Arbeitszeit und andererseits an der schwachen Produktivitätsentwicklung. Es ist ganz offensichtlich so: Weil sich die Bürger mit stagnierenden Löhnen zufrieden geben, nehmen sie ihre Leistung zurück. Weil sie glauben, keine steigenden Einkommen erreichen zu können, ziehen sie sich frustriert vom (legalen) Arbeitsmarkt zurück.

Warum ist das so? Hat ein gravierender Wertewandel stattgefunden? Haben die Bürger, anders als Helmut Kohl weiland glaubte, das Arbeiten satt?

Lohndrücker Nr. 3: Steigende Steuern und Abgaben

Die Antwort lautet: Viel zu arbeiten, sich aus- und fortzubilden lohnen sich immer weniger in Deutschland. Anders gewendet: Wer sich entscheidet, weniger zu arbeiten, erleidet nur einen relativ geringen Einkommensverlust.

In keinem anderen westlichen Land sind nach OECD-Berechnungen Steuern und Abgaben in den Neunzigerjahren so stark gestiegen wie in der Bundesrepublik. In den meisten Volkswirtschaften sanken Steuern und Abgaben sogar deutlich. Der verschärfte Zugriff des Staates auf die Verdienste der deutschen Beschäftigten ist eine Folge der Wiedervereinigung, die nicht nur absurd teuer war und bis heute ist (siehe Irrtum 9), sondern auch noch falsch finanziert wurde: nämlich zu einem großen Teil durch die Versicherten der Sozialkassen, nicht durch allgemeine Steuern.

Inzwischen ist die Belastung der arbeitenden Bevölkerung in Deutschland extrem hoch. Ein Durchschnittsverdiener ohne Kinder führt mehr als die Hälfte seines Einkommens an die Staatskassen ab, wenn der Arbeitgeberanteil seriöserweise als Teil der Entlohnung einbezogen wird. Unter den wohlhabenden Ländern des Westens belastet nur Belgien seine Bürger höher – die Folge hoher Staatsschulden, die aus einer zügellosen Ausgabenpolitik in der Vergangenheit resultieren.

Die wirtschaftliche Dynamik – und das heißt vor allem: die Arbeitsbereitschaft der Bürger – wird von den Antworten auf folgende Fragen beeinflusst: Wie viel Geld kann ich zusätzlich verdienen, wenn ich mehr arbeite? Wie viel Geld habe ich mehr in der Tasche, wenn ich mich mehr anstrenge? Wie viel Geld verdiene ich zusätzlich, wenn ich ein Hochschulstudium absolviere statt einer Lehre? Wie gesagt: Der eigentliche Motor der Wirtschaft ist das Streben der Menschen nach mehr – mehr Wohlstand, mehr Selbstentfaltung, mehr Konsum, mehr Ansehen.

In Deutschland allerdings fällt die Antwort auf die soeben genannten Fragen höchst ernüchternd aus. Die so genannte Grenzbelastung – die Steuern und Abgaben, die auf jeden zusätzlich verdienten Euro fällig werden – ist in den Neunzigerjahren noch deutlich gestiegen. Alfred Boss, Fachmann für Finanzpolitik am Kieler Institut für Weltwirtschaft, hat die Grenzbelastung für verschiedene Einkommenshöhen durchgerechnet. Ein Angestellter (verheirateter Alleinverdiener mit zwei Kindern), der 1993 rund 2300 Euro im Monat verdiente, musste damals von jedem zusätzlich verdienten Euro 49,5 Cent abgeben, 2002 waren es 60 Cent. Ist er ledig und kinderlos, muss er jetzt sogar 65 Cent von jedem zusätzlich verdienten Euro an die Finanzminister, Kämmerer und Sozialversicherungen der Republik überweisen. Selbst bei Beschäftigten mit relativ niedrigen Einkommen greift der Staat massiv zu: Ein lediger Alleinverdiener mit 1500 Euro Einkommen im Monat muss annähernd 60 Cent von jedem hartverdienten zusätzlichen Euro abgeben.

Die Folge: Das staatliche Abgabensystem entkoppelt Leistung und Bezahlung weitgehend. Mehr zu arbeiten lohnt sich nicht. Die Arbeitszeit sinkt, die Produktivität lahmt. Für immer mehr Menschen wird Freizeit nicht nur ideell, sondern nun auch finanziell attraktiv: Wer mehr Einkommen erwirtschaften will, arbeitet lieber schwarz nach Feierabend. Der Umsatz der deutschen Schattenwirtschaft hat sich nach Berechnungen des Linzer Ökonomen Friedrich Schneider seit 1990 mehr als verdoppelt, auf heute mehr als 17 Prozent des offiziellen Sozialprodukts.

Die negativen Effekte hoher Grenzbelastungen für Niedrigverdiener sind in den vergangenen Jahren viel diskutiert worden, insbesondere weil hohe Steuern und Abgaben dazu führen, dass es für die Beschäftigten finanziell vorteilhaft ist, staatliche Leistungen wie Sozialhilfe in Anspruch zu nehmen, anstatt zu arbeiten. »Mini-Jobs« bis 400 Euro Monatsverdienst, »Midi-Jobs« bis 800 Euro, »Ich-AGs« für niedrigverdienende Selbstständige – all das sind Ansätze, die zeigen, dass das Problem der schwachen Arbeitsanreize für gering Qualifizierte und wenig Leistungsfähige zumindest erkannt ist.

Weithin unerkannt ist hingegen die gravierende Fehlsteuerung des deutschen Systems bei Beziehern höherer Einkommen. Es geht um diejenigen, die im Vokabular der Verteilungspolitiker als »Besserverdienende« oder, noch emotionsgeladener, als »Reiche« bezeichnet werden und folglich Objekte immer neuer Besteuerungsgelüste sind.

Wer sind die Besserverdienenden? Größtenteils diejenigen, die nach mehr streben und deshalb sich selbst und die Wirtschaft voranbringen; diejenigen, die überdurchschnittlich produktiv sind; diejenigen, die viel Geld und Zeit in ihre Ausbildung gesteckt haben. Wer ihnen die aus der Zusatzleistung resultierenden Extra-Euros weitgehend wegbesteuern will, treibt gerade die produktivsten Kräfte der Gesellschaft in die Untätigkeit.

Bei Mercedes in Stuttgart zum Beispiel absolvieren hoch qualifizierte Entwicklungsingenieure 35-Stunden-Wochen. Überstunden? Die verhindert der Betriebsrat. Die Vorgesetzten achten peinlich genau darauf, dass niemand mehr arbeitet als die tarifliche Arbeitszeit. Absurder geht's kaum: Den wenigen tausend Leuten, die die deutsche Autoindustrie international wettbewerbsfähig machen, die Hightech-Produkte entwickeln, die Hunderttausenden von gewerblichen Mitarbeitern erst zu gut bezahlten Jobs in Deutschland verhelfen; Leuten, die fünf, sechs oder sieben Jahre studiert haben – diesen Schlüsselfiguren in der wichtigsten deutschen Industriebranche wird das Mehrarbeiten verboten.

Warum lassen sich die Ingenieure die kurze Arbeitswoche gefallen? Weil es sich für sie kaum lohnen würde, mehr zu arbeiten.

Wen wundert es, dass die deutsche Wirtschaft lahmt?

Es kommt noch schlimmer: Rein finanziell betrachtet lohnt sich sogar eine Hochschulausbildung in Deutschland kaum. Weil das Steuer- und Abgabensystem gleichmacherisch ausgestaltet ist, verdienen Hochschulabsolventen im Durchschnitt netto nur gut 20 Prozent mehr als Absolventen von Lehrberufen. In Frankreich, Großbritannien und den Niederlanden liegt der Zusatzverdienst bei 50 Prozent und mehr, in den USA sogar bei über 100 Prozent.

Lohnt sich angesichts so geringer Zusatzverdienste überhaupt die Mühe eines teuren und aufwändigen Studiums in Deutschland? Die Antwort: Ja, aber nicht sonderlich – und nur in jungen Jahren. Eine OECD-Untersuchung kommt zu dem Ergebnis, dass der finanzielle Anreiz zu studieren (gemessen als »interne Verzinsung« des durch das Studium erworbenen Humankapitals) so gering ist wie in kaum einem anderen OECD-Land. Und wer sich noch in fortgeschrittenen Jahren weiterbilden will; wer noch einmal auf die Uni geht, um sein Wissen aufzufrischen, einen Karriereschritt zu machen oder seinen Marktwert zu erhöhen, weil er andernfalls möglicherweise arbeitslos würde – wer also in der Lebensmitte noch einmal in sein Humankapital investiert, der macht sogar ein Minusgeschäft. Deutschland ist das einzige OECD-Land, in dem die Zusatzausbildung an der Hochschule bereits für 40-Jährige eine negative interne Rendite erbringt: Die Kosten der Ausbildung kann der durchschnittliche Beschäftigte in seiner verbleibenden Lebensarbeitszeit nicht mehr durch zusätzliches Einkommen wieder hereinholen.

Die Folgen der schwachen Anreize, in Humankapital zu investieren, sind in den Statistiken zu besichtigen.

Lohndrücker Nr. 4:
Geringe Investitionen in Humankapital und Sachkapital

Was ist letztlich die Quelle des Wohlstands? Was ermöglicht steigende Löhne? Mehr Arbeit – und produktivere Arbeit. Die Arbeit der Menschen wird umso produktiver, je mehr Sachkapital (Maschinen, Computerkapazität, Fahrzeuge, öffentliche Infrastruktur und so weiter) ihnen zur Verfügung steht und je mehr Humankapital (Wissen, Bildung, Erfahrung, Fähigkeiten) in einer Gesellschaft vorhanden ist. Sachkapital und Humankapital sind Güter, die einer Gesellschaft für lange Zeiträume zur Verfügung stehen. Die heutigen Generationen leben zum großen Teil von dem, was frühere Generationen ihnen hinterlassen haben – was die Ahnen erdacht, erforscht, gebaut, angeschafft haben.

Nur die Vermehrung von Human- und Sachkapital eröffnet einer Volkswirtschaft eine dauerhafte Wachstumsperspektive, darüber sind sich die Ökonomen heute einig. Nur so werden die Menschen produktiver – nur so werden steigende Löhne möglich.

Der Verdacht liegt auf der Hand, dass der wahre Grund für die erlahmende Produktivitätsentwicklung in einer abgeschwächten Kapitalvermehrung liegt – oder in einer mangelnden Nutzung vorhandenen Kapitals. Beides trifft auf Deutschland zu.

Der produktivste Teil des Humankapitals sind die Hochschulabsolventen. Vor allem sie haben das Zeug, die Zugpferde des technischen Fortschritts zu sein. Im internationalen Vergleich liegt der Anteil dieser Hochqualifizierten an der deutschen Gesamtbevölkerung nach OECD-Berechnungen immer noch relativ hoch. Unter den 25- bis 64-Jährigen verfügen 28 Prozent der Männer und 17 Prozent der Frauen über eine solche so genannte Tertiärausbildung – verglichen mit 23 Prozent der Männer im OECD-

Durchschnitt ein guter Wert, wenn auch einige Länder wie die USA deutlich höhere Zahlen aufweisen.

Allerdings gibt es auch bei der Schaffung von Humankapital keinen Grund zur Beruhigung: In der jungen Generation erreicht Deutschland beim Akademikeranteil im internationalen Vergleich keinen vorderen Platz. Nur vergleichsweise wenige junge Leute besuchen eine Hochschule (vor allem weil das deutsche Schulsystem derartige Chancenungleichheiten schafft, dass vergleichsweise wenige überhaupt den zum Hochschulzugang erforderlichen Schulabschluss erwerben). Besorgnis erregend ist insbesondere, dass relativ wenige Frauen studieren. In der Altersgruppe der 25- bis 34-Jährigen haben 20 Prozent eine Hochschulausbildung abgeschlossen, in Kanada sind es 52 Prozent, in den USA 39 Prozent, in Schweden 34 Prozent, in Frankreich 33 Prozent.

Während bei den Frauen die Bildungsbereitschaft der jüngeren immerhin gegenüber der älteren Generation gestiegen ist, nimmt bei den Männern die Bildungsbereitschaft offenkundig ab: Von den 25- bis 34-Jährigen verfügt ein kleinerer Anteil (23 Prozent) über eine abgeschlossene Hochschulausbildung als in der Gruppe der 45- bis 54-Jährigen (32 Prozent). Woher rührt diese Entwicklung? Der OECD-Forscher Simon Fields antwortet darauf: »Die Leute in Deutschland beenden ihr Studium nun mal sehr spät. In den meisten anderen Ländern ist die Hochschulausbildung im Alter von 25 Jahren abgeschlossen. Außerdem dürfte die hohe Zahl der Studienabbrecher [die in der Statistik nicht erfasst werden, A. d. V.] in Deutschland eine Rolle spielen.«

Wie so oft sind die Anreize falsch gesetzt: Weil die Ausbildung an staatlichen Universitäten gebührenfrei ist und weil das Studium im späteren Berufsleben kaum zu überdurchschnittlichen Nettoeinkommen führt, fehlt der finanzielle Ansporn, zügig auf den Abschluss hinzuarbeiten.[4]

Eben diese Fehlanreize dürften auch dafür verantwortlich sein, dass nur relativ wenige junge Leute sich den Mühen eines mathematisch-technisch-naturwissenschaftlichen Studiengangs unterziehen. Nur ein Sechstel der Hochschüler wählt diese Fächer. Die übrigen studieren lustvollere geisteswissenschaftliche Disziplinen beziehungsweise relativ einfache wie Wirtschaft oder Jura. Die Entwicklung weg von den Natur- und Ingenieurwissenschaften sei »besonders bedenklich«, warnt der Bericht zur Technologischen Leistungsfähigkeit Deutschlands, weil sie eben jene Leistungsfähigkeit dauerhaft gefährde.

Ökonomisch relevant ist letztlich nicht, wie viele Leute studieren, sondern ob sie ihr Wissen auch tatsächlich auf dem Arbeitsmarkt anwenden. Auch hier schneidet Deutschland unterdurchschnittlich ab: Von den männlichen Hochschulabsolventen arbeiten am Ende 87 Prozent, von den weiblichen nur 78 Prozent. Und wer arbeitet, wird häufig an der uneingeschränkten wirtschaftlichen Nutzung seiner Fähigkeiten und Kenntnisse gehindert – siehe die schon erwähnten Entwicklungsingenieure bei Mercedes. Brachliegende Kapazitäten, die nicht zur Verfügung stehen, um das Sozialprodukt zu erhöhen.

Ebenso alarmierend ist die gebremste Vermehrung von Sachkapital. Der Kapitalstock der deutschen Volkswirtschaft wuchs Anfang der Neunzigerjahre noch mit einer Rate von 3,3 Prozent jährlich. Um die Jahrtausendwende war der Zuwachs auf 2,3 Prozent zurückgegangen, 2002 auf 1,5 Prozent. Entscheidend hierfür ist der Rückgang der Investitionen. Die Unternehmen investieren weniger in Deutschland, weil sich die Absatzchancen hierzulande verschlechtert haben (der Preis der Gürtel-enger-schnallen-Ideologie), weil Deutschland als Produktionsstandort bei erlahmender Produktivität an Attraktivität verloren hat, weil Hightech anderswo besser gedeiht (unter anderem eine Folge der Technikerdürre). Besonders drastisch strich der Staat seine Investitionen zusammen: Seit 1996 lagen sie unter den Werten der Achtzigerjahre, als nur die alten Länder zum Bundesgebiet gehörten. Zuletzt betrugen die staatlichen Nettoinvestitionen nicht mal mehr 2 Milliarden Euro – Folge der katastrophalen Entwicklung der Staatsfinanzen (die wiederum eine Folge der falsch gesetzten Leistungsanreize ist). Nimmt man private und öffentliche Ausgaben zusammen, sank die Nettoinvestitionsquote – neugeschaffene Kapitalgüter nach Abzug der Abschreibungen in Relation zur Wirtschaftsleistung – von rund 11 Prozent Anfang der Neunzigerjahre auf gut 6 Prozent nach der Jahrtausendwende.

Lohndrücker Nr. 5: Gleichmacherische Tarifpolitik

Neben der notwendigen Beseitigung von Leistungshemmnissen im Steuer- und Abgabensystem (siehe Irrtümer 6–10) gehört auch das deutsche System der Flächentarifverträge auf den Sperrmüll. Kein anderes Land vergleichbarer Größe leistet sich eine solche Prozedur der Lohnverhandlungen, die zu derart gleichmäßigen Abschlüssen führt. Deutschland ist ein hochgradig heterogenes Land, seit dem Beitritt der strukturschwachen

Ostländer erst recht. Es gibt dynamische Hightech-Regionen von internationalem Rang wie München und Stuttgart; Regionen, die von sterbenden Industrien heruntergezogen werden, wie das Ruhrgebiet; und Regionen, die ländlich und menschenleer sind, wie Mecklenburg-Vorpommern. Ähnlich breit gefächert ist die Branchenstruktur der deutschen Wirtschaft: Es gibt Branchen, die im internationalen Wettbewerb gut dastehen, wie die Autoindustrie, die Chemie oder die Energieversorger; Branchen, die in einem Abschwung ohne absehbares Ende stecken, wie die Bauindustrie; und Branchen, die zwar gut dastehen, die aber dennoch im internationalen Wettbewerb unter die Räder zu kommen drohen, wie der Maschinenbau. Innerhalb der jeweiligen Region und Branche wiederum gibt es Unternehmen, die in den vergangenen Jahren hervorragend verdienten, wie BMW, und solche, die Verluste erwirtschafteten, wie Opel. Es gibt Unternehmen, die händeringend Leute suchen, und solche, die große Teile der Belegschaft entlassen müssen, wie etwa die meisten Banken.

Über all diese Unterschiede hinweg legt der deutsche Flächentarif einen Mittelwert – mit Abweichungen nach oben und unten, sicherlich, aber dennoch einen Mittelwert. Sowohl die Beschäftigten in schwachen Betrieben (für sie sind die Abschlüsse zu hoch, sodass sie möglicherweise arbeitslos werden) als auch ihre Kollegen in hoch profitablen Firmen (sie bekommen weniger, als sie bei betrieblichen Abschlüssen erreichen könnten) leiden unter dem Diktat dieses Mittelwerts.

Der Lohn verliert seine Anreiz- und Signalfunktion. Warum ziehen die Opelianer aus Rüsselsheim nicht zu Mercedes und Porsche nach Stuttgart? Wie ist es möglich, dass im Arbeitsamtsbezirk Freising bei München seit Jahren akuter Mangel an Beschäftigten herrscht und gleichzeitig in Mönchengladbach oder Anklam Zigtausende Menschen ohne Chance auf einen Job verharren? Warum bilden sich so wenige Beschäftigte auf eigene Faust weiter? Die Antwort liegt auf der Hand: Menschen nehmen die Mühen der Mobilität und Flexibilität nur auf sich, wenn es sich für sie finanziell lohnt. Die deutsche Form der Tarifpolitik trägt dazu bei, den Arbeitsmarkt in Beton zu gießen, gerade im Bereich der großen Menge von Beschäftigten mit mittleren Einkommen.

Gewerkschaftern und Marktskeptikern gilt der Flächentarifvertrag als Bollwerk gegen die rücksichtslose Ausbeutung der abhängig Beschäftigten durch das Kapital. Die geballt auftretende Gewerkschaftsmacht, so die Theorie, erreiche mehr Umverteilung zugunsten der Werktätigen.

Das ist falsch. Wie oben erwähnt, haben deutsche Beschäftigte im

Schnitt viel geringere Reallohnerhöhungen erfahren, als in vergleichbaren Ländern erzielt wurden. Umverteilung bedeutet aber noch mehr: Ein größerer Anteil der Wirtschaftsleistung fließt den Beschäftigten zu – die »Lohnquote« steigt. Tatsächlich konnte dieser Wert ausgerechnet in zwei Ländern zulegen, die typischerweise als besonders »arbeitnehmerfeindlich« gelten: in den USA und Großbritannien. Dort stieg der Lohn- und Gehaltsanteil am Sozialprodukt in der zweiten Hälfte der Neunzigerjahre. In beiden Ländern überwiegen Tarifverhandlungen auf Unternehmensebene und individuelle Arbeitsverträge. Die Arbeitsmärkte sind ausgesprochen flexibel, in der Hochkonjunktur der späten Neunzigerjahre waren sie leer gefegt. Um ihre Mitarbeiter zu halten oder neue anzulocken, mussten die Unternehmen schlicht höhere Löhne zahlen, selbst wenn ihre Gewinne darunter litten.

Fairerweise sei angemerkt, dass auch in Deutschland in diesem Zeitraum die Lohnquote stieg, wenn auch nur leicht – und zugleich 4 Millionen Menschen arbeitslos gemeldet waren. Die angelsächsischen Beispiele hingegen zeigen, dass Umverteilung sehr wohl möglich ist, allerdings als Ergebnis von Marktprozessen, nicht durch Ausschaltung des Marktes.

Politische Ökonomie:
Wem nützt die Gürtel-enger-schnallen-Doktrin?

Deutschland ist gefangen in einer negativen Dynamik. Die Bürger haben das (durchaus realistische) Gefühl, dass sich eine zusätzliche Anstrengung für sie nicht lohnt. Sie verringern ihre Leistung. Der Teufelskreis nimmt seinen Lauf: Weil die Löhne in Relation zur Leistung jetzt vergleichsweise hoch erscheinen, verzichten die Unternehmen auf Investitionen oder verlagern sie ins Ausland. Die Arbeitslosigkeit steigt. Die Nachfrage der Bürger nach Gütern und Dienstleistungen geht zurück. Weil die Arbeitslosigkeit steigt, sind Lohnerhöhungen erst recht nicht drin. Die Staatshaushalte laufen aus dem Ruder – die Einnahmen sinken und die Ausgaben steigen, weil mehr Leute arbeitslos sind. Der Staat versucht den sinkenden Einnahmen entgegenzuwirken und hebt Steuern und Abgaben erneut an. Leistung lohnt sich noch weniger. Die Bürger nehmen ihre Leistung noch mehr zurück … Und so weiter. Eine Abwärtsspirale, in der stagnierende – und in Zukunft möglicherweise sogar deutlich fallende – Löhne Ursache und Wirkung zugleich sind.

Diese negative Dynamik in eine positive umzukehren wird nur gelingen, wenn die Bürger eine reale Chance sehen, durch mehr Leistung ein höheres Einkommen zu erzielen. Nur dann wird die deutsche Wirtschaft auf einen dauerhaften Wachstumspfad zurückfinden.

Auf Anstöße aus dem Ausland zu warten hat sich als trügerische Hoffnung erwiesen. Seit Mitte der Neunzigerjahre wächst die deutsche Wirtschaft nur noch, wenn sie exportieren kann. Solange die USA und einige europäische Nachbarländer sich am börsengetriebenen New-Economy-Boom der späten Neunzigerjahre erfreuten, konnte auch Deutschland über seine Exporte profitieren. Doch der große Aufschwung ist vermutlich für lange Zeit vorbei.

Der Anstoß muss also von innen kommen. Warum bleibt er aus? Wem nützt das Festhalten am gegenwärtigen System?

Vor allem den Funktionären von Gewerkschaften und Arbeitgeberverbänden. Im Flächentarifsystem spielen sie wichtige Rollen. Sie sind an wirtschaftspolitischen Entscheidungen von nationaler Tragweite beteiligt. Das lässt sie bedeutend und mächtig erscheinen. Würde der Flächentarifvertrag komplett aufgegeben, verhandelten Unternehmer und Betriebsräte direkt miteinander – die Funktionäre auf den Verbandsebenen darüber würden einen drastischen Bedeutungsverlust erleiden, sie wären möglicherweise gänzlich überflüssig. Also halten sie am derzeitigen System fest.

Gewerkschafter und Arbeitgebervertreter mischen auch in der Sozialpolitik mit. Über die paritätische Verwaltung der Sozialversicherungen regieren sie in die Renten-, die Arbeitslosen- und die Krankenkassen hinein. Dass sie bei den Sozialausgaben mitreden dürfen, verleiht ihnen noch zusätzliche Macht. Die Funktionäre haben kein Interesse daran, die Sozialeinnahmen (und damit letztlich auch die Sozialversicherungsbeiträge) zu senken oder gar abzuschaffen. Denn so würden sie ihre eigene Macht mindern. Also halten sie am Status quo fest, selbst wenn es nicht im Interesse ihrer Mitglieder liegt.

Nicht nur die Verbände verhindern eine Umkehr auf dem Arbeitsmarkt, auch viele Unternehmen können mit der derzeitigen Ordnung durchaus leben. Für den Fall eines Systemwechsels fürchten sie steigende Lohnkosten. Auch den tarifpolitischen Streit wollen gerade Mittelständler gern aus ihren Betrieben heraushalten. Um Personalmanagement kümmern sich viele ohnehin nur nebenbei, schon gar nicht systematisch – auf die Lohnpolitik als Instrument, immerhin ein wichtiger Teil der Personalpolitik, verzichten sie bereitwillig.

All dies sind nachvollziehbare Motive. Aber solange derlei Egoismen Wirtschaft und Politik dominieren, wird es keine Umkehr zu einer positiven Dynamik geben. So viel ist sicher: Ohne finanzielle Anreize werden die Bürger nicht mehr leisten.

Irrtum 2:
Arbeitszeitverkürzung senkt die Arbeitslosigkeit

Michael Sommer, der Vorsitzende des Deutschen Gewerkschaftsbundes (DGB), hat einen denkwürdigen Vorschlag in die Welt gesetzt: Jeder Arbeitnehmer solle doch einmal prüfen, ob er sich vorstellen könne, die Arbeitszeit zu reduzieren und auf einen Teil seines Einkommens zu verzichten. »Wenn rund eine Million Arbeitnehmerinnen und Arbeitnehmer ihre Arbeitszeit um durchschnittlich 20 Prozent reduzieren«, so Sommer, »könnten wir 250 000 neue Arbeitsplätze schaffen.« Natürlich müssten dafür »die Arbeitgeber« ihre »Teilzeitblockade« aufgeben und »die durch Arbeitszeitverkürzung frei werdenden Mittel eins zu eins einsetzen, um neue, existenzsichernde Arbeitsplätze zu schaffen«. Wer gut verdiene, der solle verzichten, um denen, die keine Arbeit haben, etwas abzugeben. Anders gehe es nicht mehr. Arbeit sei nun mal knapp, da müssten alle Opfer bringen.

Eine Idee, die vielen Deutschen einleuchten dürfte. Seit Jahrzehnten praktizieren Gewerkschafter und Politiker der großen Volksparteien die Umverteilung von Arbeit. Arbeitsplatzbesitzern müsse genommen, den Arbeitslosen gegeben werden – eine Robin-Hood-Doktrin.

Tarif- und Sozialpolitiker haben ganze Arbeit geleistet: In kaum einem Land arbeiten die Beschäftigten weniger Stunden im Jahr (1467), verfügen sie über mehr Urlaubstage (30), gehen sie früher in den Ruhestand (im Durchschnitt mit 60 Jahren). 35-Stunden-Woche, Teilzeit-Initiativen, Vorruhestand, Frührente, Altersteilzeit – all diese Programme sollten die Arbeitslosigkeit senken. Und doch haben sie ihr Ziel nicht erreicht. Im Gegenteil.

Dennoch halten die Gewerkschaften eisern an der Theorie fest, es gebe eine bestimmte Menge von Arbeit, die nur auf mehr Köpfe verteilt werden müsse. Immer noch versuchen sie, in den Industriebetrieben – sogar in den maladen neuen Bundesländern – die 35-Stunden-Woche durchzusetzen; im Westen wird gelegentlich das Ziel einer 32-Stunden-Woche diskutiert – oder der erwähnte freiwillige Arbeitsverzicht der Besserverdienenden. Weniger Beschäftigung, so das Credo, soll zu mehr Beschäftigten führen.

Die Gewerkschaften und die Arbeitnehmerflügel der großen Volksparteien stehen mit dieser Haltung nicht allein. Drei Jahrzehnte steigender Massenarbeitslosigkeit haben in Deutschland einen eigentümlichen Beschäftigungsfatalismus verbreitet, wie er sonst wohl nur noch in Frankreich zu finden ist. Die Ökonomen sagen: Wer mehr Wohlstand will, muss die Beschäftigung erhöhen. Die Bürger entgegnen: Woher sollen die zusätzlichen Jobs denn kommen? Dass Arbeit immer knapper wird, ist inzwischen zur kollektiven Gewissheit geworden. Motto: Die Urgewalten des Fortschritts machen die Menschen in der Ökonomie zunehmend überflüssig. Und was kann man schon gegen Urgewalten ausrichten – bestenfalls lassen sich ihre Folgen mindern.

Doch ist dem wirklich so? Könnte die gewerkschaftliche Robin-Hood-Strategie nicht vielmehr ein Teil des Problems sein?

Kürzlich besuchte ich einen Autozulieferer im Hessischen. Der Chef, ein Niederländer, der lange in Amerika gelebt und gearbeitet hat (und der nicht namentlich zitiert werden möchte, weil er den Zorn seines Betriebsrats fürchtet), erzählte mit großer Begeisterung, welch tolle Fabriken er in den USA und China baue, wie er gerade dabei sei, den indischen Markt aufzurollen, und welch gewaltige Chancen sich in Osteuropa ergäben.

»Und was wird aus Ihrem Standort in Deutschland?«, fragte ich ihn. Den habe er im Grunde abgeschrieben, sagte er. Möglicherweise werde das alte Stammwerk irgendwann ganz überflüssig, dann verlege er wohl auch den Firmensitz dorthin, wo die Steuern am niedrigsten und das Leben am angenehmsten seien.

»Aber sind die deutschen Industriewerker denn nicht mehr so gut, dass sie hohe Löhne und Steuern rechtfertigen?«, wandte ich ein. Er dachte einen Moment nach. Dann antwortete er: Von ihrer Ausbildung her schon – aber sie seien ja nie da. Der Ärger sprudelte nur so aus ihm heraus: Wie schwierig es regelmäßig sei, Leute für die Samstagsschichten zu gewinnen, weil sie dann illegalen Nebenbeschäftigungen nachgingen; welche Probleme sich ergäben, weil dringend benötigte Spezialisten wochenlang im Urlaub seien; wie viele seiner Leute mit dem Kopf bei der Schwarzarbeit, ihrem Hobby oder wo auch immer seien, nur nicht bei der Arbeit. Glauben Sie nicht, sagte er, dass es mit der Motivation weit her sei. »Die Deutschen verwirklichen sich außerhalb des Jobs.«

Hier offenbart sich die betriebliche Dimension: Immer weniger zu arbeiten und zu verdienen steigern nicht unbedingt die Motivation und die Produktivität. Volkswirtschaftlich gesehen bedeutet das: Arbeitszeitkürzungen mindern Einkommen, Beschäftigung und inländische Nachfrage. Sie führen die Wirtschaft in eine nach unten gerichtete Spirale.

Arbeitszeitverkürzungen mögen in Rezessionen sinnvoll sein – es ist besser, die Leute bei schwacher Auftragslage weniger arbeiten zu lassen und sie später, bei anziehender Konjunktur, wieder zunehmend und flexibel zu beschäftigen, als sie zu entlassen, nur um später neue Arbeitskräfte teuer einstellen und einarbeiten zu müssen.

Arbeitszeitverkürzungen mögen auch dann eine Berechtigung haben, wenn – wie in den Achtzigerjahren – geburtenstarke Jahrgänge das Angebot an Arbeit plötzlich ansteigen lassen. Vorübergehende kollektive Verkürzungen der Jahres- und Lebensarbeitszeit können helfen, den Angebotsschock auf dem Arbeitsmarkt leichter zu verdauen.

Als Dauerstrategie taugen Arbeitszeitverkürzungen jedoch nicht. Bei langfristiger Betrachtung, also von zyklischen Konjunkturschwankungen abgesehen, führt nämlich kein Weg an der Erkenntnis vorbei, dass menschliche Arbeitskraft die wichtigste Quelle wirtschaftlichen Wachstums ist. Wer arbeitet, schafft (wirtschaftlich verwertbare) Güter und Leistungen; er trägt zur Mehrung des Wohlstands der Gesellschaft bei. Wer nicht arbeitet, schafft keine (wirtschaftlich verwertbaren) Güter und Leistungen. Natürlich kann er oder sie dennoch wertvolle Dienste für die Gesellschaft leisten – die Erziehung von Kindern, die Pflege von gebrechlichen Familienmitgliedern, ehrenamtliche Tätigkeiten, Nachbarschaftshilfe und vieles mehr. Weil auch diese Aufgaben erledigt werden müssen, ist es weder möglich noch sinnvoll, die individuelle Arbeitszeit bis an die Erschöpfungsgrenze auszuweiten. Aber von dieser Erschöpfungsgrenze sind die allermeisten Deutschen heute weit entfernt.

Es liegt auf der Hand: Mehr Wohlstand und mehr Jobs entstehen nicht, wenn immer mehr Menschen dem – freiwilligen oder unfreiwilligen – Müßiggang frönen, wenn sie weder einer Erwerbs- noch einer unentgeltlichen Sozialarbeit nachgehen. Insbesondere in alternden und schrumpfenden Gesellschaften wie den europäischen müssen die Bürger tendenziell mehr arbeiten, nicht weniger, um ihren Lebensstandard zu sichern oder gar weiter zu steigern (siehe Irrtum 20). Die Zahl der Beschäftigten geht künftig auf natürliche Weise zurück. Hingegen steigt der Anteil derjenigen, die von den Arbeitenden mitgetragen werden. In den kommenden Jahrzehnten werden die europäischen Gesellschaften ihren Wohlstand nur halten können, wenn jeder, der arbeitsfähig ist, auch arbeitet – und zwar möglichst viel.

Die Regierungen der EU-Staaten haben das längst erkannt. Im Frühling des Jahres 2000 setzten sie sich in Lissabon das ehrgeizige Ziel, die Beschäftigung bis zum Jahr 2010 drastisch zu erhöhen. 70 Prozent der Bürger im erwerbsfähigen Alter (15–64 Jahre) sollen dann einer Erwerbsarbeit nachgehen, 60 Prozent der Frauen, 50 Prozent der Älteren.

Ein richtiger Ansatz. Das Ziel, die Arbeitslosigkeit zu senken, führt an der eigentlichen Aufgabe vorbei: Primär muss es darum gehen, die Beschäftigung zu erhöhen. Was nicht heißen soll, dass Arbeitslosigkeit kein großes Problem ist: Wer seinen Job verliert, durchleidet eine schlimme Lebenskrise, das zeigen alle einschlägigen sozialwissenschaftlichen Untersuchungen. Wer arbeiten will, aber nicht gebraucht wird, fühlt sich überflüssig. Wer arbeiten muss, aber keine Beschäftigung findet, erleidet Armut. Die Frage ist aber: Wie kann die Wirtschaftspolitik den Arbeitslosen am besten helfen? Die Antwort: indem sie Bedingungen schafft, unter denen die Beschäftigung steigt.

Weniger zu arbeiten ist kein Akt der Solidarität, wie DGB-Chef Sommer meint. Im Gegenteil, mehr zu arbeiten ist gesellschaftlich sinnvoll – Arbeit kommt von Arbeit.

Geht uns die Arbeit aus? Beschäftigungsentwicklung im internationalen Vergleich

Gedanklich wurzelt die Doktrin der Arbeitszeitverkürzung im typisch deutschen Jobpessimismus. Angeblich rationalisiert der technische Fortschritt die Menschen aus den Betrieben weg, wandern die meisten arbeitsintensiven Tätigkeiten sukzessive an Niedriglohnstandorte in Osteuropa oder Asien ab. Technisierung und Globalisierung errichten eine Schreckensherrschaft – der Mensch verliert seine Erwerbsgrundlage und seinen Platz im Leben. Es sind die alten Ängste, die schon vor 100 Jahren die Menschen umtrieben und die Charlie Chaplin in »Moderne Zeiten« verbildlichte – das Individuum, eingeklemmt im Zahnräderwerk der Fabrik.

Glücklicherweise stimmt diese Analyse nicht. Im langfristigen Trend ist die Beschäftigung kräftig gestiegen. Gerade in Phasen, in denen viel investiert wird, steigt der Bedarf an qualifizierten Beschäftigten sprunghaft. Während des deutschen Wirtschaftswunders der Fünfziger- und Sechzigerjahre, als ein Investitionsboom die Kapitalausstattung der Bundesrepublik verbesserte, kam es zu einem derart gravierenden Arbeitskräftemangel, dass Millionen von Gastarbeitern aus Südeuropa nach Deutschland gebeten wurden. Längst vergangene Zeiten? Auch in der Hightech-Ära bleibt die Behauptung falsch, dass der Fortschritt Arbeit vernichtet. Während des weltweiten Investitionsbooms der späten Neunzigerjahre, als die westlichen Länder Billionen Euro in technisches Gerät steckten, insbesondere in Computer, Software, Netzwerke und Handys, lockte die Wirtschaft immer mehr Menschen in die Erwerbstätigkeit.

Auch die Globalisierung hat die Arbeitsmärkte in den reichen Hochlohnländern nicht zusammenbrechen lassen, allen Ängsten vor den Heeren ausgehungerter Billigarbeiter zum Trotz. In den Neunzigerjahren – dem Jahrzehnt der Grenzöffnungen, als der Eiserne Vorhang fiel, als Osteuropa, die ehemalige Sowjetunion, China, Indien und Lateinamerika sich in die Weltwirtschaft integrierten – stieg die Zahl der Beschäftigten auch in den etablierten Volkswirtschaften kräftig. Sogar in Deutschland.

Zwischen 1991 und 2000 nahm die Beschäftigung in den OECD-Ländern durchschnittlich um 1 Prozent jährlich zu, in den USA sogar um 1,6 Prozent. Auch die Bundesrepublik brachte es immerhin auf einen Zuwachs an Beschäftigten um 0,1 Prozent (wobei allerdings auf Grund der Arbeitszeitverkürzungen das Arbeitsvolumen schrumpfte, siehe Irrtum 1). Unter den führenden Industrieländern erreichten nur Japan und die Schweiz ähnlich schlechte Werte, allerdings auf deutlich höherem Beschäftigungsniveau.

Die Arbeitsmarktdynamik der Neunzigerjahre konzentrierte sich vor allem auf die zweite Hälfte des Jahrzehnts. In Irland stieg die Beschäftigung zwischen 1996 und 2000 um 24 Prozent, in Spanien um 14 Prozent, in den Niederlanden um 12 Prozent. Und in Deutschland? Um ganze 3,3 Prozent, weniger als in jedem anderen EU-Staat – insbesondere weil hierzulande die Investitionstätigkeit äußerst schwach blieb. Der »Terror« der Globalisierung fällt in Deutschland milde aus.

Richtig ist, dass in der ersten Hälfte der Neunzigerjahre in den meisten Ländern die Arbeitslosigkeit stieg – Folge der Rezessionen von 1991 (Amerika) und 1993 (Europa), aber auch der Anpassung an den verschärften internationalen Wettbewerb. Den meisten reichen Volkswirtschaften gelang es jedoch, die Arbeitslosigkeit im Laufe des Jahrzehnts abzubauen, und zwar bis auf ein Niveau, das man getrost als Vollbeschäftigung bezeichnen kann. In Deutschland jedoch verfestigte sich die Massenarbeitslosigkeit. Insbesondere nahm die Zahl der Langzeitarbeitslosen Besorgnis erregend zu, jener Menschen also, die ein Jahr oder länger arbeitslos sind und von denen in Deutschland eine Mehrheit auch nach zwei Jahren noch keinen Job gefunden hat, wie Untersuchungen zeigen. Der so genannte Sozialstaat Bundesrepublik gehört zu den Ländern mit dem höchsten Anteil von Langzeitarbeitslosen.

Ähnlich schlecht wie die deutschen Arbeitsmarktbilanzen sehen auch diejenigen Frankreichs und Italiens aus. In allen drei großen kontinentaleuropäischen Volkswirtschaften verfestigte sich die Arbeitslosigkeit, Beschäftigte wurden und werden dauerhaft aus dem Arbeitsmarkt gedrängt. Interessanterweise verfolgen alle drei Länder ähnliche wirtschaftspolitische Doktrinen: Umverteilung von Arbeit, großer Sozialstaat.

Offensichtlich stimmt mit dieser Doktrin etwas nicht. Die Robin-Hood-Strategie, den Arbeitsplatzbesitzern zu nehmen und den Joblosen zu geben, führt zu einem absurden Ergebnis: Verzicht auf Arbeit vermehrt die Arbeitslosigkeit. Am Ende steht die Gesellschaft als Ganze schlechter da.

Arbeit kommt von Arbeit: Der Zusammenhang zwischen steigender Beschäftigung und zunehmender Arbeitsteilung

Die internationale wie auch die historische Erfahrung lehren: Wo viel gearbeitet wird, sind wenige Menschen arbeitslos. Dieser Satz mag tautologisch klingen, und das ist er auch. Er erscheint nur deshalb erwähnenswert, weil sich die deutsche Debatte soweit von der Realität entfernt hat.

Abbildung 2 zeigt, wie unterschiedlich sich die Lage auf den Arbeitsmärkten in den wohlhabenden westlichen Ländern darstellt. Beschäftigungs- und Arbeitslosenquoten variieren erheblich. Ein Muster wird dennoch erkennbar: In den skandinavischen und den angelsächsischen Ländern, auch in der Schweiz und den Niederlanden wird viel gearbeitet. Der Anteil der Erwerbstätigen an der Gesamtbevölkerung, die Beschäftigungsquote, liegt über 70 Prozent. Zugleich finden nur wenige Menschen, die Arbeit suchen, keinen Job; die Arbeitslosenquoten liegen unter 7 Prozent (Stand: 2001).[5]

Hingegen wird in den südeuropäischen Ländern Italien, Spanien und Griechenland sowie in Belgien und Frankreich relativ wenig gearbeitet. Die Beschäftigungsquoten liegen um die 60 Prozent und darunter. Zugleich sind viele Leute arbeitslos gemeldet, mit hohen Quoten bis weit über 10 Prozent.[6]

Deutschland und Österreich nehmen Plätze im Mittelfeld ein: Ihre Beschäftigungsquoten liegen mit 66 bzw. 68 Prozent knapp über dem EU-Durchschnitt, wobei Deutschland allerdings inzwischen eine hohe Arbeitslosenquote aufweist.

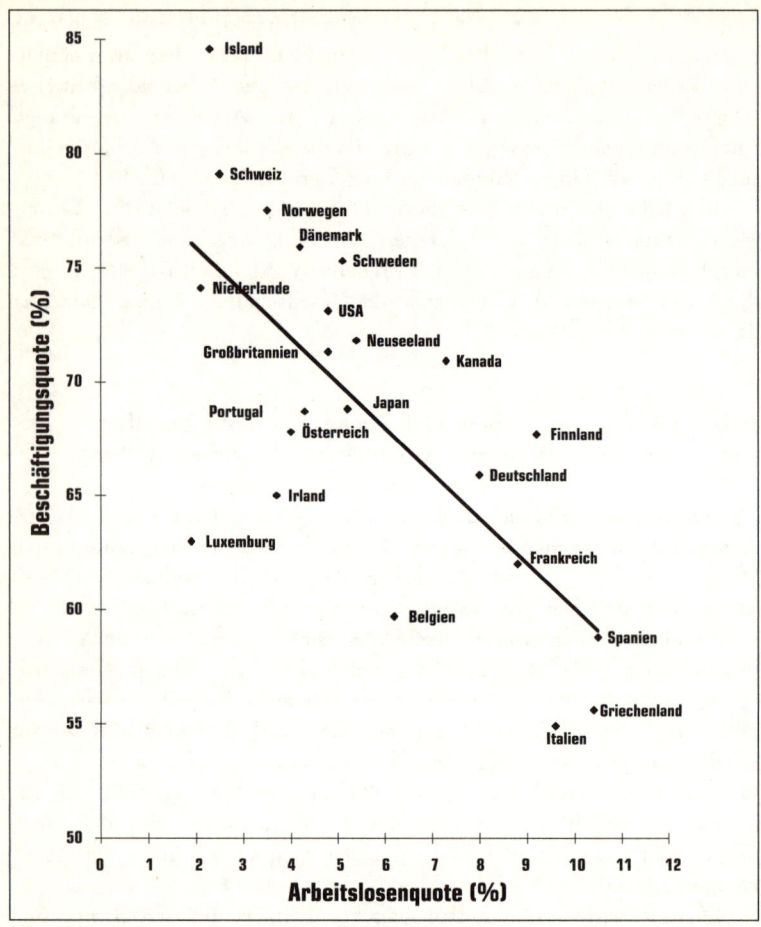

Abb. 2: Beschäftigung und Arbeitslosigkeit, 2001. *Quelle:* OECD

Was unterscheidet die deutsche Beschäftigtenstatistik von jenen der erfolgreichsten Länder? Auf dem bundesrepublikanischen Arbeitsmarkt ist wenig Platz für Frauen, Ältere und Geringqualifizierte:

- Nur 59 Prozent aller Frauen im erwerbsfähigen Alter (15–64 Jahre) sind in Deutschland beschäftigt. Hingegen arbeiten in den skandinavischen Ländern mehr als 70 Prozent der Frauen, in den angelsächsischen immerhin annähernd zwei Drittel.
- Ältere arbeiten kaum noch. In der Altersgruppe von 55 bis 64 Jahre sind nur 37 Prozent beschäftigt. Der Rest ist arbeitslos (11 Prozent), hat sich in die Frührente verabschiedet oder geht ohnehin keiner Beschäftigung nach. In Schweden und der Schweiz beispielsweise arbeiten 67 Prozent der 55- bis 64-Jährigen, in Großbritannien und den USA immerhin deutlich über 50 Prozent.
- In Deutschland ist nur gut die Hälfte der Geringqualifizierten beschäftigt, in Schweden und der Schweiz hingegen zwei Drittel.

Offensichtlich sind manche Länder deutlich erfolgreicher in der Beschäftigungspolitik. Augenscheinlich ist eine Dynamik am Werk: Arbeit kommt von Arbeit. Warum eigentlich? Weil es in einer Gesellschaft kein festes Quantum Arbeit gibt, das beliebig umverteilt werden könnte. Weil Arbeit die Hefe im Teig der Wirtschaft ist, die bewirkt, dass der zur Verteilung bereitstehende Kuchen größer wird, was zu einem weiter steigenden Bedarf an Arbeit führt.

Denn was passiert, wenn Leute weniger arbeiten? Sie machen mehr selbst und kaufen weniger Dienstleistungen ein. Es gibt inzwischen viele Menschen, die Teilzeit arbeiten, sogar hoch qualifizierte Akademiker, die meist freiwillig ihre Arbeitszeit reduzieren, weil sich mehr Arbeit angesichts der hohen Steuern und Abgaben ohnehin nicht lohnt. Viele Arbeitgeber gehen auf solche Ansinnen gern ein, weil sie so in schwieriger Lage Kosten sparen können.

Diese Menschen reduzieren also ihre Arbeitszeit, vielleicht auf vier Tage in der Woche, oder sie dehnen ihren Urlaub auf zwölf Wochen aus. Und natürlich verdienen sie entsprechend weniger Geld. Die Einkommenseinbuße machen sie wett, indem sie ihre Nachfrage reduzieren. Sie verzichten nun auf allerlei Annehmlichkeiten. Wer aber nur noch Dreieinhalb-Tage-Wochen arbeitet, geht seltener zum Essen aus; er renoviert seine Wohnung selbst; der Putzfrau (ohnehin eine Schwarzkraft) wird gekündigt; die Kinderfrau kommt nur noch zwei Tage die Woche. Schließlich hat man jetzt mehr Zeit und kann vieles selbst erledigen. Vielleicht macht es sogar Spaß, selbst zu kochen oder sich mehr um den Nachwuchs zu kümmern. Alles nachvollziehbare Gründe. Ökonomisch hat die Arbeitszeitverkürzung aber bedenkliche Folgen: Die Arbeitsteilung der Gesellschaft wird zurückgedreht, der Spezialisierungsgrad und die Produktivität sinken.

Würde unser hoch qualifizierter Akademiker in seinem Job arbeiten, könnte er eine Wertschöpfung von, sagen wir, 100 Euro pro Stunde erwirtschaften. Nun aber tapeziert er lieber seine Wohnung. Eine Tätigkeit, die auch ein angelernter Arbeiter ausführen könnte, mit einer Wertschöpfung von vielleicht 30 Euro pro Stunde. Durch das Zurückdrehen der Arbeitsteilung und der Spezialisierung entsteht der Gesellschaft in unserem Beispiel ein Verlust von 130 Euro – pro Stunde.

Was wird aus dem Tapezierer? Er verliert seine Arbeit, und zwar unter deutschen Bedingungen wahrscheinlich dauerhaft. Als Geringqualifizierter mit niedriger Produktivität ist er darauf angewiesen, Dienstleistungen für den lokalen Markt zu erbringen, die nicht im internationalen Wettbewerb stehen; ansonsten müsste er mit Beschäftigten in Niedriglohnländern konkurrieren, was er bei deutschen Lebenshaltungskosten schlechterdings nicht kann. Da aber diejenigen, die es sich leisten könnten – topqualifizierte Leute, die höchst konkurrenzfähig sind –, die Dienstleistungen unseres Tapezierers nicht nachfragen, findet er keinen regulären Job mehr. Er hat letztlich nur eine Chance: staatliche Transferzahlungen zu beziehen und nebenher schwarz zu arbeiten.

So nimmt der deutsche Teufelskreis seinen Lauf. Im nächsten Schritt trifft es die Finanzminister: Weil unser Hochqualifizierter weniger arbeitet und verdient, zahlt er weniger Sozialabgaben (sofern sein Einkommen unter die Beitragsbemessungsgrenze sinkt), auf jeden Fall aber weniger Steuern. Ein Effekt, den er wohl kalkuliert hat, denn netto verdient er nun gar nicht so viel weniger, als wenn er voll arbeiten würde. Auch der arbeitslose Tapezierer zahlt keine Steuern und Abgaben mehr.

Weil insgesamt weniger gearbeitet wird, sinken die Staatseinnahmen. Zugleich steigen die Staatsausgaben: Der nun joblose Tapezierer erhält Arbeitslosengeld, später vielleicht Sozialhilfe.

Steigende Ausgaben und sinkende Einnahmen lassen die Staatskassen ins Defizit rutschen. Die Regierung versucht die Lücke im Budget zu schließen, indem sie die Beiträge zu den Sozialversicherungen und die Steuern erhöht. Doch mit diesem Schritt verschärft sich die Lage noch: Steigende Steuern und Abgaben machen Arbeit noch unattraktiver. Weitere Menschen reduzieren ihre Erwerbsarbeit und verabschieden sich in die Freizeit, die Schwarzarbeit und die Heimwerkerei.

Die Arbeitszeitverkürzung führt in eine negative Spirale aus schwacher

Nachfrage, schwindendem Angebot, steigender Arbeitslosigkeit und explodierender Staatsverschuldung – eine Entwicklung, die Deutschland seit Anfang der Neunzigerjahre erleidet. Ein Jahrzehnt, in dem die Arbeitszeit pro Beschäftigtem um 140 Stunden im Jahr abnahm.

Würde unser hoch produktiver Akademiker mehr arbeiten – was höchstwahrscheinlich der Fall wäre, wenn es sich netto für ihn lohnte, brutto mehr zu verdienen –, könnte er dazu beitragen, die negative in eine positive Spirale umzudrehen. Bei längerer Arbeitszeit würde er seine verbleibende Freizeit tatsächlich zur Erholung nutzen und ginge häufiger zum Essen aus, ließe seine Wohnung von Fachleuten renovieren und so weiter. Der Tapezierer, bei Renovierungsarbeiten ohnehin kompetenter als unser Akademiker, erhielte Aufträge. Mit anderen Worten: Durch die zunehmende Spezialisierung des Akademikers und des Tapezierers steigt insgesamt die Produktivität. Jeder tut das, was er am besten kann – das Grundprinzip jeder arbeitsteiligen Gesellschaft.

Die Staatseinnahmen würden sprudeln, weil beide Steuern und Abgaben zahlten. Zugleich würden die Staatsausgaben sinken, weil die Arbeitslosigkeit zurückginge. Das Staatsbudget wiese Überschüsse aus. Für den Finanzminister eine komfortable Situation, die es ihm erlaubte, die Steuern und Abgaben zu senken. Was wiederum dazu führte, dass es sich umso mehr lohnte zu arbeiten. Weitere Menschen mit geringer Qualifikation würden in den Arbeitsmarkt hineingezogen. Zum Beispiel weil nun auch der Tapezierer es sich leisten könnte, einen Gehilfen einzustellen – und vielleicht selbst öfter einmal zum Essen auszugehen.

Diese positive Spirale haben viele Länder in den Neunzigerjahren durchlebt. Die USA, Schweden, Finnland, Irland, Großbritannien, Neuseeland, Australien, die Niederlande (zum holländischen Beispiel später mehr) – die Liste ist lang. Menschen, die zuvor keine Chance auf einen regulären Arbeitsplatz hatten, bekamen nun die Möglichkeit, ein selbstbestimmtes Leben zu führen. Zweifellos erledigen sie oft harte Arbeit, die nicht sonderlich gut bezahlt ist. Dagegen steht aber die weitaus schlechtere Alternative, ausgegrenzt und vom Wohlwollen staatlicher Behörden abhängig zu sein.

Warum hat Deutschland eine andere Entwicklung genommen? Weil hierzulande eine wirtschaftspolitische Doktrin vorherrscht, die eine Aufwärtsspirale verhindert; eine Doktrin, die spätestens mit dem Zusammenbruch der Wirtschaft in den neuen Bundesländern – eine gigantische Herausforderung, zugegeben – überfordert war. Am Ende bewahrheitet sich der deutsche Jobpessimismus mit einem bedrückenden Automatismus.

Holland als Beispiel?
Teilzeitarbeit und demographische Entwicklung

Über Jahre hinweg galten die Niederlande als arbeitsmarktpolitisches Musterland und als Vorbild für Deutschland. Schließlich haben die Nachbarn im Nordwesten in den vergangenen zwei Jahrzehnten ihre einst sprichwörtliche »Holländische Krankheit« kuriert, eine beeindruckende Wachstumsbilanz vorgelegt und die Arbeitslosigkeit drastisch zurückgeschraubt.

Holland – du hast es besser? Auf den ersten Blick sieht es ganz so aus. Zwei Jahrzehnte staatlicher Ausgabendisziplin haben den Niederländern solide öffentliche Finanzen und verglichen mit Deutschland auch niedrige Steuern und Abgaben beschert; die Öffnung der Güter-, Kapital- und Arbeitsmärkte ist weiter fortgeschritten als in Deutschland.

Doch längst werden auch die Grenzen des niederländischen »Polder-Modells« sichtbar. Ein wichtiger Bestandteil dieses Modells war die Umverteilung von Arbeit. 1982 hatten sich Gewerkschaften und Arbeitgeberverbände in der »Vereinbarung von Wassenaar« auf eine Mischung aus Lohnzurückhaltung und Teilzeitarbeit geeinigt. Und sie hielten sich über zwei Jahrzehnte an diesen Pakt. Der Staat beteiligte sich, indem er großzügig Beschäftigte ausmusterte und ihnen Alters- oder Invalidenrenten zahlte. Die Zahl der Arbeitslosen sank, weil viele von ihnen zu »Inaktiven« erklärt wurden.

Teilzeit und Frühverrentung, Verkürzung der Wochen-, Jahres- und Lebensarbeitszeit – entspricht das nicht genau den Wunschvorstellungen deutscher Gewerkschafter?

Wahr ist: In den Niederlanden arbeitet heute mit 74 Prozent ein großer Teil der Bevölkerung (siehe Abbildung 2). Auch die Frauenerwerbstätigkeit ist mit 65 Prozent im internationalen Vergleich sehr hoch. Diese auf den ersten Blick beeindruckenden Zahlen sind allerdings aufgebläht durch die weltweit höchste Teilzeitquote: 14 Prozent der erwerbstätigen Männer und 58 Prozent der Frauen arbeiten Teilzeit.

Anfang der Achtzigerjahre war die Umverteilung von Arbeit – von den Alten auf die Jungen (durch Frührente) sowie innerhalb der Gruppe der Jungen (durch Teilzeit) – ein sinnvoller Schritt. Damals drängten die geburtenstarken Jahrgänge in die Erwerbstätigkeit, binnen weniger Jahre stieg die Zahl der Beschäftigungswilligen in allen europäischen Ländern rasch an. Ein Angebotsschock, der auch für flexible Arbeitsmärkte schwer verdaubar ist: Die Reallöhne sinken, die Arbeitslosigkeit nimmt zu – eine

Erfahrung, die beispielsweise die USA in den Achtzigerjahren gemacht haben. In den Niederlanden stieg stattdessen die Zahl der Frührentner und der Teilzeitwerker. Eine vorübergehend akzeptable Lösung.

Inzwischen aber hat sich die Situation vollständig verändert: Die demographische Entwicklung beschert auch den Niederlanden in den nächsten Jahrzehnten einen Rückgang der Beschäftigten; weniger junge Beschäftigte müssen mehr Alte finanzieren. Wenn die holländische Volkswirtschaft weiter wachsen soll, dann müssen die Holländer künftig mehr arbeiten – Vollzeit statt Teilzeit –, produktiver arbeiten und später in Rente gehen (derzeit arbeiten nur 39 Prozent der 55- bis 64-Jährigen, ein ähnlich niedriger Wert wie in Deutschland).

Interessanterweise ist Mehrarbeit für die Holländer, wie für ihre deutschen Kollegen, nicht sonderlich attraktiv: Von jedem zusätzlich verdienten Euro bleiben einer niederländischen Familie gerade mal 50 Cent, mehr zwar als einer deutschen, aber für viele dennoch zu wenig, um sich der Mühsal längerer Arbeitszeiten zu unterziehen.

Ein Vorbild für Deutschland? Kaum. Auch wenn die niederländischen Arbeitsmarktprobleme längst nicht so akut sind wie die deutschen – es sind im Kern die gleichen. Weniger zu arbeiten ist auch für die Niederländer längst keine sinnvolle Option mehr.

Politische Ökonomie:
Warum halten Gewerkschafter und Sozialpolitiker an der Robin-Hood-Strategie fest?

Angesichts der beeindruckenden beschäftigungspolitischen Erfolge der angelsächsischen und der skandinavischen Länder verwundert es, dass so wenige Menschen in Deutschland aus diesen Erfahrungen Lehren ziehen. Warum hat sich der Jobpessimismus so tief ins Bewusstsein eingebrannt? Wer hat ein Interesse daran?

Der Grund liegt in einer extrem produktionsfixierten Sicht auf die Wirtschaft. Die Deutschen verbinden mit der Industrie ihren mythischen Aufstieg in die Topliga der Wirtschaftsnationen, der sich während der Gründerzeit Ende des 19. Jahrhunderts und ein zweites Mal im Zuge des Wirtschaftswunders nach dem Zweiten Weltkrieg vollzog (siehe auch Irrtum 16). Bis heute gelten nur Betriebe, die »handfeste«, greifbare Dinge produzieren, hierzulande wirklich etwas.

Und für die produzierenden Branchen, also für Industrie, Bergbau und Bau, stimmt das Vorurteil tatsächlich, wonach Arbeit immer knapper wird: 1991 arbeiteten noch 14 Millionen Menschen in diesen Wirtschaftszweigen, mehr als 37 Prozent aller Beschäftigten. Zehn Jahre später waren es noch 11 Millionen, 29 Prozent der Beschäftigten. Dass der Rückgang so kräftig ausfiel, liegt am Niedergang des verarbeitenden Gewerbes in der ehemaligen DDR und an der Dauerkrise der Bauindustrie. Aber auch in den westlichen Bundesländern verliert die Produktion von physischen Gütern im langfristigen Trend an Bedeutung: Die Wertschöpfung bleibt weitgehend stabil, während Produktivitätsfortschritte immer weitere Tätigkeiten überflüssig machen und folglich die Beschäftigung sinkt. Mit zunehmender Kapitalintensität der Betriebe steigen die Anforderungen an die Qualifikation der Beschäftigten; Jobs für Geringqualifizierte gehen unwiederbringlich verloren.

Eine Entwicklung, die allerdings nicht für die Gesamtwirtschaft gilt. Der Anteil der in Dienstleistungsbranchen Beschäftigten an der Erwerbsbevölkerung ist in den vergangenen Jahrzehnten stark gestiegen, gerade in höherwertigen Bereichen wie Finanzdienstleistungen, Verkehr, Logistik und Telekommunikation. (Woran es in Deutschland mangelt, sind Hochtechnologiefirmen und einfache Dienstleistungen für Leute mit niedriger Qualifikation.)

Im Gegensatz zu den Servicebranchen, deren Geschäft vergleichsweise konjunkturstabil verläuft, ist das produzierende Gewerbe ausgeprägten Zyklen unterworfen; Auftragsbestände, Auslastung und Personalbedarf der Betriebe schwanken stark. Unter diesen Bedingungen sind Arbeitszeitverkürzungen ein sinnvolles Mittel, um temporäre Krisen abzufedern. VW zum Beispiel reagierte auf die Rezession von 1993 mit der Vier-Tage-Woche – und verlängerte die Arbeitszeit wieder, als sich die Auftragslage verbesserte. So werden Entlassungen verhindert und die betriebs- und volkswirtschaftlichen Kosten vermieden, die durch hohe Personalfluktuation entstehen.

Hingegen sind *dauerhafte* Arbeitszeitverkürzungen in der Industrie, erst recht jedoch in anderen Branchen, Gift für die Wirtschaft. Beschäftigte verharren in absteigenden Branchen und Regionen; zu einem Wechsel in aussichtsreichere Wirtschaftszweige, wo sie produktiver und besser bezahlt arbeiten könnten, werden sie nicht animiert. Kurz: Dauerhafte Arbeitszeitverkürzung behindert den Strukturwandel.

Was haben Gewerkschaften gegen einen Strukturwandel einzuwenden?

Eine Menge. Er liegt nicht im Interesse der Funktionäre. Nur »Kollegen« in der Industrie, auf dem Bau und im Bergbau sind organisierbar. In den Dienstleistungsbranchen hingegen spielen Gewerkschaften allenfalls eine Nebenrolle. Wandern nun Beschäftigte aus den produzierenden Wirtschaftszweigen ab, dann verlieren die Gewerkschaften Mitglieder – die Funktionäre, die sich bislang als Nebenpolitiker gerieren, erleiden einen schmerzlichen Bedeutungsverlust.

Verständlich, dass sie sich mit aller Macht gegen den unaufhaltbaren Beschäftigungsschwund in ihren Branchen stemmen und mit aller Macht versuchen, Beschäftigte durch Arbeitszeitverkürzungen dort zu halten. Bedauerlich ist jedoch, dass so viele Menschen ihrer Doktrin folgen.

Irrtum 3:
Nur wer konsumiert, nützt der Wirtschaft

Das Urteil ist gefällt: Nicht mal zu Konsumenten taugten die Schlusslicht-Deutschen noch. Während in anderen Ländern, zumal in Amerika, die Bürger ihrer patriotischen Konsumpflicht nachkommen, verharren die Bundesbürger im viel beklagten Käuferstreik. Sie müssten jetzt mehr Güter und Dienste nachfragen, so fordern viele. Die Nation müsse sich am eigenen Schopf aus dem Sumpf ziehen.

Wenn die Leute ordentlich einkaufen gehen, so das Motto, brummt die Wirtschaft. Sparen sie hingegen, dann droht nach verbreiteter Meinung die Ökonomie zusammenzubrechen. Denn die gesamtwirtschaftliche Nachfrage reiche in diesem Fall nicht aus, um die Kapazitäten der Unternehmen auszulasten; Fabriken stünden leer, niemand investiere in neue Anlagen, Leute würden entlassen. Eine Schreckensvorstellung.

Dieser Logik folgend, kreist das Denken vieler Politiker und auch vieler Ökonomen um die Frage: Wie sorgen wir für eine möglichst hohe Nachfrage? Gewerkschafter argumentieren gerne, die Löhne müssten steigen, damit die Nachfrage gestärkt würde – Löhne rauf für den Aufschwung. Der SPD-Politiker Franz Müntefering ließ sich sogar einmal zu einer extremen Schlussfolgerung hinreißen: Da die Bürger nicht genug Geld ausgäben, müsse ihnen der Staat noch mehr Steuern abverlangen – um das Geld dann als Staatskonsum selbst in Nachfrage zu verwandeln.

Eine sehr einseitige – und daher falsche – Sicht der Wirtschaft. Wenn die These stimmte, dass der Konsum der Motor des Wachstums sei, dann müssten die asiatischen Volkswirtschaften die am langsamsten wachsenden der Welt sein, denn dort sparen die Bürger einen Großteil ihrer Einkommen. Lateinamerika und Afrika hingegen müssten wahre Boomregionen sein, denn dort sparen die Bürger wenig. Tatsächlich ist es umgekehrt: Asien (wichtige Ausnahme: Japan) boomt seit Jahrzehnten, Lateinamerika und erst recht Afrika liegen in weiten Teilen ökonomisch am Boden. Irgendetwas stimmt also nicht mit der Konsumthese. Wo liegt der Denkfehler?

Wer spart, lässt sein Geld in aller Regel nicht unproduktiv herumliegen, sondern er sammelt es als Bankeinlage, zahlt Versicherungsprämien, kauft Aktien, Anleihen oder Fondsanteile. Er überträgt sein Geld somit den Banken, Versicherungsunternehmen und Fondsgesellschaften, die es an Unternehmen, an Staatshaushalte oder an private Bauherren weiterreichen – an Wirtschaftseinheiten also, die sich verschulden, um investieren zu können. Oder er stellt sein Geld Unternehmen und Staat direkt zur Verfügung, indem er an der Börse Wertpapiere kauft.

Mit anderen Worten: Das Geld, das die Bürger sparen, wird zum großen Teil an anderer Stelle wieder investiert. Spart eine Gesellschaft viel Geld, dann ist sie in der Lage, viel zu investieren. Spart sie wenig, kann sie sich entsprechend weniger Investitionen leisten.

Da aber Investitionen eine der wichtigsten Quellen des Wachstums sind (siehe auch Irrtum 1), begrenzt die gesamtwirtschaftliche Ersparnis die langfristigen Entwicklungsmöglichkeiten einer Volkswirtschaft und den Wohlstand ihrer Bürger.

Genau das erklärt einen großen Teil der Wachstumsunterschiede zwischen Asien und Lateinamerika in den letzten Jahrzehnten des 20. Jahrhunderts. Weil in den meisten lateinamerikanischen Ländern nur ein geringer Teil des Einkommens gespart wurde, verschuldeten sie sich massiv im Ausland. Mit relativ hohen Zinsen lockten sie Ersparnisse aus dem Rest der Welt an – die Globalisierung macht's möglich. Argentinien wurde in den Neunzigerjahren zum größten Schuldner unter den Entwicklungsländern und erlebte einen Scheinboom. Eine geringe Ersparnis, verbunden mit der Kreditaufnahme im Ausland, produzierten ein argentinisches Konsumwunder, das Mitte der Neunzigerjahre für beachtliche Wachstumsraten sorgte. Aber der Boom war nicht von Dauer; im Dezember 2001 ging die zweitgrößte Volkswirtschaft Lateinamerikas Pleite. Die Argentinier konnten die Zinsen und Tilgungsraten ihrer Auslandsschulden nicht mehr aufbringen. Sie hatten die Kredite nicht in produktive Investitionen gelenkt, aus deren Erträgen sie später Zinsen und Tilgung hätten zahlen können, sondern einen Großteil des Geldes schlicht verjubelt. Die weiteren Aussichten der argentinischen Volkswirtschaft sind düster, neue Investitionen kaum noch finanzierbar.

Die asiatischen Gesellschaften hingegen, die viel sparen (rund 30 Prozent ihrer Wirtschaftsleistung), können aus eigenen Mitteln große Investitionsvolumina finanzieren. Da sie weitere Kreditgelder aus dem Rest der Welt aufnehmen, sind sie in der Lage, noch mehr zu investieren, als sie sparen, und sie tun es auch. Dies ist eine der wichtigsten Quellen des langen asiatischen Aufschwungs: Investitionen erhöhen die Kapitalausstattung der Volkswirtschaften; die Produktivität steigt, und mithin steigen auch die Einkommen der Beschäftigten. Von ihrem zusätzlichen Verdienst sparen sie wiederum einen Teil, wodurch abermals Investitionen aus heimischen Mitteln finanzierbar werden.

Natürlich hat auch Asien Rückschläge erlitten. Die Krise von 1997/98 wurde ausgelöst durch eine Kapitalflucht ausländischer Geldgeber, die plötzlich das Vertrauen in die Leistungsfähigkeit der südostasiatischen Volkswirtschaften verloren hatten. Dass sich aber die meisten Länder binnen zwei Jahren von diesem Sturm erholt hatten, liegt unter anderem an den hohen Ersparnissen ihrer Bürger – sie machen die Länder ein Stück unabhängiger von den Launen der internationalen Kapitalmärkte.

Wenn Ersparnisse langfristig das Wachstum begünstigen, ist die Konsumnachfrage dann vollkommen unwichtig? Nicht ganz.

Sparen die Deutschen zu viel?

Während hohe Ersparnisbildung langfristig das Wachstum anregt, dämpft es kurzfristig die Wirtschaftsentwicklung, wenn die Bürger beginnen, mehr Geld zurückzulegen. Vorübergehend geht die Nachfrage nach Konsumgütern zurück – die kurzfristigen Aussichten trüben sich ein. Die langfristigen Entwicklungsperspektiven hingegen verbessern sich.

In Deutschland läuteten die Alarmglocken, als 2001, mitten in der Rezession, die Bürger ihren Konsum einschränkten. Nach jahrelangem Rückgang stieg die Sparquote (die Ersparnis der privaten Haushalte in Prozent des nach Steuern und Abgaben verfügbaren Einkommens) wieder an, was zur Folge hatte, dass die gesamtwirtschaftliche Nachfrage sank, wodurch sich der konjunkturelle Abschwung verschärfte. Die Heftigkeit dieser Reaktion war zwar weltwirtschaftlich gesehen eine Ausnahme – anderswo wuchs die heimische Nachfrage weiter, wenn auch mit geringeren Raten –, der Trend zu wieder steigenden Sparquoten ist allerdings in den meisten westlichen Ländern zu beobachten (siehe Abbildung 3). Offenbar erkennen die Bürger die Notwendigkeit, mehr Geld für die Zukunft zurückzulegen. Seit Mitte der Achtzigerjahre legten sie einen immer kleineren Teil ihrer Einkommen auf die hohe Kante. Insbesondere in den angelsächsischen und den skandinavischen Ländern kam das Sparen außer Mode. In den USA und Schweden näherten sich die Sparquoten der Nulllinie. Auch in Japan sank die zuvor – typisch asiatische – hohe Ersparnis von über 20 Prozent auf deutsches Niveau und darunter.

Bemerkenswert an dieser Entwicklung ist, wie konstant die deutsche Sparquote im Vergleich zu anderen Ländern ist. Im Durchschnitt der Jahre 1980 bis 1990 lag sie bei 13 Prozent, zwischen 1991 und 2001 bei 12 Pro-

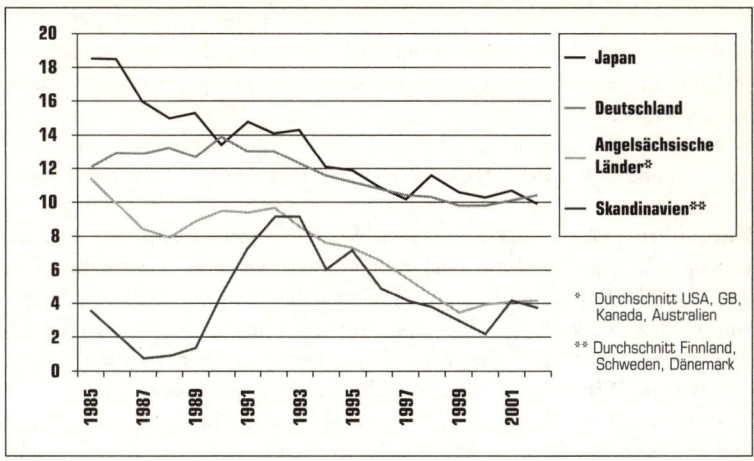

Abb. 3: **Ersparnis der privaten Haushalte in Prozent des verfügbaren Einkommens.**
Quelle: OECD, eigene Berechnungen

zent. Ihren tiefsten Wert erreichte sie 1999/2000 mit 9,8 Prozent, zu einer Zeit, als die Amerikaner weniger als 3 Prozent sparten.

Glaubt man den Nachfrageaposteln, dann sind die relativ hohen Sparquoten für Deutschland eine Bürde, die die hiesige Wirtschaft in eine Dauerkrise stürzen. Stimmt das? Richtig ist, dass Deutschland nicht in den Genuss jenes zusätzlichen Nachfrageschubs kam, den die stetig sinkende Sparneigung in vielen anderen Ländern in den Neunzigerjahren auslöste. Doch dieser Konsumsog ist langfristig nicht aufrechtzuerhalten.

Angst und Risiko – Warum Menschen sparen

Wie viel sollte eine Gesellschaft sparen? Dies ist keine abstrakte Frage, die sich irgendwo in den unendlichen Weiten makroökonomischer Theoriegebilde verliert, sondern sie benennt ein ganz konkretes Problem, vor dem jeder Bürger steht.

Menschen sparen, um künftigen Konsum abzusichern. Und weil die Zukunft nun mal im Ungewissen liegt, gilt: Je unsicherer sich die Bürger fühlen, desto mehr legen sie zurück. Eher risikoscheue, ängstliche Gesellschaften wie die deutsche weisen tendenziell hohe Sparraten auf. Risikofreudige Nationen hingegen wie die angelsächsischen und solche, die offenkundig eher zur Sorglosigkeit neigen wie die lateinamerikanischen, sparen weniger.

Neben (sozial)psychologischen Grundhaltungen wirken sich eine Vielzahl ökonomischer Faktoren auf das Sparverhalten aus. Die wichtigsten:

Konjunkturzyklen. Das Empfinden ökonomischer Sicherheit schwankt mit der Konjunktur. In Aufschwungphasen, wenn die Arbeitslosigkeit sinkt und die Einkommen steigen, breitet sich ein Optimismus aus, der die Bürger dazu verleitet, weniger vorzusorgen. Hingegen veranlasst sie ein Abschwung dazu, ein Sicherheitspolster anzulegen. Wer weiß schließlich, wie tief die Wirtschaft noch abrutscht und wie sicher der eigene Job in Zukunft noch ist. Wie Abbildung 3 zeigt, stiegen in der Rezession der frühen Neunzigerjahre die Sparquoten in allen Ländern an. Es kann nicht verwundern, dass die Quoten auch nach der Jahrtausendwende wieder zulegten, als zum Abschwung noch die neue Unsicherheit angesichts von Terror und Krieg um sich griff.

Die Rezession Anfang der Neunzigerjahre unterbrach allerdings nur kurzzeitig den Rückgang der Sparquoten, der im Trend über Jahrzehnte anhielt. Wird er sich fortsetzen? Was erklärt überhaupt den langfristigen Abwärtstrend im Sparverhalten?

Börsen- und Immobilienmarktentwicklung. Die Achtziger- und Neunzigerjahre waren eine Phase stark steigender Aktienkurse und Immobilienpreise. Wenn das Vermögen von allein an Wert gewinnt, sparen die Bürger weniger – eine verständliche Reaktion. Da sie offensichtlich glaubten, die Zahlenzuwächse auf dem Papier mehrten dauerhaft ihr Vermögen, nutzten sie die vermeintlichen Spielräume und steigerten ihren aktuellen Lebensstandard. Japan machte eine solche Spekulationsphase in den Achtzigerjahren durch – die Sparquoten sanken von knapp 19 Prozent Mitte der Achtziger auf 13,4 Prozent im Jahr 1990, als die japanische Kursblase platzte.

Die westlichen Länder erlebten ähnlich rasche Kurssteigerungen in den Neunzigerjahren – entsprechend nahmen die Bürger ihre Ersparnis zurück, insbesondere in den skandinavischen und angelsächsischen Ländern, wo die Bürger einen Großteil ihrer Vermögen in Aktien angelegt hatten. Im gleichen Zeitraum explodierten auch die Immobilienpreise, eine

Entwicklung, die auch in den Jahren nach der Jahrtausendwende noch anhielt, als die Spekulationsblase an den Börsen längst geplatzt war.[7]

Sozialstaatliche Absicherung. Auch der Staat kann den Bürgern das Gefühl von Sicherheit – oder auch von Unsicherheit (siehe unten) – vermitteln und so die Sparquoten beeinflussen. Der Ausbau der kontinentaleuropäischen Sozialsysteme in den Siebziger- und Achtzigerjahren verbreitete bei den Bürgern zunächst ein Gefühl der Sicherheit. Immer mehr Lebensrisiken wurden immer großzügiger abgefedert. Arbeitslosigkeit, Ruhestand, Krankheit, Ausbildung der Kinder – weil für alles gesorgt war, wurden die Bürger allzu sorglos. So kollabierten die Sparquoten Ende der Achtzigerjahre in Schweden, dem Land des allumfassenden »Volksheims«. Zwischen 1987 und 1990 lagen sie tief im negativen Bereich – die Bürger sparten nicht mehr, sondern verschuldeten sich immer weiter. Eine Entwicklung, die Anfang der Neunzigerjahre in eine Finanzkrise mündete.

Steuern und Abgaben. Nicht nur durch Absicherungssysteme, auch durch Steuer- und Abgabenerhöhungen kann der Staat die Bürger veranlassen, ihre Ersparnis zu senken: Weil diese versuchen, ihre Konsumausgaben konstant zu halten oder sie mit gleicher Rate wie bisher auszudehnen, sparen sie weniger. So dürften die in den Neunzigerjahren infolge der deutschen Einheit stark gestiegenen Steuern und Abgaben für den Rückgang der Sparquote mitverantwortlich sein. Die Steuerzahler versuchten ihren Lebensstandard zu stabilisieren, indem sie ihre Sparquote senkten. Auch eine Gesundung der Staatsfinanzen – solide Haushaltsüberschüsse, sinkende Verschuldung –, wie sie die angelsächsischen und die skandinavischen Länder in den Neunzigerjahren erlebten, kann die Bürger veranlassen, weniger zu sparen. Schließlich haben sie nun Grund zu erwarten, dass ihre Steuerlast in Zukunft sinken werde. Die künftige Entlastung erweitert schon heute ihren finanziellen Spielraum.

Staatsverschuldung. Je mehr staatliche Lasten durch Verschuldung in die Zukunft verschoben werden, desto eher werden die Bürger bemüht sein, in der Gegenwart auf Konsum zu verzichten und stattdessen ihre Ersparnis zu steigern. Sie wissen: Eine steigende Staatsverschuldung wird zu höheren Steuern in der Zukunft führen; schließlich müssen Schulden ja künftig getilgt werden. Kein Wunder also, dass in den Neunzigerjahren die deutsche Sparquote nicht stärker zurückging – die Staatsverschuldung explodierte in diesem Zeitraum von rund 40 auf über 60 Prozent des Bruttoinlandsprodukts.

Demographie. Die Alterung der Gesellschaft wird die heutige Sparergeneration vor gewaltige Herausforderungen stellen. Es gibt nur zwei Alternativen: Entweder zieht sich der Staat zurück. Dann müssen die heutigen Sparer im Alter viel mehr selbst bezahlen als die heutigen Ruheständler. Oder der Staat hält seine Leistungen im heutigen Umfang aufrecht. Dann werden die Ausgaben für Rente und Gesundheit die Budgets explodieren lassen (siehe Irrtum 20).

Von der dramatischen Verschlechterung der Staatsfinanzen werden insbesondere Länder wie Deutschland betroffen sein, die Rentensystemen vertrauen, welche die Beiträge der Arbeitenden im Umlageverfahren sofort an die Ruheständler ausschütten. Andere Staaten haben besser vorgesorgt: Niederländer, Briten, Schweizer oder Amerikaner haben einen Kapitalstock aufgebaut, um die dürren Zeiten des demographischen Übergangs leichter abfedern zu können. Hinzu kommt, dass in kaum einem westlichen Land die Gesellschaft so dramatisch altert wie in Deutschland – kaum eine andere Nation wies in den vergangenen Jahrzehnten eine derart niedrige Geburtenrate auf. All dies sind Lasten, die heutige Sparergenerationen in Zukunft tragen müssen und auf die sie vorbereitet sein sollten.

Nicht nur steigende Einnahmen und sinkende Ausgaben des Staates werden die Bürger belasten. Die Alterung der Gesellschaft kann auch gravierende wirtschaftliche Probleme nach sich ziehen, die einen spürbaren Rückgang des allgemeinen Lebensstandards auslösen (es gibt allerdings Alternativen dazu, siehe Irrtum 20). Je wahrscheinlicher ein solches Szenario wird, desto mehr werden die Bürger sparen.

Ergo: Jene Faktoren, die die Sparquoten im Trend der vergangenen Jahrzehnte gedrückt haben, wirken nicht mehr oder haben sich sogar umgekehrt. Die Aktienmärkte sind eingebrochen, die Immobilienpreise gefährdet, die Staatsschulden steigen weiter an. Die Alterung der Gesellschaft birgt schwer kalkulierbare Risiken.

Auch Angelsachsen und Skandinavier werden künftig wieder mehr sparen müssen. Eine Anpassungslast, die das Wirtschaftswachstum dieser Länder auf Jahre dämpfen wird – und die die Deutschen nur in abgemildertem Maß zu tragen haben.

Wer mehr leistet, kann sich auch mehr leisten

Wenn wir also alle mehr sparen müssen, ist die Mehrung des Konsums dann kein vernünftiges wirtschaftspolitisches Ziel? Doch. Die Frage ist nur, auf welche Weise eine Volkswirtschaft einen höheren Lebensstandard zu erreichen gedenkt. Bei gleichem Einkommen weniger zu sparen ist angesichts der heutigen Sparquoten und der künftigen Belastungen keine vernünftige Option. Mehr zu verdienen und davon einen Teil zu sparen, einen Teil auszugeben – das wäre eine erstrebenswerte Konstellation.

Dass die Wirtschaft in den angelsächsischen und den skandinavischen Ländern in den Neunzigerjahren einen derart beeindruckenden Aufschwung erlebte, lag nur zum Teil an der hohen Konsumquote. Die Bürger konnten sich auch mehr leisten, weil sie mehr leisteten. Die Statistiken zeigen, dass in diesen Ländern die Arbeitsvolumina kräftig zugelegt haben, mehr Menschen also mehr Stunden im Jahr arbeiten, und zwar mit rasch zunehmender Produktivität. Jahrelang herrschte dort annähernd Vollbeschäftigung, die Löhne sind gestiegen (siehe auch Irrtum 1). Kurz: Diesen Teil des Konsumwunders sollte Deutschland unbedingt kopieren.

Im gleichen Zeitraum ließen hierzulande geringe Beschäftigungs- und Produktivitätszuwächse sowie steigende Steuern und Abgaben die Einkommen stagnieren. Im Durchschnitt der letzten Jahre hat sich die Konsumnachfrage in Deutschland so schwach entwickelt wie in kaum einem anderen reichen Land. Da auch die Investitionen lahmen, ist die deutsche Konjunktur fast ausschließlich vom Export abhängig. Nicht plumpe Mehrausgaben, sondern eine produktivere Wirtschaft und ein effizienterer Staat lassen Einkommen und Nachfrage nachhaltig steigen. Deutschland leidet primär unter einer Angebotsschwäche, aus der – in zweiter Linie – eine Nachfrageschwäche folgt.

Die internationale Erfahrung zeigt, dass dauerhaftes Wachstum aus Investitionen in Kapital und Wissen resultiert – Investitionen, die überwiegend mit den Ersparnissen der Bürger finanziert werden. So entstehen Arbeitsplätze und steigt die Produktivität, was die Einkommen und letztlich den Konsum mehrt. Eine Aufwärtsspirale, die in Gang kommt, wenn es sich lohnt zu sparen, zu investieren und zu arbeiten.

Ein steigender Konsum steht am Ende dieser Kette, nicht am Anfang. Wer der Logik folgt, wonach allein es genügt, mehr zu konsumieren, um einen neuen Wirtschaftsboom zu begründen, wird allenfalls ein kurzes konjunkturelles Strohfeuer entfachen, an dessen Ende die langfristigen

Probleme noch größer sein werden. Auf dem Weg zu mehr wirtschaftlicher Dynamik gibt es keine Abkürzung – so sehr man das auch bedauern mag.

Eine neue Steuer für die Sparer

Die Bürger vermögen ihre eigene Zukunft viel besser einzuschätzen, als es Politiker oder staatliche Bürokraten je könnten. Deshalb sollte die Politik sich aus den Entscheidungen über Konsum und Ersparnis heraushalten. Bislang verzerrt der Eingriff des Staates die Entscheidung massiv zugunsten des Konsums – nämlich durch die Art der Besteuerung von Kapitalerträgen.

Nehmen wir ein Beispiel: Zwei besserverdienende Familien verfügen jeweils über ein Jahresarbeitseinkommen von 100 000 Euro brutto. Davon verbleiben bei einem Durchschnittssteuersatz von 45 Prozent 55 000 Euro. Die eine Familie gibt dieses Nettoeinkommen vollständig aus, die andere spart davon 10 000 Euro jährlich. Diese 10 000 Euro werfen pro Jahr, sagen wir, 500 Euro Zinsen ab (bei einem Zinssatz von 5 Prozent). Unterliegen die Zinsen der normalen Einkommensteuer wie nach der früheren deutschen Regelung, müsste auf sie der Höchststeuersatz von etwa 50 Prozent (inklusive Solidaritätsbeitrag) entrichtet werden (nach neuer geplanter Zinsabgeltungssteuer wären 25 Prozent fällig). Also sind auf die 500 Euro Zinsen 250 (bzw. 125 Euro) Steuern zu entrichten.

Diese zusätzliche Steuerlast steigt im Laufe der Jahre mit wachsendem Einkommen aus Vermögen an, weil unsere Sparerfamilie bekanntlich 10 000 Euro pro Jahr zurücklegt. Die Steuerlast der ersten Familie hingegen bleibt bei gleichbleibendem Arbeitseinkommen konstant. Mit anderen Worten: Der Staat bestraft die Sparer und belohnt die Konsumenten. Ein falsches Anreizsystem, zu dem es Alternativen gibt.

Der Staat sollte auf eine nachgelagerte, konsumbezogene Einkommensbesteuerung umschwenken. Es würde nur der Teil des Einkommens besteuert, der im entsprechenden Jahr für Konsumzwecke verwendet wird. Was aktuell gespart wird, bliebe steuerfrei – und zwar so lange, bis Teile des angesparten Vermögens oder seiner Erträge veräußert und verkonsumiert werden.

In obigem Beispiel würde in diesem neuen System die Sparerfamilie zunächst weniger Steuern zahlen als die Nichtsparer. Die Sparerfamilie zahlte 45 Prozent von 90 000 Euro, also 40 500 Euro – die jährliche Ersparnis von 10 000 Euro würde abgezogen, bevor die Steuer griffe. Auch die Zinseinkünfte blieben zunächst steuerfrei. Somit führte die Familie zunächst 700 Euro (bzw. 575 Euro bei der Abgeltungssteuer) weniger an den Fiskus ab als die Nichtsparer. Hingegen unterlägen das angesparte Vermögen plus Zinsen der vollen Besteuerung, wenn die Familie sich irgendwann entschlösse, das Geld auszugeben.

In einer alternden Bevölkerung ist eine solche konsumbezogene Einkommensteuer eine große Hilfe. Sie verschiebt einen Teil der Steuerlast von den Jungen auf die Alten. Das mindert zwar heute das Steueraufkommen, würde aber die künftigen Staatseinnahmen sichern. Gleichzeitig entstünde bereits heute ein Anreiz, die Ersparnis zu erhöhen und mehr zu arbeiten, wodurch die Bürger die demographischen Herausforderungen in Zukunft besser meistern könnten.

Doch eine solche Konsumeinkommensteuer wird nicht eingeführt. Lediglich die Riester-Rente enthält Ansätze davon; die entsprechenden Altersvorsorgeprodukte dürfen aus unversteuertem Einkommen bezahlt werden.

Politische Ökonomie:
Wie die Politik das Sparen erschwert – und warum

Dass die Sparquote seit 2001 wieder ansteigt, zeigt: Die Bürger schätzen die Risiken, denen sie gegenüberstehen, realistisch ein. Viel realistischer jedenfalls als die Politiker, deren professioneller Zeithorizont kaum über den nächsten Wahltag hinausreicht. Folglich malen sie die Zukunft gern in goldenen Farben. Vorsorge? Nicht nötig; entscheidend ist, dass hier und heute die Wirtschaft brummt. So verkündeten Sozialpolitiker – von Norbert Blüm (CDU) bis Ulla Schmidt (SPD) – jahrzehntelang, die Rente sei sicher, obwohl doch längst offensichtlich war, dass es so wie bisher nicht weitergehen konnte. Solche Unredlichkeiten sind übrigens kein ausschließlich deutsches Phänomen, sondern in anderen Ländern, etwa in Frankreich, ebenso verbreitet.

Warum bevorzugt die Politik konsequent den Konsum und vernachlässigt das Sparen? Der erste Grund liegt, wie gesagt, im Zeithorizont. Amtierende Politiker wollen, dass die Wirtschaft in ihrer Amtszeit brummt. Was später kommt, ist ihnen vielleicht nicht gleichgültig, es liegt aber außerhalb ihres politischen Kalküls. Weil Konsumausgaben unmittelbar auf die Konjunktur wirken, genießen sie die besondere Aufmerksamkeit der Politik.

Der zweite Grund: Es liegt nicht im Interesse von Verteilungspolitikern, dass die Bürger viel sparen, dadurch vermögender und letztlich souveräner werden. Der aus eigener Kraft finanziell gut ausgestattete Bürger ist von staatlichen Leistungen relativ unabhängig. Entsprechend schwierig ist es, ihn mit staatlichen Leistungen zu beglücken. Sozialpolitiker bevorzugen deshalb den Typus des »bedürftigen Bürgers«, der über so wenig Einkommen verfügt, dass er auf staatliche Leistungen angewiesen ist. Inzwischen nehmen hohe Steuer- und Abgabenlasten den Bürgern so viel von ihren Einkommen ab, dass sie von staatlichen Leistungen abhängig werden. Menschen, die eigentlich für sich selbst sorgen könnten und allenfalls eine staatliche Minimalabsicherung benötigten, werden »bedürftig« – sie haben plötzlich ein offenes Ohr für allerlei Ausgabenprogramme, von der Eigenheimzulage bis zur beitragsfreien Hochschulausbildung. Der Sozialstaat kontinentaleuropäischer Prägung nützt nicht überwiegend den Schwächsten der Gesellschaft, sondern er verteilt Einkommen innerhalb der Mittelschichten um (siehe auch Irrtum 10). Das ist nicht unbedingt effizient und hat mit Gerechtigkeit wenig zu tun, aber es nützt der Profilierung der Verteilungspolitiker. Wer spart und Vermögen aufbaut, gewinnt eine Souveränität, die ihn weitgehend unabhängig macht von kollektiven politikgetriebenen Systemen.

Politiker und Ökonomen sollten aufhören, das Sparen schlecht zu reden. Die im internationalen Vergleich hohe Sparquote ist ein fundamentaler Vorteil der deutschen Wirtschaft. Den schmerzhaften Konsumverzicht, den Amerikaner und Skandinavier sich in den kommenden Jahren verordnen müssen, brauchen die Deutschen nicht mitzumachen.

Irrtum 4: Je niedriger die Zinsen, desto besser

Kürzlich saß ich mit einem Unternehmensberater zusammen – keinem dieser glatten Strategie-Consultants, die Großkonzerne beraten, sondern einem etwas stämmigen Typ, der angeschlagene mittelständische Unternehmen wieder auf Vordermann bringt. Wir redeten über die Lage seiner Klienten, über die Aussichten, die Sorgen und Ängste deutscher Unternehmer. »Was ist das größte Problem der Mittelständler?«, fragte ich. Seine Antwort kam schnell und eindeutig: »Die Banken.« Und dann redete er sich in Rage, erzählte von einer Baufirma, deren Hausbank plötzlich die Kreditzinsen verdoppelt habe. Einfach verdoppelt! Von heute auf morgen! Ich solle mir das einmal vorstellen! Fast sei das ganze Unternehmen mit 100 Arbeitsplätzen den Bach heruntergegangen.

Die Banken verlangen zu hohe Zinsen – eine Meinung, die man in der Bundesrepublik häufig hört.

Ein paar Monate zuvor traf ich Jan Hatzius, einen Deutschen, der für die Investmentbank Goldman Sachs die US-Ökonomie analysiert. Aus seinem Bürofenster blickt man auf die Lücke, die die Türme des World Trade Center hinterlassen haben. Hatzius ist ein scharfsinniger Analytiker und ein hochinteressanter Gesprächspartner. Als der offizielle Teil des Gesprächs vorbei war, plauderten wir noch etwas über privatere Dinge. Er erzählte, wie froh er doch sei, Europa verlassen zu haben, nicht nur aus persönlichen Gründen – er ist mit einer Amerikanerin verheiratet –, sondern auch aus ökonomischen. Die Zinsen seien so hoch in Europa, da könne doch aus der Euro-Ökonomie nichts werden.

Die Notenbanken halten die Zinsen zu hoch – eine besonders unter angelsächsisch geprägten Ökonomen gängige Auffassung.

Die Zinsen sind ein Dauerthema. Gewerkschafter und konservative Politiker, traditionsverwurzelte Unternehmer und liberale Ökonomen – sie alle eint der rituelle Ruf nach niedrigen Zinsen. Je billiger das Geld, so heißt es, desto besser gehe es den Unternehmen, desto schneller wachse die Wirtschaft, desto mehr Beschäftigung und Wohlstand entstünden.

Der Zins ist mit dem Vorwurf des Wuchers belastet. Banker genießen einen zweifelhaften Ruf als schwarze Schafe der Wirtschaft. Sie gelten als mächtig und knauserig – hier schwingt das uralte Vorurteil mit, wonach der Geldverleiher ein zutiefst unmoralisches Geschäft betreibe. Eine Haltung, die tief in der abendländischen Kultur wurzelt. Zinsen zu verlangen galt jahrtausendelang als unmoralisch, zeitweise war es sogar gänzlich verboten. Im Jahr 1215 untersagte Papst Innozens III. im »Kanonischen Zinsverbot« den Christen die Zinserhebung. Geld, so die Haltung der römischen Kirche, verschleiße nicht; wer es verleihe, bekomme ja das Gleiche zurück – der Kreditgeber nehme also Zinsen für nichts, was als äußerst unfair gegenüber den Mitmenschen galt. Noch schlimmer: Der Zinsnehmer handele gotteslästerlich. Denn der Zins ist ein Preis auf die Zeit. Die Zeit aber, so die Kirche, gehöre Gott. Folglich besteuere der Mensch Gottgegebenes.

Mächtige moralische Schranken. Zugleich war aber auch im Mittelalter offenkundig, dass ohne Kreditmärkte eine Wirtschaft kaum funktionieren kann und ohne Zinsen kein Kreditmarkt. Warum sonst sollte ein Kapitalbesitzer sein Geld hergeben? Aus Nächstenliebe? Das mag im Freundes- und Familienkreis noch funktionieren, nicht aber auf einem anonymen Markt, wo sich Kreditnehmer und -geber persönlich gar nicht oder nur flüchtig kennen. Im Wissen um die Bedeutung von Kreditmärkten eröffnete Innozens III. der Wirtschaft eine Hintertür und erlaubte den Juden, Zinsen zu nehmen. Die ergriffen das Geldgewerbe gern, weil ihnen der Zugang zu vielen christlichen Berufen versperrt war. Ihnen wuchs in der Folge eine Machtposition zu, die den ohnehin grassierenden Antisemitismus noch verstärkte.

Die Vorurteile haben sich gehalten. Noch die Nazis dämonisierten das »internationale Finanzjudentum«, das sich angeblich gegen Deutschland verschworen habe. Bis heute sind Schimpfworte wie »Geldjude« zu hören.

Um nicht missverstanden zu werden: Hier soll keinesfalls behauptet werden, dass diejenigen, die heute niedrige Zinsen fordern, Antisemiten seien. Aber der Vorwurf des Wuchers ist tief in der abendländischen Seele verankert.[8] Bis heute muss sich der Kapitalbesitzer (heute: die Geschäftsbank, die Zentralbank) dafür rechtfertigen, dass er demjenigen, der sich etwas Geld leihen möchte, einen Preis abverlangt. Ergo: Je niedriger der Zins, desto besser.

Aus ökonomischem Blickwinkel ist das natürlich Unsinn. Zinsen haben dann die richtige Höhe, wenn sie angemessen sind – der wirtschaftlichen Lage und dem individuellen Risiko des Kreditnehmers. Was aber bedeutet »angemessen«?

Jede Menge Risiko – Was den Zins beeinflusst

Im Sommer 2002 lieh sich der Volkswagen-Konzern 1,5 Milliarden Euro zu einem Zinssatz von 4,8 Prozent: Der Autokonzern setzte an den Börsen eine Anleihe mit fünf Jahren Laufzeit ab. Wenige Wochen später nahm auch die Deutsche Post 1,5 Milliarden Euro an den Börsen auf, musste aber nur 4,25 Prozent für fünf Jahre Laufzeit zahlen. Das alles trug sich in einer Zeit zu, in der mittelständische Unternehmen nur unter großen Mühen überhaupt noch Kredite von ihren Banken bekamen – und wenn, dann allenfalls zu Zinsen, die erheblich über den Sätzen lagen, die die Großen zu entrichten hatten; 7 Prozent waren keine Seltenheit. Von »Kreditklemme« oder »Credit Crunch« war die Rede.

Warum werden Großkonzerne offenkundig bei der Kreditvergabe bevorzugt, während die Kleinen leer ausgehen? Der Grund liegt in der Natur des Zinses: Der Zins ist ein Preis für die Zeit; wer Geld verleiht, muss sich Gedanken über die Zukunft machen. Erhält er sein Geld am Ende der vereinbarten Laufzeit tatsächlich zurück? Kann er sich dann von dieser Summe noch genauso viel kaufen wie heute? Fragen, die er nicht mit Sicherheit beantworten kann – die Zukunft ist nun einmal unsicher. Der Verleiher geht also bei der Kreditvergabe ein Risiko ein, das er nicht zu tragen hätte, wenn er sein Geld behielte oder wenn er es in absolut sichere Anlagen steckte (zum Beispiel in Anleihen eines Staates mit kerngesunden öffentlichen Finanzen). Er wird also sein Geld nur herzugeben bereit sein, wenn er für sein Risiko entlohnt wird – wenn also der Zins, den er kassiert, über dem Zinssatz für absolut sichere Anlagen liegt.

Damit sind wir bei obigem Beispiel: Die unterschiedlichen Zinssätze entspringen dem Risiko, dass der jeweilige Schuldner seinen Kredit am Ende der Laufzeit nicht zurückzahlen kann. Um ihr Risiko zu ermitteln, lassen sich Konzerne – ebenso wie Staaten – von so genannten Rating-Agenturen benoten. Auch die Banken analysieren heute ihre Unternehmenskunden und versehen sie mit einem Rating. Bei Standard & Poor's (S&P), einer der drei führenden Rating-Agenturen, variiert die Skala zwischen AAA (Ausfallrisiko nahe Null) und D (zahlungsunfähig). Solide Großkonzerne bekommen in der Regel Noten von AA bis A– (Bonität gut bis befriedigend), Mittelständler von BBB+ bis BB– (Bonität befriedigend bis ausreichend), wobei es am unteren Ende der Skala schon schwierig wird, überhaupt einen Kredit zu bekommen.

Volkswagen und die Deutsche Post verfügten 2002 über die komfortable S&P-Note A+; bei Moody's, einer anderen Top-Rating-Agentur, schnitt die Post (Aa3) sogar eine Stufe besser ab als VW (A1). Entsprechend günstiger fielen die Zinsen für die Post aus, die noch gut einen halben Prozentpunkt weniger zahlen musste als VW.

Nach dem gleichen Muster verschulden sich Staaten: Reiche Länder mit soliden öffentlichen Finanzen – dazu zählt auch immer noch die Bundesrepublik – erhalten das beste S&P-Rating AAA; sie profitieren von extrem niedrigen Zinsen. Hochverschuldete ärmere Länder hingegen wie Argentinien oder große Teile Afrikas finden überhaupt keine privaten Geldgeber auf den Kreditmärkten; ihr einziger Zugang zu internationalem Kapital sind Finanzinstitutionen wie die Weltbank, der Internationale Währungsfonds oder die Europäische Bank für Wiederaufbau und Entwicklung in London.

Angemessen ist also ein Zins, wenn er das Risiko abdeckt, dass der Schuldner den Kredit nicht zurückzahlen kann. Aber es spielen noch andere Überlegungen eine Rolle, die mit dem individuellen Kreditnehmer nichts zu tun haben. Der wichtigste Faktor ist die Inflation. Muss der Kreditgeber fürchten, dass sein Geld bei Rückzahlung an Kaufkraft verloren hat, verlangt er einen höheren Zinssatz. Die Inflationsrate ist einer der Grundbestandteile des Zinses.

Desgleichen geht der Wechselkurs in die Kalkulation ein: Erwartet der Kreditgeber eine Abwertung der Währung, auf die der Kredit lautet, so will er auch für dieses Risiko des Verlusts an weltweiter Kaufkraft entschädigt werden. Geht er hingegen davon aus, dass die Währung während der Laufzeit des Kredits gegenüber anderen Währungen an Wert gewinnt, ist er möglicherweise bereit, einen relativ geringen Zins zu akzeptieren. Ein Effekt, von dem um die Jahrtausendwende die Amerikaner enorm profitierten: Die scheinbar unendliche Aufwertung des Dollar trug dazu bei, dass sich die USA in dieser Boomphase zu im historischen Vergleich äußerst niedrigen Zinsen verschulden konnten.

Die Zukunft ist ungewiss, und sie ist umso ungewisser, je länger der Zeithorizont. Die Bonität des Schuldners, das Risiko der Inflation und der Abwertung, das Risiko gravierender wirtschaftlicher Umschwünge – all das ist umso schwieriger einzuschätzen, je weiter in die Zukunft man blickt. Typischerweise steigt der Zins daher mit zunehmender Dauer der Laufzeit. Wie auch im Falle der Deutschen Post: Sie teilte ihr Kreditvolumen von 1,5 Milliarden Euro zu gleichen Teilen auf zwei Anleihen auf. Wie schon erwähnt, hatte das eine Papier eine Laufzeit von fünf Jahren und wurde mit 4,25 Prozent verzinst; das andere lief über zehn Jahre, musste jedoch mit 5,125 Prozent verzinst werden.

Es kann auch vorkommen, dass die Zinsen mit zunehmender Laufzeit fallen; man bezeichnet das als »inverse Zinsstruktur« – eine Konstellation, wie sie Deutschland zum Beispiel Anfang der Neunzigerjahre erlebte. Während des Vereinigungsbooms lagen die Inflationsraten relativ hoch, Anleger und Kreditkunden rechneten jedoch in den folgenden Jahren mit sinkenden Raten, sodass die langfristigen Zinsen niedriger als die kurzfristigen lagen.

Nicht nur Risikoüberlegungen beeinflussen den Zins. Im Kern ist der Zins »der Preis für die frühere Verfügbarkeit von Gütern«, wie es der Wirtschaftsprofessor Otmar Issing, heute Chefökonom der Europäischen Zentralbank, einmal formuliert hat. Wer sich Geld leiht, kann heute mehr Dinge kaufen, als sein aktuelles Einkommen und Vermögen zulassen. Er verschiebt Konsum von der Zukunft in die Gegenwart. Für den Vorteil früherer Verfügbarkeit ist der Schuldner bereit, Zinsen zu zahlen.

Spiegelbildlich zum Kreditnehmer kann sich der Verleiher von dem Geld, das er bereitstellt, aktuell nichts kaufen: Er übt Konsumverzicht. Besser ausgedrückt: Er verschiebt Konsum von der Gegenwart in die Zukunft. Dafür will er entlohnt werden. Somit spiegelt der Zins den Preis wider, zu dem die Kreditnehmer gerade noch Geld leihen und zu dem es die Kreditgeber gerade noch herzugeben bereit sind.

Bei den meisten Geschäften wirken die Banken als Mittler zwischen Kreditnehmer und -geber. Die Schuldenaufnahme über die Anleihemärkte, also die Börsen, macht in Deutschland und den meisten anderen europäischen Ländern nur einen kleinen Teil des Kreditvolumens aus. Die Bank bündelt Spareinlagen und Kreditausleihungen. Dafür verlangt sie eine Gebühr, nämlich die Differenz zwischen den Sätzen für Soll- und Habenzinsen.

Nur niedrige Zinsen sind gute Zinsen? Sicher, niedrige Sätze nützen unmittelbar dem Kreditnehmer, der Post, VW oder dem deutschen Finanzminister, um nur einige Beispiele zu nennen. Aber nützen ihnen billige Kredite tatsächlich langfristig? Und im Übrigen: Auch Kreditgeber und Banken müssen mit der Höhe der Zinssätze leben können. Können sie das in Deutschland?

Die Politisierung des deutschen Bankensystems und die Folgen

Im Abschwung nach der Jahrtausendwende stürzten die deutschen Banken in die tiefste Krise der Nachkriegsgeschichte. Einst so stolze Institute wie die Commerzbank oder die Hypovereinsbank kämpften ums Überleben; die Dresdner Bank durchlitt die Krise als Tochter des Versicherungsgiganten Allianz. Natürlich ist die deutsche Bankenmisere zum großen Teil hausgemacht: In guten Zeiten haben die Institute die Zügel schleifen lassen. Sie haben zu aufwändig gearbeitet, mit zu vielen Filialen und zu vielen Mitarbeitern. Sie haben, wohl auch aus Eitelkeit und Hochmut, notwendige Fusionen unterlassen – Fusionen, die in anderen Ländern längst zustande kamen. Als dann 2001 der Abschwung einsetzte, verschärften die hohen Kosten die Krise der Banken noch.

Neben den hausgemachten Problemen haben die privaten Banken in Deutschland mit einem Grundproblem zu kämpfen, an dem sie tatsächlich nicht selbst Schuld tragen: den Zinsen, die über Jahrzehnte in Deutschland extrem niedrig lagen. Die Gründe? Zum einen die konstant niedrigen Inflationsraten und die nach außen starke D-Mark; dagegen kann niemand etwas einwenden. Zum anderen wurde und wird das Kreditgeschäft in Deutschland von Instituten dominiert, deren Ziel gerade die Vergabe von Krediten zu niedrigen Zinsen ist: den Sparkassen und den Genossenschaftsbanken. Die öffentlich-rechtlichen Sparkassen werden durch den Staat in die Lage versetzt, sich extrem günstig zu refinanzieren – im Zweifel stehen die Steuerzahler für Ausfälle gerade. Die Genossenschaftsbanken verfolgen keinen Gewinnzweck – entsprechend eng können sie ihre Margen kalkulieren. Beide Verbände zusammen erreichen einen Marktanteil von rund 75 Prozent.

Über Jahrzehnte hat dieses System die deutsche Wirtschaft angefeuert. Kleine, wendige mittelständische Unternehmen kamen günstig an Kapital, mit dem sie Investitionen finanzieren konnten – eine Säule des vormaligen »Modells Deutschland«. Doch die niedrigen Zinsen haben zwei negative Langzeitfolgen: Mittelständische Unternehmen sind heute extrem hoch verschuldet, weil sie allzu sorglos immer neue Kredite aufgenommen haben – es war ja so schön billig (siehe auch Irrtum 17). Und die privaten Banken können in ihrem Kerngeschäft, der Kreditvergabe, kaum Geld verdienen. Anders als beispielsweise in Großbritannien oder in Spanien, wo große, kapitalstarke Institute herangewachsen sind, leiden deutsche Banken unter chronisch engen Margen – schließlich müssen sie mit der öffentlich-rechtlichen und der genossenschaftlichen Konkurrenz mithalten.

Die Finanzierungskrise des Mittelstands, ausgelöst durch die Verringerung des an die Unternehmen ausgeliehenen Kreditvolumens, ist auch eine Folge der über lange Zeit sehr niedrigen deutschen Zinsen. Denn inzwischen sind die Banken gezwungen, ihre Kreditvergabe insgesamt zu überprüfen – weil sie die neuen internationalen Eigenkapitalrichtlinien (»Basel II«) zu größerer Risikovorsorge anhalten und weil sie, koste es, was es wolle, profitabler werden müssen. Hochverschuldete Unternehmen gehen Pleite, die Banken bleiben auf faulen Krediten sitzen. Angeschlagen, wie sie sind, müssen die Institute ihre Kosten senken und gleichzeitig die Einnahmen verbessern sowie die Risiken senken.

Ein Boomerangeffekt. Was jahrzehntelang gut funktionierte, bricht nun zusammen.

Wie der Staat eingreift: Leitzins, Marktzins, Inflation

Was für die Kreditvergabe durch Banken und Börsen richtig ist, gilt auch für Notenbanken: Die Zinsen möglichst niedrig zu halten mag kurzfristig hochwillkommen sein, auf längere Sicht ist dieser Kurs jedoch äußerst riskant, im Extremfall sogar systemgefährdend. Andererseits: Hält eine Notenbank die Zinsen zu lange auf übertrieben hohem Niveau, kann sie die Volkswirtschaft in eine tiefe Krise stürzen. Ein Vorwurf, der der amerikanischen Federal Reserve Bank (Fed) in den Dreißigerjahren gemacht wurde; ein Vorwurf, der der Bank von Japan seit Anfang der Neunzigerjahre gemacht wird, als die japanische Wirtschaft in eine Dauerkrise stürzte; ein Vorwurf, der heute gelegentlich auch der Europäischen Zentralbank (EZB) gemacht wird.

Wie andere Zinsen auch müssen Leitzinsen – jene Zinsen also, die die geldpolitischen Entscheidungsträger bei den Notenbanken festlegen – angemessen sein, das heißt, sie müssen der aktuellen Lage und den absehbaren künftigen Entwicklungen entsprechen.

Erste Aufgabe einer Notenbank ist es, die Inflation (steigendes Preisniveau) zu begrenzen und es nicht zur Deflation (sinkendes Preisniveau) kommen zu lassen. Kann sie das überhaupt? Schließlich vergeben die Geschäftsbanken Kredite, ohne sich bei der EZB, der Fed oder einer anderen Notenbank die Erlaubnis dafür einholen zu müssen.

In einer Marktwirtschaft kontrolliert die Notenbank in normalen Zeiten nicht unmittelbar die Kreditvergabe, sie übt aber die Kontrolle über den Bargeldumlauf aus. Das Bargeld ist der Zügel, an dem die Notenbank das Geschäftsbankensystem führt.

Die Ausgabe von Geldscheinen und Münzen ist ein staatliches Monopol: Nur die staatliche Notenbank darf sie in Umlauf bringen. Mehr noch: Das Bargeld ist gesetzliches Zahlungsmittel. Per Gesetz sind alle Bürger und auch die Banken verpflichtet, heimische Scheine und Münzen zur Begleichung von Schulden anzunehmen. Die Geschäftsbanken wiederum sind verpflichtet, ihren Kunden Bargeld herauszugeben, wenn diese es wünschen. Bargeld, das sie sich letztlich bei der Notenbank besorgen müssen und für das die Notenbank eine Gebühr verlangt, eben den Leitzins.

Setzt die Notenbank den Leitzins extrem niedrig, sind die Geschäftsbanken in der Lage, ihren Kunden Kredite zu niedrigen Zinsen anzubieten. Wenn Geld billig ist, werden Bürger und Unternehmen in großem Umfang neue Kredite aufnehmen. Geld, das sie verwenden, um Dinge zu kaufen – Konsumgüter, Maschinen, Gebäude, was auch immer. Sie geben das Geld aus, das sie bei den Kreditinstituten aufgenommen haben. Mit anderen Worten: Die Nachfrage nach Gütern und Dienstleistungen steigt. Dies wiederum nährt die Inflation: Eine allzu üppige Versorgung der Wirtschaft mit Geld und Kredit sorgt für steigende Preise, sofern die zusätzliche Nachfrage nach Gütern und Dienstleistungen nicht auf ein entsprechend großes Angebot trifft. Weil sie billiges Geld in den Taschen haben, können die Bürger höhere Preise zahlen; da aber in einer Volkswirtschaft nur ein begrenztes Angebot zur Verfügung steht, konsumieren sie nicht mehr, sondern letztlich nur teurer.

Was ist daran auszusetzen? Eine Menge: Inflation führt zu ständigen Preisanpassungen – sich über die korrekten Preise zu informieren wird ein zeitraubendes und teures Unterfangen. Inflation enteignet Beschäftigte und Rentner – alle, die über längere Zeit vertraglich oder gesetzlich fixierte Einkommen beziehen, verlieren Kaufkraft. Inflation führt zur Umverteilung von Vermögen – Besitzer von Geldvermögen verlieren; wer verschuldet ist, gewinnt, weil auch die Schulden an Wert verlieren. Inflation führt zu Verteilungskämpfen – die Verlierer versuchen, höhere Löhne und höhere staatliche Leistungen durchzusetzen. Im Extremfall zerstört Inflation das Vertrauen in das gesamte Geldsystem – die Bürger weichen auf andere Zahlungsmittel aus, auf Zigaretten (wie in Deutschland nach dem Zweiten Weltkrieg), auf den Dollar (wie heute in Lateinamerika) oder auf den Euro (wie auf dem Balkan).

Viele Staaten haben in den vergangenen Jahrzehnten schmerzliche Erfahrungen mit hohen Inflationsraten gemacht, nicht nur Entwicklungsländer, sondern auch europäische Staaten wie Italien und Griechenland. So viel ist heute Konsens: Inflationsraten, die dauerhaft im zweistelligen Prozentbereich liegen, dämpfen das Wachstum – und zwar empfindlich.

Es gibt also viele Gründe, warum die Inflation ein Übel ist, das die Notenbanken bekämpfen sollten. Auf der anderen Seite haben Notenbanken aber auch die Macht, eine Volkswirtschaft mit einer zu knappen Geldversorgung nachhaltig zu schädigen. Wenn sie die Zinsen so hoch halten, dass die Nachfrage nach Gütern und Dienstleistungen weit hinter dem Angebot zurückbleibt, liegen Kapazitäten brach, die Arbeitslosigkeit steigt.

Die meisten Notenbanken versuchen heute, beides zu vermeiden – sie versuchen, einen neutralen Kurs zu steuern. Die Betonung liegt dabei auf »versuchen«. Denn als wenn nicht alles schon kompliziert genug wäre, kämpfen Notenbanker zudem mit der Schwierigkeit, dass ihre Entscheidungen sich nicht sofort auswirken, sondern mit erheblicher Zeitverzögerung. Senkt die Notenbank den Leitzins, so dauert es bis zu anderthalb Jahren, bis dieser Schritt sich durch das Bankensystem hindurch gearbeitet hat, das zusätzliche Geld bei Bürgern und Unternehmen angekommen ist, diese mehr Güter und Dienste nachfragen und dann möglicherweise die Preise steigen.

Die Notenbank muss also die bestmögliche Prognose darüber treffen, wie sich die Wirtschaft innerhalb der nächsten Zeit entwickeln wird – wie also voraussichtlich die Lage ist, wenn die heutige Geldpolitik wirkt. Das zu bewerkstelligen ist noch komplizierter, als es klingt, denn eine Volkswirtschaft ist keine Maschine, die nach dem immergleichen Muster funktioniert, sondern ihr Zustand verändert sich im Zeitablauf manchmal überraschend. Die deutsche Einheit, die Finanzmarktkrisen von Mexiko (1995), Asien (1997/98), Russland (1998), Brasilien (1999) oder Argentinien (2001), die Erfindung und Verbreitung des Internets, das Platzen der Spekulationsblase, die sich in den späten Neunzigerjahren an den Börsen ausbildete, die Terroranschläge vom 11. September 2001 – alles Ereignisse, die niemand vorhersehen konnte, die aber nachhaltigen Einfluss auf die Wirtschaft hatten.

Ein angemessener Leitzins ist wie oben erwähnt jener, der die Geldversorgung auf neutralem Kurs hält. Neutral heißt: Die gesamtwirtschaftliche Nachfrage sollte nicht weit über das Angebot hinausschießen, aber gleichzeitig auch nicht deutlich unter dem Angebot liegen. Über die Geldversorgung können die Notenbanken auf die Nachfrage Einfluss nehmen. Das Angebot hingegen – genauer: das Produktionspotenzial, wenn alle Kapazitäten normal ausgelastet sind – resultiert aus vier Faktoren: wie viele Menschen wie viel arbeiten, über wie viel Human- und Sachkapital sie verfügen und wie produktiv sie zu Werke gehen (siehe Irrtum 1). Faktoren, die die Zentralbank allenfalls mittelbar und langfristig beeinflussen kann, wenn überhaupt.

Einer der wichtigsten Gradmesser für die Notenbanken ist die so genannte Produktionslücke (»Output Gap«). Sie gibt an, ob es in einer Volkswirtschaft unausgelastete Kapazitäten gibt. Wächst die Nachfrage langsamer als die Produktionskapazitäten, liegen Kapazitäten brach, es herrscht Arbeitslosigkeit – die Produktionslücke ist negativ. Eine Situation mit typischerweise niedrigen Inflationsraten. Wächst die Nachfrage hingegen schneller als die Produktionskapazitäten – die Produktionslücke ist positiv –, drohen Preissteigerungen. Die zusätzliche Nachfrage kann nicht oder nur zu deutlich höheren Kosten (zum Beispiel aufgrund von Überstundenzuschlägen) befriedigt werden.

Prognostiziert nun die Notenbank eine negative Produktionslücke (Nachfrage unterschreitet Kapazitäten), kann sie die Zinsen senken, ohne dass große Preissteigerungen zu befürchten wären. Erwartet sie hingegen eine positive Produktionslücke (Nachfrage übersteigt Kapazitäten), wird die Notenbank in der Regel die Zinsen anheben, weil die Inflation anzuziehen droht.

Die Geldpolitik ist allerdings permanent der Versuchung ausgesetzt, die Zinsen zu lange zu niedrig zu halten. Denn zunächst wirkt eine üppige Geldversorgung hochwillkommen: Die Wirtschaft brummt, die Kapazitäten sind ausgelastet, die Arbeitslosigkeit geht weit zurück. Erst im zweiten Schritt steigen die Preise – mit den oben genannten negativen Folgen. Weil gewählte Politiker dieser Versuchung nicht standhalten und allzu gern rechtzeitig vor Wahlen die Zinsen senken würden, ohne die spätere höhere Inflation zu berücksichtigen, liegt die Geldpolitik heute in fast allen Ländern in den Händen unabhängiger Notenbanker. Doch auch sie sind Menschen; auch sie erliegen zuweilen der geldpolitischen Versuchung – wie die Erfahrung der Neunzigerjahre zeigt.

Geldpolitik in den Neunzigerjahren – Boom in Amerika, Aufschwung in Europa, Krise in Japan

Ab 1996 drehte in den USA die Produktionslücke in den positiven Bereich (siehe Abbildung 4, schmale durchgezogene Linie). Amerikas »New-Economy-Boom« begann. Statt die Leitzinsen anzuheben, ließ Fed-Chef Alan Greenspan jedoch die Wirtschaft laufen; er hielt die Zinsen konstant (fette Linie). Greenspan testete die maximale Geschwindigkeit der US-Ökonomie – wie schnell könnte die Wirtschaft wachsen, ohne dass die Inflation anzöge? Er glaubte an ein Wirtschaftswunder, einen »Tugendkreis«, der nachhaltig das Produktionspotenzial der US-Wirtschaft erhöhen würde. Seine Hoffnung zog er aus den Börsenkursen, die in dieser Zeit stark stiegen. Die Unternehmen hatten die Möglichkeit, sich günstig Kapital zu beschaffen und es – wie Greenspan und viele andere Ökonomen glaubten – hochproduktiv in allerlei Hightech-Gerät zu investieren. Durch diese Ausweitung des Produktionspotenzials würde sich somit die Produktionslücke mit der Zeit quasi von allein schließen, die Inflationsgefahr bliebe gering und beherrschbar.

Tatsächlich aber zog die Inflation ab 1999 an (gestrichelte Linie), wenn auch weiterhin moderat. Die Aktienkurse explodierten jedoch geradezu. Anfang 2000, viel zu spät, wie viele heute meinen, trat die Fed schließlich auf die Bremse. Greenspan setzte die Zinsen deutlich herauf. Die Geldverknappung dämpfte die Nachfrage. Im folgenden Jahr rutschte die Produktionslücke in den negativen Bereich – die Arbeitslosigkeit stieg merklich an.

Der US-Boom der späten Neunzigerjahre war ein Aufschwung, der unter anderem von niedrigen Zinsen getrieben war. Greenspan steuerte keinen neutralen Kurs, sondern einen expansiven. Er gab der Wirtschaft, die ohnehin schon besoffen war von der Globalisierung und vom Internetfieber, zusätzlichen Brennstoff. Letztlich leistete die Geldpolitik dem »irrationalen Überschwang« (so der Yale-Ökonom Robert Shiller) noch Vorschub. So beeindruckend der US-Boom war, so sehr wird heute in Frage gestellt, ob die langfristigen Kosten solcher Übertreibungen nicht zu hoch sind – ob es die Zentralbanken also gar nicht so weit kommen lassen und schon viel früher die Zinsen anheben sollten (zu Kapitalmarktblasen später mehr).

Das US-Beispiel zeigt: Niedrige Leitzinsen können enorme Kosten verursachen. Wenn heute angelsächsische Ökonomen, Gewerkschafter und

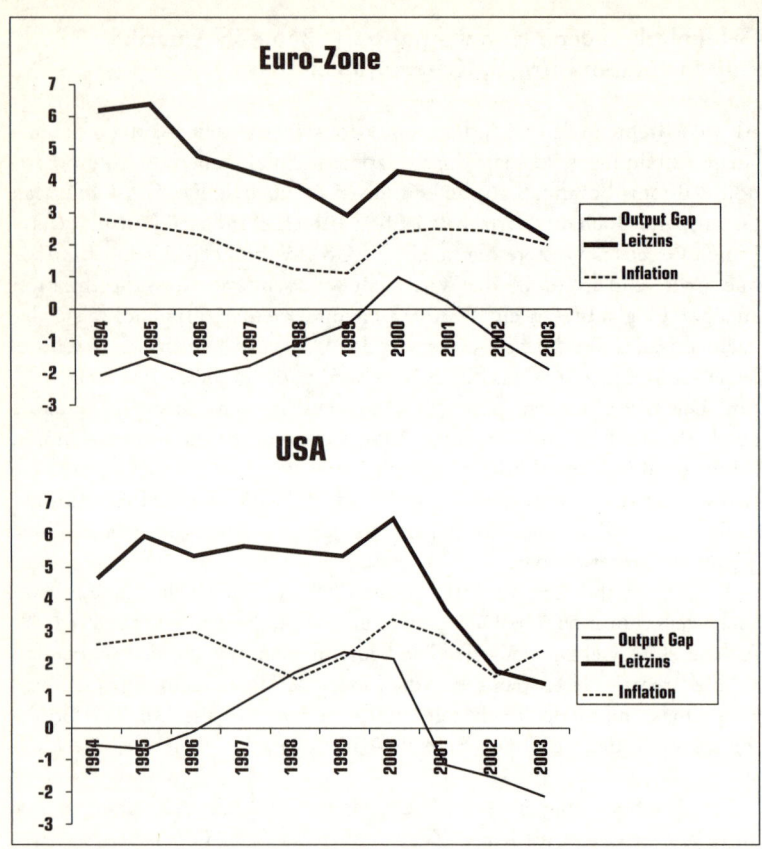

Abb. 4:   Bestimmungsgrößen der Geldpolitik, 1994–2003.
Quelle: OECD, Daten für 2003 Prognose

Unternehmer die Europäische Zentralbank beharrlich für ihre angeblich zu hohen Zinsen kritisieren, vergessen sie offenbar die langfristigen Folgen der Greenspan'schen Politik. Übrigens drückte Greenspan auch 2003 wieder mächtig aufs Gaspedal: Die Zinsen lagen so niedrig, dass sie real (also nach Abzug der Inflationsrate) negativ waren.

Die EZB verfolgt einen neutraleren Kurs. Ihr primäres Ziel ist es nicht, die Wirtschaft anzukurbeln. Anders als die Fed ist sie per Gesetz darauf verpflichtet, zuallererst die Preisstabilität zu gewährleisten. Ein Ziel, das sie allerdings pragmatisch verfolgt, wie die ersten Jahre der Euroära zeigen.

Die Neunzigerjahre waren in Europa geprägt durch die Qualifikation für die Teilnahme an der Währungsunion. Um bis 1997 die Beitrittskriterien für den Starttermin 1999 zu erfüllen, mussten die Notenbanken gerade in jenen Ländern mit traditionell höherer Inflation ihre Wirtschaft auf Preisstabilität trimmen. Die Zinsen lagen deshalb im Schnitt der Eurostaaten Mitte der Neunzigerjahre recht hoch, sanken dann aber mit den fallenden Inflationsraten sukzessive, was der Wirtschaft ab 1998 einen enormen Schub verlieh. Die Produktionslücke, die während der Euroqualifikationsphase im negativen Bereich verharrt hatte, drehte ins Positive. Die Arbeitslosigkeit sank. Zugleich zog jedoch die Inflation im Euroraum im Jahr 2000 merklich an, auch weil der Euro stark abwertete, was die EZB zu einer Reihe drastischer Zinserhöhungen animierte. Während das Wachstum sich abschwächte und der Output Gap wieder auf negative Gefilde zusteuerte, blieb die Inflation vergleichsweise hoch. Ein Hinweis darauf, wie unflexibel die Euroland-Ökonomie immer noch ist – ein Malus, den allerdings nur die Regierungen und Tarifvertragsparteien beheben können, nicht die Notenbanker.

Neue altbekannte Probleme: Kapitalmarktblasen und Deflation

Die Siebziger- und Achtzigerjahre waren gekennzeichnet von relativ hohen Inflationsraten und schwächelnden Aktienmärkten. Ein weltweiter Trend mit wenigen rühmlichen Ausnahmen, darunter Deutschland, Japan, die USA und die Schweiz. Als die negativen Folgen der Inflation allzu deutlich wurden, setzte sich bei den Notenbankern eine neue Linie durch: Im Zentrum ihrer Politik stand nun nicht mehr das Ziel, die Wirtschaft mit niedrigen Zinsen anzukurbeln (da dies auf Dauer hohe Inflationsraten zeitigte). Nun setzten sie darauf, niedrige und konstante Preissteigerungen zu gewährleisten. Mit straffer Geldpolitik und vergleichsweise hohen Zinsen dämpften sie die Inflation.

Diese Strategie hatte Erfolg: Die Neunzigerjahre waren ein Jahrzehnt niedriger beziehungsweise sinkender Inflationsraten – und kräftig steigender Vermögenswerte. Ende der Achtzigerjahre erlebte Japan eine Kursblase an den Aktien- und Immobilienmärkten. Ab Mitte der Neunzigerjahre stiegen die Kurse und die Immobilienpreise in den westlichen Ländern, in erster Linie in den USA, in schwindelnde Höhen. Im Jahr 2000 brachen die Aktienkurse ein; die Immobilienmärkte drohen zu folgen.

Die Folgen der Wertvernichtung sind dramatisch: Banken und Unternehmen sitzen auf großen Beständen weitgehend entwerteter Aktien. Die Verschuldung von Unternehmen und Privatleuten, die parallel zur Börsenhausse stark angestiegen war, wird für viele der Betroffenen untragbar, was eine Pleitewelle und Verwerfungen im Bankensektor nach sich zieht. Die Unternehmen halten sich mit Investitionen zurück, weil sie während der Boomjahre Kapazitäten aufgebaut haben, die nun teilweise brachliegen (die Produktionslücke dümpelt tief im negativen Bereich).

Die Notenbanken tragen an dieser Entwicklung Mitschuld. Etwas vorsichtiger ausgedrückt: Sie hätten die Spekulationsblasen und ihre schwerwiegenden Folgen verhindern können. Sie waren aber in den späten Neunzigerjahren geblendet von den niedrigen Inflationsraten; die Preise für Güter und Dienstleistungen stiegen nur langsam – dank schärferen Wettbewerbs durch Globalisierung und Liberalisierung –, obwohl die Wirtschaften dynamisch wuchsen. Daher hielten die Notenbanken die Zinsen auf vergleichsweise niedrigem Niveau. Dass zugleich Börsenkurse und Immobilienpreise in die Höhe schossen – auch als Folge der reichlichen Geldversorgung –, nahmen sie zur Kenntnis, erklärten sich aber für nicht zuständig: Die Märkte, so das geldpolitische Dogma, hätten schließlich immer Recht. Insbesondere Amerikas vermeintlicher ökonomischer Übervater Greenspan steht inzwischen als Mitschuldiger der Kursblase am Pranger.

Während Greenspan seine Fehler rechtfertigt (»Wir waren mit Kräften konfrontiert, mit denen niemand von uns persönlich Erfahrung hatte«), ziehen andere Notenbanker Lehren. Die wichtigste lautet: Kurioserweise sorgen dauerhaft niedrige Inflationsraten für Instabilität im Finanzsektor. Die Anleger gewöhnten sich so sehr an die Stabilität von Geldwert und Zinsen, dass sie sich in Exzesse hineinsteigerten, warnt die Bank für Internationalen Zahlungsausgleich (BIZ). Künftig müssten die Notenbanker die Zinsen erhöhen, wenn die Kurse sich allzu weit von der Realität entfernten und gleichzeitig die Kreditvergabe stark ansteige – selbst bei niedrigen Inflationsraten. Ergo: Beim nächsten Aufschwung dürften die Geldhüter früher auf die Bremse treten. Einen Boom wie in den späten Neunzigerjahren werden sie so schnell nicht wieder zulassen.

Zu schwerwiegend sind die Folgen einer geplatzten Kursblase. Der

Preisverfall an den Börsen greift auf die reale Wirtschaft über. Deutschland und die USA waren 2003 von Deflation bedroht, jenem Übel, das bereits seit Mitte der Neunzigerjahre Japan plagt.

Sollte sich die Deflation verfestigen, droht sie die Wirtschaft auf dreierlei Weise in eine Abwärtsspirale zu stoßen: Erstens halten sich Konsumenten und Investoren zurück, weil sie erwarten, demnächst werde alles noch billiger – die Nachfrage schwindet. Zweitens steigt der Schuldenberg relativ zu den Erlösen der Unternehmen und den Einkommen der Privatleute – die finanzielle Verfassung der Wirtschaft verschlechtert sich. Drittens verlieren die Notenbanken ihren Einfluss auf die Wirtschaft, weil sie die Zinssätze nun einmal nicht unter null drücken können; bei sinkendem Preisniveau steigen die realen Zinsen – Investitionen werden teurer.

Eine Situation, aus der sich Deutschland nur schwer befreien könnte – weil die Zinsen nicht weit genug sinken können.

In der Eurofalle: Deutschland und die Deflation

Sollte sich in Deutschland die Deflation festsetzen, steckte die Wirtschaft in einer gefährlichen Klemme. Eigentlich bräuchte die Bundesrepublik Zinsen nahe null. Denn steigende reale Sätze (Zins plus Deflationsrate) drohen in dieser Situation die Wirtschaft noch tiefer in die Krise zu drücken. Da die Bundesrepublik aber Euromitglied ist, kann sie keine eigene Geldpolitik betreiben. Die Zinsen werden zentral für alle Mitgliedstaaten von der EZB festgelegt. Und die hat einen klaren Auftrag: Sie soll die Preise im Euroraum insgesamt stabil halten, nicht in einem einzelnen Land.

Die EZB orientiert sich an Durchschnittsgrößen für alle zwölf Eurostaaten. Als mit Abstand bedeutendster Mitgliedsstaat (gemäß seines Anteils am Sozialprodukt der gesamten Eurozone) geht Deutschland in alle Daten, an denen die EZB ihre Geldpolitik ausrichtet, mit einer Gewichtung von gut 30 Prozent ein. Kleine Länder hingegen spielen im Kalkül der EZB kaum eine Rolle: Irland (1,7 Prozent) oder Finnland (2 Prozent) mussten in den vergangenen Jahren mit rasch steigenden Preisen und aus ihrer Sicht zu niedrigen Zinsen zurechtkommen. Würde die EZB eigens für Deutschland die Zinsen senken, hätten die Nachbarn unter steigender Inflation zu leiden. Ein Dilemma.

Im Ernstfall steht der EZB allerdings eine Hintertür offen. Gemäß ihres

Statuts kann sie ihre Geldpolitik eigens für Deutschland lockern. Der EU-Vertrag verpflichtet die Zentralbank nämlich, nicht nur die Preisstabilität zu gewährleisten, sondern auch »das reibungslose Funktionieren der Zahlungssysteme zu fördern«. Falls die deutsche Wirtschaft also in eine Deflationskrise nach japanischem Vorbild rutschen sollte, müsste die EZB die notleidenden deutschen Kreditinstitute mit Liquiditätsspritzen stützen. Vorbeugend hat die EZB 2003 die Zinsen schon einmal auf ein Niveau gesenkt, das eigentlich nur mit einer besonderen Rücksichtnahme auf Deutschland zu rechtfertigen ist, auch wenn die Eurobanker das natürlich nicht zugeben.

Bereits im Jahr 2000 hat die EZB gewarnt, »ein Liquiditätsengpass, der eine Krise bei den Banken auslöst«, bliebe keine »rein nationale Angelegenheit«. Weil eine »länderübergreifende Ansteckungsgefahr« bestehe, müsse dann im gesamten Euroraum gehandelt werden.

Ob die Notenbanker beim Formulieren dieser Mahnung wohl an Deutschland dachten?

Politische Ökonomie: Wer hat ein Interesse an niedrigen Zinsen?

Niedrige Zinsen müssen erarbeitet werden. Sie sind die Folge wirtschaftlicher Stärke, nicht ihre Ursache. Mit niedrigen Zinsen belohnen die Finanzmärkte die soliden und verlässlichen Kreditnehmer. Viele von denen, die ständig niedrige Zinsen fordern, wollen den harten Weg der Solidität und der fundamentalen Gesundung umgehen: Banker und Notenbanker sollen eine Abkürzung eröffnen, einen leichten Ausweg aus schwieriger wirtschaftlicher Lage. Unternehmer fordern niedrige Zinsen, um eigene Managementfehler ausbügeln und sich weiterhin hoch verschulden zu können. Politiker fordern niedrige Zinsen, um auch künftig hohe Schulden machen und unpopuläre Strukturreformen vermeiden zu können. Gewerkschafter fordern niedrige Zinsen, um besagte Strukturreformen zu verhindern und um nicht selbst für den Abbau der Arbeitslosigkeit in die Pflicht genommen zu werden.

Dabei können Banken und Notenbanken nur sehr begrenzt helfen. Die Arbeitslosigkeit, die deutsche Wachstumsschwäche allgemein, ist eine Folge des Steuer- und Abgabensystems, des Arbeits- und Tarifrechts sowie der Bildungspolitik (siehe Irrtümer 1 und 2). Die Angebotsseite der Volkswirtschaft lahmt, darin liegt das Hauptproblem. In obiger Terminologie ausgedrückt: Das Produktionspotenzial wächst zu langsam. Darauf hat die Notenbank aber praktisch keinen Einfluss; sie kann die Nachfrage beeinflussen, nur äußerst mittelbar die Produktionskapazitäten auf der Angebotsseite.

Die Zinsen niedrig zu halten ist immer eine opportunistische Versuchung. Niedrige Zinsen sorgen kurzfristig für einen Stimulus, schaffen aber längerfristig Probleme: Die Preise steigen; Privatleute und Unternehmen verschulden sich allzu hoch; die Finanzmärkte steigern sich in irrationale Kursblasen. Es gehören Härte, Überzeugung und Sturheit dazu, die kurzfristige Versuchung abzuwehren.

Irrtum 5: Der Staat kann die Konjunktur ankurbeln, indem er mehr ausgibt

Woran krankt die Wirtschaft? Gewerkschafter wie Ursula Engelen-Kefer, linke Sozialdemokraten wie Oskar Lafontaine und »alternative« Ökonomen wie Rudolf Hickel antworten auf diese Frage: an zu wenig Nachfrage. Deshalb müsse der Staat helfen. Ausgabenprogramme, je gewaltiger, desto besser, sollten die Wirtschaft in Schwung bringen. Und falls das nicht reiche, müsse halt das nächste Konjunkturprogramm her.

Der Staat als Antriebsmotor – wäre dieser Ansatz richtig, dann müsste die Bundesrepublik ein wahres Boomland sein, und Japan erst recht. Beide Länder haben im vergangenen Jahrzehnt gigantische Volumina an Yen, Mark und Euro in die Wirtschaft gesteckt. Beide gehörten in den Neunzigerjahren zu den Ländern mit dem geringsten Wirtschaftswachstum. Irgendetwas stimmt offenbar nicht mit der Staatsnachfragetheorie.

Der Ansatz hat vor allem drei Schwächen:

1. Häufig ist eine schwache Nachfrage nicht das eigentliche Problem. Ausgabenprogramme decken lediglich vorübergehend Schwächen zu, die auf der Angebotsseite liegen – auf den Arbeitsmärkten, in der Steuer-, Sozial- und Bildungspolitik.

2. Eine zusätzliche Staatsnachfrage gibt es nicht umsonst. Sie muss finanziert werden, durch höhere Steuern, höhere Sozialabgaben oder höhere Schulden – alles Faktoren, die später, wenn der erste Nachfrageeffekt verpufft ist, dauerhaft die Wirtschaft bremsen.

3. Ausgabenprogramme fließen größtenteils nicht in sinnvolle produktive öffentliche Investitionen, die der Wirtschaft nachhaltig nutzen würden, sondern in staatlichen Konsum und in unsinnige Projekte, von denen sich Politiker Prestige versprechen.

Die jahrzehntelangen Erfahrungen mit staatlicher Nachfragesteuerung haben diese Schwächen deutlich zutage treten lassen. Sie haben aber auch gezeigt, dass es ganz spezielle Bedingungen gibt, unter denen ein solcher expansiver finanzpolitischer Kurs sehr wohl funktioniert, ja sogar notwendig ist.

Es ist schon erstaunlich, dass der reichhaltige Erfahrungsschatz in gewissen Kreisen so wenig Eindruck macht und, was noch schlimmer ist, angesichts des weltweiten Wirtschaftsabschwungs nach dem Ende der New-Economy-Blase auch in der praktischen Wirtschaftspolitik wieder hoffähig wird.

Alle Schleusen offen –
die Explosion der deutschen Staatsausgaben

Ende der Sechzigerjahre erlebte Deutschland einen Paradigmenwechsel. Bis dahin galten fiskalische Solidität und Ludwig Erhard'sche Ordnungspolitik als Grundpfeiler der Wirtschaftspolitik. Nun sollte der Staat eine aktive Rolle im Nachfragemanagement spielen. Unter der Großen Koalition und ihrem wirtschaftspolitischen Vordenker Karl Schiller wurde 1967 das »Stabilitätsgesetz« verabschiedet. Der Staat hatte fortan dafür zu sorgen, dass das »magische Viereck« – stetiges und angemessenes Wirtschaftswachstum, hoher Beschäftigungsstand, Stabilität des Preisniveaus, außenwirtschaftliches Gleichgewicht – nicht verlassen wurde. Da Märkte als von Natur aus instabile Biotope angesehen wurden, die zu Über- und Untertreibungen neigen – was insbesondere für die Industrieproduktion und die Finanzmärkte nicht von der Hand zu weisen ist –, sollte die staatliche »Globalsteuerung« glättend und ordnend eingreifen: Konjunkturdellen würden mit zusätzlicher Staatsnachfrage ausgebügelt und Überhitzungserscheinungen gedämpft.

In der Praxis verkümmerte die Globalsteuerung zur einer stetigen Ausweitung der Staatsnachfrage (siehe Abbildung 5, durchgezogene Linie). In den Siebzigerjahren bis zum Ende der sozial-liberalen Ära 1982 stiegen die Staatsausgaben um das Zweieinhalbfache. Die Staatsquote – der Anteil staatlicher Ausgaben an der gesamten Wirtschaftsleistung – schnellte von weniger als 40 Prozent auf annähernd 50 Prozent empor. Dennoch, oder vielmehr gerade deshalb, verfehlten die Regierungen unter Willy Brandt und Helmut Schmidt ihr Ziel, den Konjunkturverlauf zu glätten: Wie die Abbildung 5 (gestrichelte Linie) zeigt, schwankten in diesem Zeitraum die Wachstumsraten stark, und es kam zu zwei Rezessionen (1975 und 1982).

Die Zahl der Erwerbstätigen sank unter das Niveau der Sechzigerjahre, während die Zahl der Arbeitslosen von 149 000 im Jahr 1970 auf 1,8 Millionen im Jahr 1982 stieg; 1985 erreichte sie mit 2,3 Millionen Arbeitslosen einen vorläufigen Höhepunkt.

Irgendetwas war gehörig schief gelaufen.

So unfair es wäre, diese krisenhafte Entwicklung allein einer verfehlten Ausgabenpolitik des Staates zuzuschreiben – die Siebziger- und frühen Achtzigerjahre waren eine Phase, in der sowohl steigende Ölpreise die Wirtschaft abwürgten als auch kopfstarke junge Jahrgänge auf den Arbeitsmarkt drängten –, so falsch wäre es, die Nachfragepolitik vorschnell aus

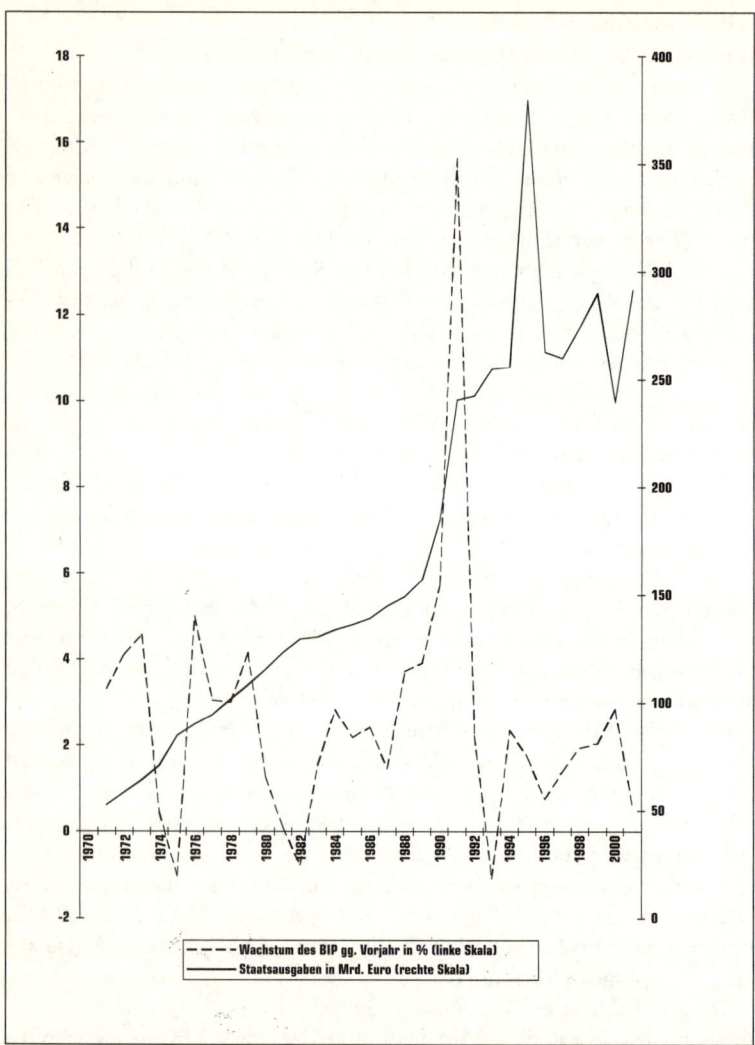

Abb. 5: Staatsausgaben und Wirtschaftswachstum, Bundesrepublik Deutschland, 1971–2001 (ab 1991: mit neuen Bundesländern). 1995: Einmaliger Anstieg durch Übernahme der Treuhandschulden und eines Teils der Altschulden der DDR-Wirtschaft; 2000: einmaliger Effekt durch UMTS-Lizenzen. *Quelle:* Sachverständigenrat, OECD

der Verantwortung für die langfristigen Folgen der Krisen zu entlassen. Denn die Ausgabenprogramme tragen dazu bei, Krisen zu verfestigen: Hohe Steuern und Abgaben belasten die Angebotsseite der Volkswirtschaft – es lohnt sich weniger zu arbeiten und Beschäftigte einzustellen, zu sparen und zu investieren.

Genau das geschah: 1970 betrugen die Steuer- und Abgabenlast von Bürgern und Unternehmen 35 Prozent der gesamten Wirtschaftsleistung. Binnen weniger Jahre stieg dieser Anteil auf 40 Prozent. Insbesondere gaben die Sozialversicherungen nun jede Menge Geld aus, das durch höhere Beiträge der abhängig Beschäftigten und ihrer Arbeitgeber finanziert werden musste.

Weil Arbeit immer teurer wurde, stieg parallel zu den steigenden Staatseinnahmen die Arbeitslosigkeit in Schüben an: Mit jeder Rezession erreichte sie ein höheres Niveau, das im folgenden Aufschwung nicht wieder abgebaut wurde.

Auch die Staatsverschuldung wuchs ungebremst. Im Verhältnis zur Wirtschaftsleistung verdoppelten sich die Verbindlichkeiten des Staates, von 18,6 Prozent 1970 auf 38,7 Prozent 1982.

Staatsausgaben, Staatseinnahmen, Staatsschulden und Arbeitslosigkeit erreichten Größenordnungen, die selbst bei guter Konjunktur nicht nennenswert abgebaut wurden, sondern sich dauerhaft etablierten. Auch die christlich-liberale Koalition stabilisierte lediglich ab 1983 die Staatsquote und die Abgaben auf hohem Niveau – die Staatsaktivitäten und die Belastungen nahmen weiter zu, wenn auch nur noch im Gleichschritt mit dem Wirtschaftswachstum. Strukturreformen nahmen auch die Regierungen unter Helmut Kohl nicht in Angriff. Entsprechend verfestigte sich die Arbeitslosigkeit weiter.

Im Zuge der deutschen Einheit schließlich fielen alle Schranken. Die Staatsausgaben explodierten, ebenso die Belastungen der Beschäftigten mit Sozialversicherungsabgaben, die Schuldenstandsquote schnellte von 40 Prozent auf über 60 Prozent des Bruttoinlandsprodukts empor. Kein Wunder, dass auch die Arbeitslosigkeit neue Rekordniveaus erreichte, statt allmählich wieder zu sinken, wie das in anderen Ländern nach Überwindung einer Krise der Fall ist.

Die große Sozialdemokratisierung der Gesellschaft umfasste auch die finanzpolitische Philosophie. So ist es kaum verwunderlich, dass die deutsche Einheit von der Kohl-Regierung wie eine Konjunkturdelle behandelt wurde – die Argumente ähnelten sich auffällig. Die zusätzliche Staatsnachfrage sei gut investiert, darüber herrschte noch Mitte der Neunzigerjahre in Deutschland weitgehend Konsens.

1996 traf ich die damalige Bundestagspräsidentin Rita Süssmuth (CDU) zu einem Interview. Wir sprachen über Generationengerechtigkeit, darüber, ob die Politik nicht künftigen Generationen gigantische Belastungen hinterlasse und ob sie dies verantworten könne. Frau Süssmuth wies dies energisch, wie es ihre Art ist, zurück. All die Gelder, die der Staat so ausgebe, insbesondere die Summen, die der Westen für die neuen Länder bereitgestellt habe, seien doch gut angelegt: Das seien »soziale Investitionen«, die irgendwann eine Rendite abwürfen und die somit künftigen Generationen einen Ertrag brächten.

Eine schöne, doch leider reichlich unrealistische Hoffnung.

Diese Argumentation, damals unter Christdemokraten beliebt, ähnelt der Nachfragetheorie der Linken. Beide – einheitsbesoffene Kohlianer und linke Sozialdemokraten – hatten aus den Augen verloren, dass diese Vorstellungen aus einer ganz anderen Epoche stammen.

Ein kurzer Ausflug in die Wirtschaftsgeschichte: 19. und frühes 20. Jahrhundert, Keynes und New Deal

Im 19. und frühen 20. Jahrhundert war der Staat in der Wirtschaft kaum präsent. In allen Industrieländern herrschte das liberale ökonomische Dogma vor, wonach ein Laissez-faire-Kapitalismus das Beste sei und ansonsten jeder Bürger sehen müsse, wie er zurechtkomme. Die Steuern waren niedrig, staatliche Leistungen gering, Sozialversicherungen allenfalls in Ansätzen vorhanden, die Grenzen offen. Die Währungen waren an den Goldwert gebunden, sodass die Notenbanken keine dem Konjunkturzyklus angepasste Geldpolitik betreiben konnten. In der Wirtschaftsstruktur spielte die stark zyklische Industrie die Hauptrolle (anders als heute, da die viel stabileren Dienstleistungen annähernd drei Viertel der Wertschöpfung beisteuern).

Da der Staat in einer starken Schwankungen unterworfenen Wirtschaft weitgehend abwesend war, neigte die Konjunktur zu erratischen Ausschlägen. Nicht selten schrumpfte die Wirtschaft in einem Jahr um 10 Prozent und wuchs im nächsten um 10 Prozent. Verständlich, dass diese Instabilität sowohl für die Unternehmen, erst recht aber für die Industriearbeiter, die in ständiger Angst vor Entlassung und dem Fall ins finanzielle Nichts leben mussten, ein schwer erträglicher Zustand war.

1929 stürzten dann alle großen Volkswirtschaften gleichzeitig in eine Wirtschaftskrise. Ausgelöst durch das Platzen der Börsenspekulationsblase von 1929 und gravierende Fehler der Wirtschaftspolitik in den folgenden Jahren, kam es zu einer zehn Jahre währenden Depression. Diese Phase stellte das herrschende ökonomische Denken radikal in Frage. Tief erschüttert wurde der bis dahin im bürgerlichen Lager vorherrschende Glaube an die Selbstheilungskräfte der Märkte, den Marxisten und Sozialisten schon lange angezweifelt hatten.

In dieser Zeit schrieb der Brite John Maynard Keynes, der wohl einflussreichste Ökonom des 20. Jahrhunderts, sein Hauptwerk, die *Allgemeine Theorie der Beschäftigung, des Zinses und des Geldes*. Es war in vielerlei Hinsicht revolutionär, vor allem aber legte es das theoretische Fundament für eine aktive Rolle des Staates. In Krisenzeiten, so Keynes, müsse der Staat schuldenfinanzierte Ausgabenprogramme auflegen, um die Wirtschaft aus einer Abwärtsspirale – düstere Zukunftserwartungen der Unternehmen, Investitionszurückhaltung, Entlassungen, weiterer Rückgang der Konsumnachfrage, noch schlechtere Erwartungen der Unternehmen und so weiter – herauszuführen. Im Denken von Keynes und seiner Nachfolger lief die Wirtschaft ständig Gefahr, in so genannte »Fallen« zu tappen. Geriete die Ökonomie einmal in solche Abgründe, würde sie sich kaum von allein wieder daraus befreien können.

Der kriegsbedingte Wirtschaftsboom ab 1939, der durch gigantisches staatliches »Deficit spending«, wenn auch für abscheuliche Zwecke, entfacht wurde, beendete schließlich die große Depression. Er wirkte wie ein Beweis für die Richtigkeit der Keynes'schen Thesen.

Tatsächlich bestreitet heute kein ernsthafter Ökonom, dass »Deficit spending«, also die bewusste Hinnahme von Haushaltsdefiziten zur Konjunkturstützung, ein probates Mittel zur Bekämpfung von Rezessionen ist – keynesianische Politik in einer keynesianischen Situation. Eine Rezession, die ja definitionsgemäß besteht, wenn die Nachfrage hinter dem Angebot zurückbleibt, soll der Staat nicht noch durch zusätzliche Sparprogramme verschärfen. Nur bedeutet das in der heutigen Wirtschaftsordnung, da die reichen Länder zwischen 29 Prozent (USA) und 54 Prozent (Schweden) des Sozialprodukts durch die öffentlichen Hände lenken, eben nicht, dass neue Ausgabenprogramme (Investitionsprogramme, Aufstockung der Sozialleistungen, Subventionen für Unternehmen) gefragt wären, sondern nur, dass auf Sparprogramme verzichtet wird. Vielmehr sollen die »automatischen Stabilisatoren« wirken: höhere Sozialausgaben (wegen Arbeitslosigkeit), geringere Staatseinnahmen (wegen zurückgehender Einkommen, Gewinne und Umsätze), vorübergehende Hinnahme höherer Staatsverschuldung. Zu Keynes' Zeiten waren die automatischen Stabilisatoren praktisch wirkungslos, einfach weil die staatlichen Sektoren viel kleiner waren.

Versucht die Wirtschaftspolitik hingegen, eine *dauerhafte* Nachfrageschwäche mit Ausgabenprogrammen zu bekämpfen, wird sie die Krise vertiefen. Dauerhafte Nachfrageschwächen wie in Deutschland und Japan resultieren aus Problemen auf der Angebotsseite, insbesondere auf den Märkten für Arbeit und Kapital (siehe auch Irrtum 1). Diese Probleme werden durch Ausgabenprogramme auf Dauer noch verschärft, weil in der Folge letztlich Steuern und Abgaben steigen müssen. Ein Teufelskreis.

Nach jahrzehntelangen Erfahrungen mit staatlicher Nachfragepolitik sind einige Grundmuster erkennbar.

Wann wirken staatliche Ausgabenprogramme?

Höhere Staatsausgaben wirken nur unter ganz bestimmten Voraussetzungen expansiv. Nämlich:

Die Volkswirtschaft muss sich eindeutig in einer Rezessionsphase befinden. Nur wenn Kapazitäten brachliegen und rasch mobilisiert werden können (was bei Dauerarbeitslosen, die kaum noch vermittelbar sind, zum Beispiel nicht der Fall ist), kann ein Nachfrageimpuls überhaupt wirken. Bei einer Produktion an der Kapazitätsgrenze oder bei stark regulierten Arbeitsmärkten, die sich nicht flexibel einer steigenden Nachfrage anpassen können, reagieren auf die Staatsausgabenerhöhung lediglich Preise und Löhne. Inflation ist die Folge. Deutschland hat dieses Szenario Anfang der Neunzigerjahre erlebt, als während des staatsausgabengetriebenen Einheitsbooms die Inflationsrate auf über 5 Prozent stieg.

Das Timing muss stimmen. Kommen die Staatsausgaben zu spät, ist ziemlich wahrscheinlich, dass vorstehende Bedingung nicht mehr gilt. Dann wirkt der Ausgabenimpuls genau in die falsche Richtung – er führt zur Überhitzung der Volkswirtschaft. Angesichts der Trägheit des parlamentarischen Prozesses und der üblichen Dauer von Rezessionen (wenige Quartale) ist ein korrektes Timing ziemlich unwahrscheinlich.

Die zusätzliche Staatsnachfrage wird durch höhere Schulden, nicht durch höhere Steuern finanziert. Eine Grundregel keynesianischer Ökonomik. Gibt der Staat den Bürgern nur das wieder, was er ihnen auf der anderen Seite aus der Tasche zieht, ist der Nettoeffekt minimal, möglicherweise sogar negativ. Die Schulden von heute sind allerdings zumeist die Steuern von morgen. Idealerweise legt der Staat die zusätzlichen Schulden so gut an, dass in der Zukunft positive Renditen anfallen, womit die Schulden bedient werden können.

Das Geld wird vornehmlich für Investitionen, nicht für Konsum ausgegeben. Um Renditen zu erwirtschaften, mit denen später die Schulden bedient werden können, muss der Staat investieren, statt Gelder für Konsumzwecke zu verpulvern. Verkehrswege, Energieversorgung, Bildungseinrichtungen – all das nützt der privaten Wirtschaft für lange Zeit. Der Staat sollte dabei jedoch zum einen nicht privaten Unternehmen ins Gehege kommen, die in aller Regel solche Leistungen effizienter anbieten als staatliche. Zum anderen ist die Anzahl lohnender Investitionsprojekte begrenzt.[9]

Die Finanzpolitik muss glaubwürdig sein. Wenn die Bürger nicht erwarten, dass sich durch die Politik der Regierung dauerhaft etwas bessert, erhöhen sie aus Furcht vor künftigen Steuerbelastungen ihre Ersparnisse – und konterkarieren damit die Bemühungen der Regierung um eine Nachfrageerhöhung. Ein Effekt, der in den Neunzigerjahren in Japan zu beobachten war (und auf den schon Anfang des 19. Jahrhunderts der britische Ökonom David Ricardo hingewiesen hat).

Der Staat muss über solide Bonität verfügen. Liegt die Schuldenlast bereits so hoch, dass Anleger befürchten müssen, der Staat werde unfähig, seine Schulden zurückzuzahlen, werden sie höhere Zinsen verlangen. Auch dies ist in Japan zu beobachten: Zwischen 1990 und 2003 haben immer neue Konjunkturprogramme die Staatsschulden in Relation zum Bruttoinlandsprodukt von 65 Prozent auf über 150 Prozent emporschnellen lassen – was zur Folge hatte, dass Japan von den Rating-Agenturen heute schlechter bewertet wird als die anderen großen Volkswirtschaften.

Die Volkswirtschaft muss relativ geschlossen sein. Politiker, die die (künftigen) Steuergelder ihrer Bürger für Ausgabenprogramme riskieren,

sollten sicher sein, dass die Ausgaben vornehmlich ihrer eigenen Volkswirtschaft zugute kommen. Je größer der Anteil des Außenhandels an der
gesamten Wirtschaftsleistung ist, desto mehr verpufft der Nachfrageeffekt,
weil die zusätzliche Nachfrage nicht heimischen Produzenten zugute
kommt, sondern für Importe verwendet wird. Die meisten Länder sind
heute offene Volkswirtschaften. In Deutschland beispielsweise betragen
die Importe ein Drittel der Wirtschaftsleistung.

Die Notenbank darf nicht gegensteuern. Steigt die Inflation infolge des
Nachfrageschubs, wird eine unabhängige Notenbank auf die Bremse treten
und die Zinsen anheben. Die höheren Zinsen haben einen doppelten
Effekt: Investitionen der Unternehmen werden teurer; ein Teil der geplan-
ten Projekte wird angesichts der höheren Kapitalkosten unterbleiben. Darüber hinaus wird auch der Schuldendienst des Staates teurer; der fiskalische
Spielraum des Finanzministers, der ohnehin schon durch die höhere Verschuldung eingeschränkt ist, schrumpft weiter.

Der Wechselkurs darf nicht mit einer Aufwertung reagieren. In moder-
nen Volkswirtschaften sind nicht nur die Güter-, sondern auch die Kapitalmärkte offen. Die zusätzliche Staatsverschuldung zieht Kapital aus dem
Rest der Welt an. Ausländische Anleger kaufen Staatsanleihen; dadurch
steigt die Nachfrage nach der heimischen Währung – sie wertet auf.
Kommt es zu einer starken und raschen Aufwertung, wirkt sich dies dämp-
fend auf die Exportwirtschaft aus und gleichzeitig fördernd auf die Importe. Beides zusammen macht es noch unwahrscheinlicher, dass der Staat insgesamt einen positiven Nachfrageeffekt erzeugen kann. Eine Erfahrung,
die die USA während der Reagan'schen Defizitpolitik bis Mitte der Achtzigerjahre machten und die sich in Japan in den Neunzigerjahren wieder-
holt hat.

Es sind also sehr spezielle Bedingungen, die erfüllt sein müssen, damit
staatliche Nachfragepolitik überhaupt positive Wirkungen entfalten kann.
Umso erstaunlicher, dass sich das Vorurteil so beharrlich hält, der Staat
könne Wachstum gewissermaßen dekretieren.

Was macht diese Idee eigentlich so attraktiv?

Politische Ökonomie:
Wer profitiert von höheren Staatsausgaben?

Steigende staatliche Ausgaben entfachen (fast) immer kurzfristige expansive Effekte. Zunächst lösen sie einen Wachstumsschub aus, die Arbeitslosigkeit sinkt. Doch auf solches Doping folgt fast immer ein übler Katzenjammer: Die Schulden steigen und in der Folge auch die Steuern und Abgaben. Die Inflationsrate zieht an; die Notenbank muss mit höheren Zinsen die Übernachfrage und den Preisauftrieb wieder dämpfen. Möglicherweise wertet auch noch die Währung auf und mindert so die preisliche Wettbewerbsfähigkeit gegenüber dem Ausland. Möglich auch, dass die lockere Ausgabenpolitik das Vertrauen der Finanzmärkte in den Staat beschädigt, was die langfristigen Zinsen ansteigen lässt und Investitionen weiter verteuert. All diese Folgeeffekte bremsen die Wirtschaft wieder ab. Am Ende steht die Wirtschaft schlechter da als zuvor: Gestiegene Steuern und Abgaben hemmen das Wachstum, der langfristige Expansionspfad flacht ab.

Dieses zeitliche Auseinanderfallen positiver und negativer Effekte lässt schuldenfinanzierte Ausgabenprogramme für Politiker als allzu attraktiv erscheinen. Politiker haben einen kurzen professionellen Zeithorizont; ihre berufliche Existenz hängt an der Wiederwahl. Die hat oberste Priorität. Was danach kommt, interessiert sie zunächst nicht. Typisch ist daher eine Stop-and-Go-Politik: vor der Wahl Gas geben, Wahlgeschenke verteilen, nach der Wahl auf die Bremse treten und die negativen Nebenwirkungen kurieren. Die keynesianische Theorie schuf eine wissenschaftliche Legitimation für solchen Aktionismus.

Weil Politiker selten aus höherer Einsicht handeln, sondern meist eigennützig, fließen die Ausgabenprogramme nicht primär in renditestarke öffentliche Investitionen. Vielmehr folgen sie politischer Opportunität. Das Geld wird in Projekte gesteckt, die gut klingen, aber keinen dauerhaften volkswirtschaftlichen Nutzen versprechen – die Regierung Kohl ließ vor der Wahl 1998 die Zahl der ABM-Stellen im Osten drastisch erhöhen, obwohl längst erwiesen war, dass diese Programme den Arbeitslosen eher schaden als nützen; die Regierungen in Tokio haben inzwischen das ganze Land mit Straßen, Brücken und dergleichen vollgestellt, Infrastruktur, die niemand braucht. Langfristige Investitionen hingegen bleiben ungetätigt. So ist das deutsche Bildungssystem, vom Kindergarten bis zur Universität, im Vergleich mit anderen Ländern chronisch unterfinanziert.

Politiker reizt noch etwas anderes an der Ausgabenpolitik: Sie glauben, durch Ankurbelung der Nachfrage um schmerzhafte, kurzfristig unpopuläre, aber dauerhaft wirksame Strukturreformen auf der Angebotsseite herumzukommen. Von der Nachfragepolitik können sie erhoffen, dass sie noch in der laufenden Legislaturperiode wirkt; bis Strukturreformen positive Effekte zeitigen, dauert es meist Jahre. So lange, dass die gewählten Regierenden dann mutmaßlich gar nicht mehr im Amt sind. Aus rein egoistischem Politikerkalkül spricht also alles für die Nachfragepolitik.

Um der Ausgabenwut Grenzen zu setzen, haben in den Neunzigerjahren viele Länder gesetzliche oder gar verfassungsmäßige Schranken errichtet. Einige Staaten haben versucht, die Ausgaben durch gesetzliche Regelungen zu dämpfen, die USA etwa mit ihrem 1990 in Kraft getretenen »Budget Enforcement Act«. Die Niederlande (1998) und Schweden (1996) sind in den Neunzigerjahren dazu übergegangen, Obergrenzen für die Gesamthöhe der Staatsausgaben festzulegen. Andere Länder haben versucht, mehr Transparenz zu schaffen: Großbritannien mit dem »Code for Fiscal Stability« (1998), Neuseeland mit dem »Code for Fiscal Responsibility« (1994), Australien mit einer »Charter for Budget Honesty« (1998).

Am weitesten geht wohl der Stabilitäts- und Wachstumspakt, dem sich die Staaten der Eurozone unterworfen haben. Er verpflichtet die Mitgliedsländer auf dauerhaft ausgeglichene Staatshaushalte und eine permanente Haushaltsüberwachung durch die EU-Kommission. Kommt es zu einer konjunkturellen Abkühlung, dürfen die Regierungen das Defizit auf maximal 3 Prozent des Bruttoinlandsprodukts ansteigen lassen – die »automatischen Stabilisatoren« sollen wirken dürfen. Auch die Gesamthöhe der Staatsverschuldung beschränkt der Stabilitätspakt, indem er eine Obergrenze von 60 Prozent des Bruttoinlandsprodukts setzt. Bei Verstößen gegen diese Regeln droht der Pakt den Mitgliedstaaten mit Geldbußen. Ausnahmen von diesen Sanktionen sind nur für schwere Rezessionen vorgesehen, wenn die Wirtschaftsleistung ernstlich schrumpft.

So sinnvoll die EU-Regeln sind, so wenig funktionieren sie in der Praxis – schließlich muss der Verhängung von Sanktionen eine Zweidrittel-Mehrheit der Finanzminister der Eurostaaten zustimmen. Sich gegenseitig mit Strafen zu belegen, zumal wenn man demnächst selbst an der Reihe sein könnte, widerstrebt den Ministern naturgemäß. Da Deutschland, das unter Finanzminister Theo Waigel (CSU) den Pakt 1997 bei den EU-Partnern durchsetzte, die Regeln selbst seit 2002 nicht mehr einhalten kann, dürften sich künftig andere Länder erst recht nicht an den Pakt gebunden fühlen.

Inzwischen steigen die Staatsschulden weiter, gerade in Deutschland, das, so eine OECD-Prognose, im Jahr 2008 Staatsschulden in Höhe von 70 Prozent des BIP aufweisen wird. Auch Italien, Frankreich, Portugal und andere halten sich nicht mehr an die Eurofinanzregeln.

Nicht nur in Europa, auch in Amerika erlebt die keynesianischen Versuchung eine Renaissance. Das Ende der Spekulationsblasen-Ökonomie und der folgende Abschwung nach der Jahrtausendwende haben den Ruf nach dem Staat wieder lauter werden lassen. So öffnete die Regierung George W. Bush nach dem 11. September 2001 sämtliche Geldschleusen und drückte die Staatshaushalte auf Jahre, wenn nicht Jahrzehnte, ins Minus.

Die Kräfte zugunsten der Ausgabenpolitik sind eben allzu stark – so stark, dass die Bürger sich von ihnen immer wieder hinters Licht führen lassen.

Irrtum 6: Je größer der Staatssektor, desto kraftloser die Wirtschaft

Gebetsmühlenartig klingt die Botschaft: Der Staat müsse sich zurückziehen, dann gehe es mit der Wirtschaft bergauf. Manager, Unternehmer, Verbandsfürsten und viele Ökonomen glauben zu wissen, was die Wirtschaft nach vorn bringt: weniger Steuern, weniger Abgaben, weniger öffentliche Leistungen. Auch ich argumentiere in diesem Buch zumeist nach dieser Melodie. Wie den meisten Ökonomen ist mir die staatliche Umverteilungsmaschine suspekt: Ein großer Staatssektor nimmt den Bürgern Leistungsanreize. Hohe Steuern und Abgaben schmälern die Motivation. Für die Gemeinschaftskassen, so die gängige Theorie, strengt sich niemand an. Letztlich summiert sich die Leistungsverweigerung der Individuen zur Wachstumsschwäche der Volkswirtschaft. Die Wirtschaft wird gebremst – Wohlstand, Entfaltungsfreiheit und auch persönliche Zufriedenheit der Bürger bleiben, wie vielerorts zu besichtigen, hinter den Möglichkeiten der Gesellschaft zurück.

Dieses Kapitel relativiert diese Analyse. Es beschäftigt sich mit der Frage: Wie viel Staat ist einer Nation zuträglich? Schließlich fordert niemand, den Staat abzuschaffen. Und es ist ja nicht so, dass große öffentliche Sektoren eine kontinentaleuropäische Eigenheit wären – ein Luxus, den sich sonst niemand auf der Welt mehr leistete. Niemand bezweifelt, dass verlässliche staatliche Institutionen eine Grundvoraussetzung für erfolgreiches Wirtschaften sind. So stellt der Internationale Währungsfonds in einer Analyse wenig überraschend fest, dass gerade unter den Entwicklungsländern jene ökonomisch am erfolgreichsten sind, deren öffentliche Sektoren vergleichsweise effizient arbeiten, die also relativ wenig von Korruption, Vetternwirtschaft und schlichter Unfähigkeit belastet sind.

Alle hoch entwickelten Nationen verfügen heute über im historischen Vergleich große öffentliche Sektoren. Selbst in den USA verteilen die Staatskassen knapp ein Drittel der Wirtschaftsleistung um. Länder wie Schweden und Dänemark verlangen von ihren Bürgern sogar mehr als die Hälfte ihrer Einkommen in Form von Abgaben sowie direkten und indirekten Steuern – ein nach deutschem Empfinden exorbitantes Niveau.

Nach der herrschenden Lehre vom Schwinden der Leistungsanreize bei hoher Abgabequote würde man vermuten, dass die skandinavischen Länder in einer Dauerkrise stecken. Interessanterweise ist das nicht der Fall. Im vergangenen Jahrzehnt haben sich die skandinavischen Volkswirtschaften ebenso dynamisch entwickelt wie die viel gepriesene Wunderökonomie der USA. Die schwedische Volkswirtschaft (Abgabenquote: 54 Prozent) wuchs im Durchschnitt der Jahre 1994 bis 2002 mit 2,7 Prozent – exakt so schnell wie die amerikanische (Abgabenquote: 29 Prozent). Dänemarks Wirtschaft (Abgabenquote: 53 Prozent) legte um 2,6 Prozent jährlich zu, fast soviel wie diejenige Großbritanniens (Abgabenquote: 37 Prozent). Die Wirtschaften Finnlands (Abgabenquote: 48 Prozent) und Norwegens (Abgabenquote: 55 Prozent) wuchsen im Schnitt sogar mit mehr als drei Prozent. Erstaunliche Ergebnisse, die einer Erklärung bedürfen.

Viel Staat, schwache Wirtschaft – diese Formel ist offensichtlich unzureichend. Aber worauf gründen dann die skandinavischen Erfolge?

Erklärung 1: Globalisierung

Die Neunzigerjahre waren das Jahrzehnt der Grenzöffnungen. Insbesondere der Abschluss der Uruguay-Runde des Gatt und die Schaffung des europäischen Binnenmarkts 1993 ließen die Handelsschranken fallen (siehe auch Irrtum 11). Von dieser Entwicklung haben viele kleinere Volkswirtschaften enorm profitiert, darunter auch die skandinavischen. Importe wurden billiger, für Exporte stand nun der große europäische Markt offen. Größere Volkswirtschaften hingegen, zumal Deutschland, verloren ihren traditionellen Vorteil eines großen heimischen Marktes, der in einer Welt offener Grenzen an Bedeutung einbüßt.

Erklärung 2: Solide Finanzpolitik, sinkende Sparquoten

Viele Länder haben in den Neunzigerjahren die Staatsausgaben gesenkt und versucht, ihre öffentliche Verschuldung unter Kontrolle zu bringen. So auch die Skandinavier: In Schweden sanken die Staatsausgaben in Relation zum Bruttoinlandsprodukt in den Neunzigerjahren um 6 Prozentpunkte, in Dänemark um 5 Prozentpunkte, in Finnland gar um 8 Prozentpunkte. Weil die Steuerbelastung etwa gleich blieb, konnten die Finanzminister ab Mitte der Neunzigerjahre satte Überschüsse ausweisen und die Staatsschulden abbauen (Ausnahme: Finnland).

Eine Gesundung der Staatsfinanzen lässt die Bürger nicht ungerührt. Eine solide Finanzpolitik befreit sie von künftigen Steuerlasten. Sie gewinnen finanzielle Spielräume, können ihre private Zukunftsvorsorge zurückfahren und mehr konsumieren. Dies ist einer der Gründe, warum in den skandinavischen Ländern die Sparquoten gesunken sind, was für einen zusätzlichen Nachfrageschub sorgte (siehe auch Irrtum 3).

Erklärung 3: Weniger schädliche Steuern

Trotz sehr hoher Gesamtbelastungen wirkt die Besteuerung in den skandinavischen Ländern längst nicht so leistungs- und beschäftigungsfeindlich wie in Deutschland. Die Mehrwertsteuer – eine verhältnismäßig unschädliche Abgabe, weil sie auf fast alle Güter und Dienstleistungen gleichermaßen erhoben wird und der Staat damit kaum in die Preisstruktur eingreift – macht einen großen Teil der Staatseinnahmen aus. Die Sätze liegen je nach Land zwischen 22 und 25 Prozent. Jedoch ist die Belastung der Beschäftigten und ihrer Arbeitgeber mit Steuern und Sozialabgaben deutlich niedriger als in der Bundesrepublik, wenn auch im internationalen Vergleich immer noch hoch. Dänemark ist es gelungen, die Belastung des Faktors Arbeit deutlich zu drücken, da keine Arbeitgeberbeiträge erhoben werden.

Entscheidend für die Leistungsbereitschaft der Beschäftigten ist aber nicht die Durchschnitts-, sondern die Grenzbelastung, also die Besteuerung jeder zusätzlich verdienten Krone (oder jedes Euro). Mit Ausnahme Finnlands, wo die Grenzbelastung fast so hoch ist wie in Deutschland, schneiden alle skandinavischen Länder deutlich besser ab als der EU-Durchschnitt. Mehr zu arbeiten und zu leisten lohnen sich also. Und das tun die Skandinavier auch: Die Beschäftigungsquoten liegen im internationalen Vergleich an der Spitze.

Erklärung 4: Mehr Humankapital-Investitionen

Die skandinavischen Länder sind führend bei Investitionen in Humankapital. Der Staat und die private Wirtschaft geben zwischen 6 und 7 Prozent der Wirtschaftsleistung für Bildung aus, wobei der staatliche Anteil ausgesprochen hoch ist. Ein respektabler Teil der Staatseinnahmen wird also nicht einfach für Konsumzwecke ausgegeben, sondern in die Zukunft der Bürger und des Landes investiert. Ebenso liegen Schweden, Finnland und

Dänemark an der Spitze bei den Ausgaben der Industrie für Forschung und Entwicklung.

Die Folgen dieser Investitionen: ein hervorragendes Abschneiden bei der Pisa-Studie, in der die Fähigkeiten von Neuntklässlern untersucht und verglichen wurden; internationale Spitzenwerte bei der Zahl der Patentanmeldungen und der wissenschaftlichen Veröffentlichungen in anerkannten Zeitschriften; ein großer Anteil Hochqualifizierter an der Bevölkerung.

All dies hat gerade Schweden und Finnland enorm vom Hightech-Boom der Neunzigerjahre profitieren lassen. Firmen wie Nokia und Ericsson stiegen zu weltweit agierenden Hightech-Konzernen auf. Eine Entwicklung, die ohne die breite Humankapital-Basis nicht möglich gewesen wäre.

Erklärung 5: Der Faktor Kultur

Die Steuer- und Abgabenlasten in Skandinavien sind jedoch so hoch – und die Skandinavier scheint es so wenig zu stören –, dass all diese Erklärungen nicht genügen. Offensichtlich tritt noch ein Weiteres hinzu: eine kulturelle

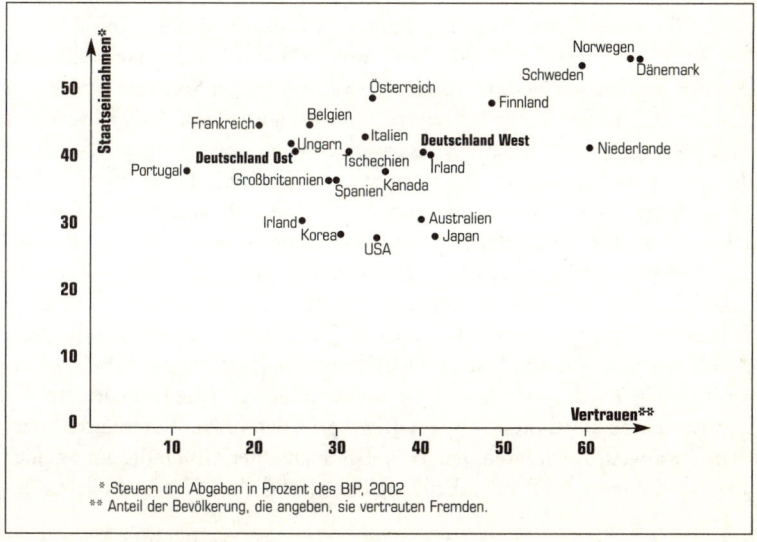

Abb. 6: Staatseinnahmen und Vertrauen.
Quelle: OECD, WVS (vierte Welle 1999–2001), Prof. Dr. Chris Welzel

Dimension. Abbildung 6 weist auf eine mögliche Antwort hin. Für die wichtigsten hoch entwickelten Nationen zeigt sie den Zusammenhang zwischen den Staatseinnahmen und einer kulturellen Größe: dem Maß an Vertrauen, das die Menschen einander entgegenbringen; die Daten sind dem World Values Survey entnommen, der bedeutendsten globalen Wertestudie.

Auch wenn es auf den ersten Blick etwas esoterisch erscheinen mag: Vertrauen als soziales Phänomen wird heute als wichtiger ökonomischer Faktor anerkannt; es fördert die Bereitschaft zur Kooperation – innerhalb von Unternehmen wie auch zwischen Vertragspartnern. »Sozialkapital« ist wie Humankapital eine Basisressource für jede arbeitsteilige Gesellschaft. Dies ist in den vergangenen Jahren in vielen Studien belegt worden.

Ich vermute, dass Sozialkapital auch das Verhältnis der Bürger zum Gemeinwesen beeinflusst. So banal es klingt: Öffentliche Toiletten in Skandinavien sind sauber und intakt, deutsche, erst recht italienische oder spanische Aborte dagegen streben permanent einem Zustand akuter Verwahrlosung zu. Ähnliches gilt für öffentliche Plätze, Strände, Straßen und so weiter. Offensichtlich fühlen sich die Skandinavier für das Gemeineigentum verantwortlicher als andere Nationen und verhalten sich entsprechend.

Abbildung 6 (Querachse) belegt den Eindruck, dass Sozialkapital – hier: Vertrauen – in den wohlhabenden Ländern in höchst unterschiedlichem Ausmaß vorhanden ist. Und offenbar funktioniert der Sozialstaat besser in Ländern mit hohen Vertrauenswerten. Die skandinavischen Gesellschaften sind homogen, ihre Länder bevölkerungsarm und überschaubar. Das stärkt das Gemeinschafts- und das Verantwortungsgefühl. Die Bürger stehen unter einem hohen Konformitätsdruck, die soziale Kontrolle funktioniert. Dieser Charakterzug erlaubt es den skandinavischen Sozialstaaten beispielsweise, sehr hohe Arbeitslosenunterstützung zu zahlen. Zugleich haben sie strikte Vorschriften erlassen, wonach angebotene Jobs im Regelfall angenommen werden müssen. Eine Kombination, die in Skandinavien funktioniert, wie die hohen Beschäftigungs- und niedrigen Arbeitslosenquoten zeigen – die aber ihren Zweck verfehlte, wenn die formalen Regeln zur Annahme angebotener Beschäftigung in der Praxis unterlaufen würden, etwa weil Bürokraten und Bezieher staatlicher Unterstützungsgelder augenzwinkernd bei der Ausbeutung der öffentlichen Kassen kollaborierten.

Damit sind wir bei der öffentlichen Verwaltung. Ein hohes Maß an gesellschaftlichem Vertrauen scheint auch eine verlässliche Administration zu begünstigen. Transparency International (TI), eine Nichtregierungsorganisation mit Hauptsitz in Berlin, veröffentlicht jährlich einen globalen Vergleichsindikator: den Korruptionsindex. Den skandinavischen Ländern ebenso wie den Niederlanden, Neuseeland und Kanada wird in diesem Index regelmäßig ein Gütesiegel ausgestellt: nahezu korruptionsfrei. Deutschland und die USA schneiden nur mittelmäßig ab, die teilweise oder vollständig lateinisch geprägten Länder Frankreich, Italien, Spanien, Belgien und Portugal sogar noch deutlich schlechter.

Ein öffentlicher Sektor, der von Korruption durchdrungen ist, arbeitet chronisch ineffizient. Er verschleudert öffentliche Gelder und belastet die Bürger mit hohen Steuern und Schulden. Ein effizienter Staat hingegen kann durchaus die Wirtschaft und das Wohlergehen der gesamten Nation fördern, auch wenn der öffentliche Sektor wie in den skandinavischen Ländern sehr groß ist.

Mangelt es an Sozialkapital, wird ein großer Staatssektor zu einer ökonomisch schwer erträglichen Bürde. Die Korruption nimmt überhand. Die Bürger befürchten, »die anderen« beuteten die Gemeinschaftskassen aus. Sie fühlen sich als Steuerzahler unfair behandelt – Gift für die Leistungsanreize.

Die naheliegende Schlussfolgerung lautet, dass die Größe des staatlichen Sektors zur Ausstattung mit Vertrauenskapital passen sollte. Übersteigt die staatlich verordnete Solidarität die real in der Gesellschaft vorhandene, leidet die Wirtschaft. Deshalb weisen sowohl die Länder links unten in Abbildung 6 (USA, Korea, Australien, Irland – Japans Dauerkrise entzieht sich diesem Muster) als auch jene rechts oben (Skandinavien, Niederlande) hohe Wachstumsraten auf. Relativ schwach entwickeln sich hingegen die Länder links oben in der Grafik: Gemessen am Vertrauensniveau der Bürger ist der Staatssektor in Frankreich, Italien, Belgien, Österreich oder Portugal zu groß.

Und Deutschland? Interessanterweise liegen die Vertrauenswerte für die alten Länder deutlich höher als für die neuen. Folglich hätte gemäß obiger Argumentation im Zuge der deutschen Vereinigung das Niveau der staatlichen Einnahmen und Leistungen sinken müssen. Zumindest wäre eine größere regionale Differenzierung nötig gewesen. Tatsächlich geschah das Gegenteil: steigende Steuern, vor allem steigende Sozialbeiträge, stärkere Zentralisierung der politischen Entscheidungen. Die Folgen? Bekanntermaßen wuchs kaum ein westliches Land im letzten Konjunkturzyklus langsamer.

Politische Ökonomie:
Kann die Politik »Solidarität« produzieren?

Ein großer Staatssektor bedeutet keinesfalls immer eine Bürde, wie wir in diesem Kapitel gesehen haben. Der Eingriff des Staates muss vier Bedingungen erfüllen:

1. Das Steuer- und Transfersystem muss so ausgestaltet sein, dass es sich lohnt zu arbeiten und sich zu bilden.
2. Ein möglichst großer Teil der Staatseinnahmen sollte in Investitionen fließen, insbesondere in die hoch rentierlichen Felder Bildung, Wissenschaft und Forschung.
3. Die Staatsausgaben müssen solide strukturiert sein. Heutige Ausgaben dürfen nicht auf Pump finanziert werden, sondern aus heutigen Steuern und Abgaben.
4. Der staatliche Sektor muss zum Wertesystem der Bürger passen. Eine individualistische Gesellschaft wird keinen großen Staat ertragen – eine Erfahrung, die die Briten bis zur Thatcher'schen Revolution in den Achtzigerjahren machten. Eine homogene, solidarische Gesellschaft hingegen kann sich eher einen großen öffentlichen Sektor leisten, ohne dass die Bürger entmutigt werden und sich in unproduktiven Verteilungskämpfen aufreiben – wie es die Skandinavier demonstrieren.

In der deutschen Debatte um den Sozialstaat ist immer viel von »Solidarität« die Rede, die Politiker und Gewerkschafter typischerweise von den »Reichen« einfordern. Dabei versuchen sie, die Kausalität umzudrehen. Es geht ihnen nicht darum, vorhandene Solidarität zu nutzen; ihr Ansinnen ist es, Solidarität zu schaffen (aus durchaus eigennützigen Beweggründen, schließlich steigern hohe Staatsausgaben ihre Machtposition). Kann das funktionieren?

Höchstwahrscheinlich nicht: Vertrauen scheint etwas zu sein, dass sich nicht so einfach produzieren lässt. Wie Abbildung 6 nahe legt, resultiert »Vertrauen« offenkundig aus ganz anderen Faktoren – der Bevölkerungsgröße, der Kultur, der (ethnischen) Homogenität einer Gesellschaft und vielem mehr.

Wer die Solidarität steigern will, müsste an diesen Faktoren etwas ändern. Doch das ist entweder unmöglich (Bevölkerungszahl) oder nicht wünschenswert – mit staatlich verordneten Kulturrevolutionen, Gleichschaltungen und Säuberungen haben gerade die Deutschen in ihrer Geschichte äußerst schlechte Erfahrungen gemacht.

Politiker sollten anerkennen, dass Solidarität ein Gut ist, auf das sie praktisch keinen Einfluss haben. Sie sollten es als gegeben hinnehmen – wie die Geografie des Landes oder das Wetter.

Irrtum 7: Die Lohnnebenkosten lassen sich schmerzlos senken

Seit mindestens einem Jahrzehnt wird in Deutschland heftig über die Lohnkosten diskutiert. Eine Debatte, die eine logische Folge der hohen und scheinbar unaufhaltsam steigenden Arbeitslosigkeit ist. Wenn Millionen Menschen keinen Job finden, liegt das offensichtlich daran, dass der Preis für Arbeit zu hoch ist – dass es also für Unternehmen zu teuer ist, Menschen zu beschäftigen. Die Debatte verschärfte sich im Verlauf der Neunzigerjahre, als der Wettbewerbsdruck durch die Globalisierung zunahm, gleichzeitig die Lohnkosten in Deutschland immer weiter stiegen und folglich die Arbeitslosigkeit immer bedrohlichere Größenordnungen erreichte. Was also tun? Die Standardantwort lautet: die »Lohnnebenkosten« senken. Da sind sich Politiker und Ökonomen, Gewerkschafter und Arbeitgeber (die allerdings von »Lohnzusatzkosten« sprechen) größtenteils einig.

Die Losung, wonach die Lohnnebenkosten zu senken sind, die den »Faktor Arbeit« belasten, verheißt eine schmerzarme Therapie der deutschen Krankheit. Niemandem wird etwas weggenommen, niemandem wird mehr Leistung oder Risikobereitschaft abverlangt (siehe Irrtümer 1 und 2). Es wird lediglich etwas »umfinanziert«: Die Lohnnebenkosten, die größtenteils aus den Beiträgen zu den Sozialversicherungen bestehen, sollen sinken, indem die Sozialkassen größere Zuschüsse aus den allgemeinen Steuereinnahmen erhalten. Den Versicherten wird suggeriert, sie müssten künftig für die gleichen Leistungen weniger zahlen. Wer fände ein solches Versprechen nicht bestechend?

Doch hier werden einige schmerzvolle Wahrheiten verschleiert. Worum also geht es wirklich?

1. Zutreffend ist, dass die deutschen Sozialversicherungsbeiträge im internationalen Vergleich sehr hoch liegen. Folglich ist Arbeit in Deutschland teuer – ein Problem insbesondere für Beschäftigte mit geringer Qualifikation und Leistungsfähigkeit, die wegen ihrer niedrigen Produktivität nur zu niedrigen Lohnkosten eine Beschäftigung finden. Gerade ihnen wäre mit einer Absenkung der Sozialversicherungsbeiträge geholfen. Wer also meint, die hohen Beitragssätze seien für die Bundesbürger nicht mehr tragbar – wofür vieles spricht –, der sagt damit implizit: Niedrigverdiener und Arbeitslose können sich das heute bestehende Absicherungsniveau nicht leisten.

2. Die Lohnnebenkosten mögen aus Sicht der Arbeitgeber Zusatzkosten sein, aus Sicht der Beschäftigten sind sie notwendige Vorsorge – schließlich muss sich jeder gegen Altersarmut, Krankheit und Arbeitslosigkeit absichern. Ob er vorsorgt, indem er staatliche Zwangsabgaben zahlt, eine private Versicherung abschließt oder Vermögen bildet, ist ihm ziemlich gleichgültig. Was den Beschäftigten wirklich interessiert, ist die Höhe der Leistungen, die er für seine Beiträge erhält. Wer also meint, die Sozialversicherungsbeiträge seien zu hoch, der beklagt implizit ein dürftiges Preis-Leistungs-Verhältnis des Sozialstaats.

3. Steigende Steuerzuschüsse zu den Sozialversicherungen bewirken einen schleichenden Systemwechsel hin zu einer Mindestabsicherung, die für alle gleich ist – auch wenn niemand es offen ausspricht. Dies liegt in der Logik der Sozialversicherungen, die im Kern eben Versicherungen sind. Bei einer Versicherung richten sich die individuellen Leistungen nach den individuellen Einzahlungen und/oder nach dem individuellen Risiko. Je mehr dieses Prinzip durchbrochen wird, desto weniger lassen sich unterschiedliche Leistungshöhen rechtfertigen. Wer also noch höhere Zuschüsse aus dem Bundeshaushalt fordert, um die Lohnnebenkosten zu senken, betreibt den Abschied vom deutschen Sozialstaatsmodell. Das mag durchaus sinnvoll sein – man sollte es aber den Bürgern sagen.

Dass die Lohnnebenkosten ein politisches Konfliktfeld sind, ist verständlich. Wie wenig netto vom häufig so eindrucksvoll erscheinenden Bruttogehalt übrig bleibt, ist wohl für die meisten abhängig Beschäftigten ein fortwährendes Ärgernis. Warum ärgern wir uns darüber? Weil wir das Gefühl haben, unfair behandelt zu werden. Weil wir sehen, wie die Beiträge steigen, aber gleichzeitig Leistungen gekürzt werden oder zugesagte künftige Leistungen unsicherer werden. Weil wir den Beiträgen nicht ausweichen können – schließlich besteht für Arbeiter und Angestellte Versicherungszwang, übrigens auch für manche Selbstständige, beispielsweise im Handwerk.

Ärgerlich, und für Geringverdiener existenzbedrohlich sind die Lohnnebenkosten vor allem wegen ihrer Höhe. Wie konnte es eigentlich dazu kommen?

Warum sind die Lohnnebenkosten so hoch?

1970 zahlten die abhängig Beschäftigten 27 Prozent vom Lohn oder Gehalt an die Sozialversicherungen. Im Jahr 2003 waren es je nach Krankenkasse rund 42 Prozent.[10] Ein dramatischer Anstieg. Im gleichen Zeitraum haben sich Löhne und Gehälter in etwa vervierfacht.

Paradox: Eine immer wohlhabendere Gesellschaft, deren Bürger eigentlich in immer größerem Maße fähig gewesen wären, für sich selbst vorzusorgen, leistete sich eine immer umfassendere kollektive Absicherung. Es ist übrigens eine Entwicklung, die längst nicht alle entwickelten Industrieländer genommen haben. Viele haben den Staatsanteil gesenkt: die angelsächsischen Staaten, die Niederlande und Belgien etwa.

In Deutschland baute sich eine gigantische Umverteilungsmaschine auf, die in zwei Schüben expandierte: in der sozial-liberalen Ära seit Ende der Sechzigerjahre und nach der deutschen Einheit 1990 (siehe auch Irrtümer 5 und 9). 1970, in der Frühzeit der Brandt-Regierung, gab die Bundesrepublik 1400 Euro pro Einwohner für soziale Zwecke aus. Das entsprach 24 Prozent der Wirtschaftsleistung. Bis 1980 stieg dieser Anteil auf 30 Prozent, 3800 Euro pro Kopf. Der Kohl-Administration gelang es immerhin in den Achtzigerjahren, den Anstieg der Sozialausgaben so weit zu begrenzen, dass sie langsamer wuchsen als die Wirtschaftsleistung; die Sozialausgabenquote sank bis 1990 leicht auf 27 Prozent. Doch dann öffneten sich im Zuge der Einheit die Schleusen wieder.

Inzwischen verteilt das gesamte Sozialsystem eine Zweidrittelbillion Euro pro Jahr um:[11] 225 Milliarden für gesetzliche Renten, 35 Milliarden für Beamtenpensionen, 137 Milliarden für die gesetzliche Krankenversicherung, 35 Milliarden für Arbeitslosigkeit – und so weiter. Das entspricht 8.061 Euro pro Einwohner oder 32 Prozent der Wirtschaftsleistung. Seit 1970 haben sich die Ausgaben fürs Alter nominal verachtfacht, für Arbeitslosigkeit versechzigfacht.

Angesichts der hohen Ausgaben reichen die Beiträge der Versicherten nicht aus. Große Summen steuern die regulären Staatshaushalte aus dem allgemeinen Steuertopf bei. Der Bundeszuschuss zur gesetzlichen Rente ist seit 1970 von 3,7 Milliarden auf 77 Milliarden Euro (2003) angestiegen. Die Bundesanstalt für Arbeit schließt ihre Haushaltsjahre immer wieder mit Defiziten ab, die der Bund ausgleichen muss. Insgesamt wird der Sozialstaat Bundesrepublik zu 60 Prozent aus Beiträgen und zu knapp 40 Prozent aus Steuern finanziert.

In den Neunzigerjahren ist der Steueranteil erheblich gestiegen. Als die Sozialbudgets durch die Eingliederung der neuen Bundesländer explodierten, stiegen nicht nur die Beiträge kräftig, sondern auch die Zuschüsse des Bundes. Immer wieder mussten die Bundesregierungen unter Helmut Kohl die Steuern erhöhen, um zu verhindern, dass die Beitragssätze noch weiter steigen. Die Regierung Schröder erklärte dies sogar zum Prinzip: Die letzte Rentenreform von Helmut Kohls Sozialminister Norbert Blüm (CDU) – der immerhin eine vorsichtige Dämpfung der Ausgaben durch Rentenkürzungen (»demographischer Faktor«) und eine verlängerte Lebensarbeitszeit erreichen wollte – nahm die rot-grüne Regierung 1998 zurück. Stattdessen wurde, als »Ökosteuer« getarnt, die Mineralölsteuer angehoben, die einen höheren Bundeszuschuss zur Rentenversicherung finanzieren und die Lohnnebenkosten dauerhaft unter 40 Prozent halten sollte. Aber auch das genügte nicht: Trotz Milliardeneinnahmen aus der Ökosteuer stieg der Beitragssatz weiter. (Inzwischen setzt auch Rot-Grün auf sachte Rentenkürzungen, nun »Nachhaltigkeitsfaktor« genannt.)

Weil die Politik auf die Senkung der Lohnnebenkosten fixiert war, hat sie den einfachsten Ausweg gesucht: die Erschließung weiterer Einnahmen jenseits der Versicherungsbeiträge. Dass diese Strategie an der Grundproblematik des Systems nichts ändern würde, liegt im Grunde auf der Hand. Gebracht hat es letztlich nichts – nur eine höhere Gesamtbelastung.

Die Auswirkungen? Katastrophal.

Die Wirkung hoher Sozialversicherungsbeiträge

Inzwischen ist die Gesamtbelastung der Beschäftigten und ihrer Arbeitgeber – des »Faktors Arbeit« – so hoch wie fast nirgends sonst auf der Welt (zur Entwicklung der Sozialabgaben seit 1970 siehe Abbildung 7). Schon ein Durchschnittsverdiener musste im Jahr 2000 von seinem Lohn 52 Prozent an Sozialversicherungsbeiträgen und Einkommensteuer abführen. Deutschland hält mit diesem Wert den Vizerekord in der Disziplin Arbeitsverteuerung; nur in Belgien lag die Belastung noch höher. Gerade die Kombination aus hohen Sozialabgaben und vergleichsweise hohen Steuersätzen bereits bei Normalverdienern entfaltet eine demotivierende und arbeitsmarktschädigende Wirkung.

Dies ist insbesondere ein Ergebnis der Finanzierung der deutschen Einheit, deren Folgekosten vorwiegend von den Sozialversicherungen getra-

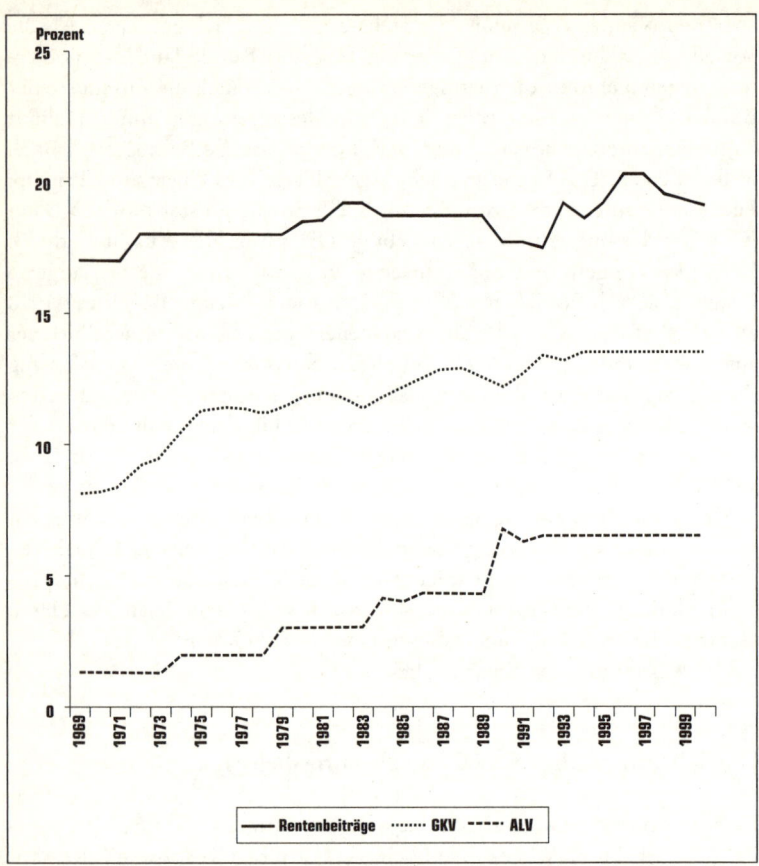

Abb. 7: Entwicklung der Sozialabgaben, Bundesrepublik Deutschland, 1970–2001.
Quelle: Sachverständigenrat

gen wurden. Über die Neunzigerjahre stiegen nach Berechnungen der Deutschen Bundesbank die Lohnnebenkosten um durchschnittlich 4,7 Prozent im Jahr.

Die Folge war, dass sich der so genannte »Abgabenkeil« – die Differenz zwischen den Arbeitskosten und den Nettoverdiensten – in den Neunzigerjahren dramatisch ausweitete. Die Bundesbank hat in ihre Rechnung auch die Inflation einbezogen, die in den Neunzigerjahren nicht nur von den normalen Preissteigerungen getrieben wurde, sondern insbesondere auch von steigenden Verbrauchsteuern (betroffen waren unter anderem Mehrwert-, Mineralöl-, Tabak- und Versicherungssteuern). Infolge von Abgabenerhöhungen und Preissteigerungen konnten sich die Beschäftigten am Ende der Neunzigerjahre weniger von ihren Löhnen und Gehältern kaufen als zu Anfang dieser Periode – die realen Nettoeinkommen waren leicht gesunken. Arbeit wurde aus Sicht der Unternehmen teurer, doch die Beschäftigten hatten weniger in der Tasche: ein todsicherer Weg zur Vernichtung von Jobs – und zur Demotivierung der Beschäftigten (siehe auch Irrtum 1).

Der Anstieg der Sozialversicherungsbeiträge wäre nicht weiter tragisch, würden die Beschäftigten damit ein deutlich verbessertes Absicherungsniveau erwerben: eine höhere Rente, eine höhere Arbeitslosenunterstützung, eine bessere Versorgung bei Krankheit. Dann würden sie die heutigen Beiträge als Ersparnis betrachten, aus der künftiges Einkommen resultiert. Tatsächlich aber sind die Leistungen der Sozialversicherungen gesunken: Die Rente fällt schmaler aus, das Krankengeld müssen die Beschäftigten künftig selbst finanzieren, das Arbeitslosengeld wird gekürzt – usw.

Warum verschlechtert sich das Preis-Leistungs-Verhältnis? Weil die Zahl der Leistungsempfänger steigt und die Zahl der Beitragszahler stagniert oder sogar sinkt.

Warum steigt die Zahl der Leistungsempfänger? Weil kopfstarke Jahrgänge in den Ruhestand gehen. Weil Deutschland in den Neunzigerjahren eine starke Zuwanderung in die Sozialsysteme erlebt hat, insbesondere Deutschstämmiger im Rentenalter aus Osteuropa und den GUS-Staaten. Weil die Zahl der Arbeitslosen stark zugenommen hat.

Warum stagniert oder sinkt die Zahl der Beitragszahler? Weil relativ kleine Jahrgänge nachwachsen. Weil relativ wenige Frauen, Ältere und Geringqualifizierte einer Beschäftigung nachgehen und angehende Akademiker zu lange studieren (siehe Irrtum 2). Und weil die Zahl der Arbeitslosen stark zugenommen hat.

Warum hat die Zahl der Arbeitslosen zu- und die der Beschäftigten abgenommen? Weil die Sozialversicherungsbeiträge stark gestiegen sind und damit auch die Lohnnebenkosten.

Eine Negativspirale. Die deutschen Sozialversicherungssysteme zementieren die Probleme, die sie lindern sollen. Mit jeder Rezession sind die Beiträge in den vergangenen Jahrzehnten auf neue Höhen gestiegen und haben in einer Zeit die Arbeitskosten erhöht, da sinkende Arbeitskosten nötig wären, um die Arbeitslosigkeit schnell abzubauen. Ein kontraproduktives System.

Lohnnebenkosten senken: Wie es geht – und wie nicht

Es ist eigentlich logisch: Die reine Erschließung immer neuer Einnahmequellen bringt den Bürgern insgesamt keine Entlastung. Im Gegenteil: Auch Steuern, vor allem auf Einkommen und Gewinn, wirken leistungshemmend. Wer die Lohnnebenkosten dauerhaft senken will, muss die Ausgaben senken. Entweder im Rahmen des derzeitigen Systems – oder im Zuge eines Systemwechsels.

Der deutsche Sozialstaat ist seit seiner Einführung unter Reichskanzler Otto von Bismarck als Zwangsversicherung konzipiert, die nach dem so genannten Äquivalenzprinzip funktioniert: Die Leistungen (zumindest der Renten- und der Arbeitslosenversicherung) orientieren sich an den vorherigen Beitragszahlungen. Da die Ein- und Auszahlungen in nachvollziehbarer Relation zueinander standen, lohnte es sich für die Beschäftigten, mehr zu leisten und zu verdienen. Im Laufe der Jahre, insbesondere seit den Siebzigerjahren, haben Bundesregierungen unterschiedlicher Couleur dieses Prinzip immer weiter durchbrochen. Innerhalb der Kassen wird immer mehr umverteilt: Nicht erwerbstätige Ehefrauen und Kinder werden umsonst mitversichert; Aussiedler aus Osteuropa und den GUS-Staaten großzügig aufgenommen; die Renten in den neuen Bundesländern auf ein Niveau aufgestockt, das inzwischen über dem der alten Länder liegt.

Das Versicherungsprinzip wird auf den Kopf gestellt. Die Versicherten nehmen die Zwangsbeiträge zunehmend als pure Umverteilung wahr: als eine zusätzliche Steuer, die nicht ihnen persönlich nützt, sondern in den großen, anonymen Staatstopf fließt und dann irgendjemandem zugute kommt, aber nicht ihnen selbst. Ein extrem leistungsfeindliches System.

Die Gewerkschaften sind sogar darum bemüht, diese Entkoppelung von Beiträgen und Auszahlungen noch zu forcieren: Seit Jahrzehnten werden sie nicht müde zu fordern, »versicherungsfremde Leistungen« aus der Beitragsfinanzierung herauszunehmen, insbesondere aus der Rentenversicherung. Aber genau diesen Weg haben die Regierungen unter Kohl und Schröder ja beschritten: Sie haben den Bundeszuschuss auf inzwischen 77 Milliarden Euro ausgeweitet (Stand: 2003). Im Gegenzug ist die Mehrwertsteuer mehrfach erhöht worden, ebenso wie die Mineralöl- und die Tabaksteuer. Es hat alles nichts genützt: Weil man die Ausgaben unangetastet ließ, stiegen die Beiträge schließlich doch immer wieder, wenn auch mit Zeitverzögerung.

Durch »Umfinanzierung« aus dem Steuertopf ist das System hochgradig intransparent geworden. Die Versicherten bezweifeln – zu Recht – die langfristige Tragfähigkeit der Versicherung. Beiträge erscheinen als Steuern, für die man einen undefinierbaren Gegenwert erhält. Die Glaubwürdigkeit des Systems insgesamt wird ausgehöhlt.

Eine Reform muss vor allem zwei Ziele verfolgen: Sie muss Transparenz und Leistungsgerechtigkeit herstellen. Nur wenn die Beschäftigten das Gefühl erhalten, fair behandelt zu werden, haben sie wieder einen Anreiz, mehr zu leisten.

Wie erreicht man diese Ziele? Zunächst: Keine Gesellschaft kommt ohne Umverteilung von Einkommen aus. Die Schwachen und die Glücklosen müssen aufgefangen werden – früher leisteten das die Großfamilie oder Sippe, heute anonyme staatliche Systeme. Eine solche Grundsolidarität werden die allermeisten Bürger akzeptieren, und zwar in dem Maße, wie sie sich mit den anderen Gesellschaftsmitgliedern solidarisch fühlen (siehe Irrtümer 6 und 10).

Problematisch in Deutschland ist das Ausmaß der Umverteilung. Gelder werden innerhalb der Mittelschichten hin und her verschoben, insbesondere über die Renten- und die Arbeitslosenversicherung.

Rente und Arbeitslosigkeit. Beide Systeme sollen Beschäftigte gegen einen Verdienstausfall absichern. Entsprechend sollen die Auszahlungen – zunächst – den gewohnten Lebensstandard sichern. Mehr noch: Das Prinzip der »dynamischen Rente« (Rentenerhöhungen im Gleichschritt mit Steigerungen von Löhnen und Gehältern der Jungen) hat sogar Generationen von Rentnern einen höheren Lebensstandard während des Ruhestands eingebracht, als sie während des Erwerbslebens genossen hatten. Wohlgemerkt: Diese Systeme sollen keineswegs primär Armut verhindern; dafür gibt es die Sozialhilfe. Renten- und Arbeitslosenversicherung sollen den Lebensstandard erhalten.

Dieses Prinzip ist nicht mehr haltbar. Weil das System aus Sicht der Beitragszahler leistungsfeindlich ist und weil sich die Altersstruktur verschoben hat, führen lohnbezogene Renten und Arbeitslosengelder zu einer Überbelastung der Beitragszahler. Dass dies auch die Politik so sieht, zeigen die inzwischen sehr hohen Bundeszuschüsse. Diese Finanzspritzen werden aus Steuergeldern finanziert – was nichts anderes bedeutet, als dass Steuerzahler, die selbst nie in den Genuss sozialstaatlicher Leistungen kommen werden (Freiberufler, Unternehmer, Bezieher von Vermögenseinkommen, Mini-Jobber und Ich-AGler), für die heutigen Empfänger mitbezahlen. Das Prinzip einer Versicherung, die ja auf Gegenseitigkeit beruht, wird sukzessive aufgegeben.

Sozialpolitiker und Gewerkschafter erheben immer wieder die Forderung, auch diese, teils gut verdienenden Personengruppen in die Pflichtversicherung zu zwingen, um deren Einnahmen zu erhöhen. Eine abenteuerliche Idee, die die Probleme der Sozialversicherungen und des Arbeitsmarktes nur weiter vergrößern würde: Erstens stiegen – gemäß Äquivalenzprinzip – durch den Einstieg von Gutverdienern die künftigen Ansprüche an die Sozialversicherungen, wodurch das langfristige finanzielle Gleichgewicht der Sozialsysteme erst recht gefährdet würde. Zweitens würde die aktuelle Belastung risikobereiter Leistungsträger weiter erhöht, die mit einer weiteren Rücknahme ihrer Leistung reagieren würden (siehe auch Irrtum 2). Das Gleiche gilt übrigens für den Vorschlag, die Beitragsbemessungsgrenzen weiter heraufzusetzen. Auch durch diese Maßnahme würden Beitragszahler mit höheren Einkommen stärker in die Pflichtversicherung einbezogen. Wiederum gilt: Was heute vorübergehend die finanzielle Lage der Kassen entspannt, gefährdet ihre langfristige Stabilität erst recht, weil die künftigen Ansprüche an das System steigen.

Als einzig vernünftige Lösung erscheint die Aufgabe des Äquivalenzprinzips in der Renten- und der Arbeitslosenversicherung zugunsten des »Leistungsfähigkeitsprinzips«: Die Systeme würden auf die ursolidarische Aufgabe beschränkt, Armut zu verhindern – durch eine Grundsicherung. Eine einheitliche Grundrente schafft die Basis der Alterseinkommen; die Sozialhilfe sichert gegen einen Verlust von Einkommen durch Krankheit, Tod oder auch unverschuldete lange Arbeitslosigkeit ab. Beide Leistungen sollten aus allgemeinen Steuern, also vor allem der Einkommen-, der Mehrwert- und der Mineralölsteuer, finanziert werden. Die Sozialversicherungsbeiträge würden abgeschafft.

Ist eine Grundsicherung »unsozial«? Ohne späteren Kapiteln vorgreifen zu wollen (Irrtum 10): Personen mit geringem Einkommen verlieren nichts. Sie haben heute aus den einkommensbezogenen Systemen kaum mehr als ein Existenzminimum zu erwarten. Für sie würde sich im Kern nichts ändern. Normal-, Gut- und Besserverdiener müssten stärker als bisher selbst vorsorgen. Mittel dafür stünden zur Verfügung, weil durch die Abschaffung der Sozialversicherungsbeiträge ihre Nettoeinkommen stiegen. Das zusätzlich verfügbare Geld könnten sie fürs Alter sparen. Sie müssten nicht einmal zum Sparen gezwungen werden: Sie wüssten ja, anders als heute, ganz genau, was auf sie zukommt. Es würde nicht mehr verschleiert, wie viel sie tatsächlich aus den Versicherungen zu erwarten haben. Sie besäßen eine klare, transparente Kalkulationsgrundlage für ihre Alterseinkommen.

Auch gegen Arbeitslosigkeit sind private Versicherungen denkbar. So hat der US-Ökonom Robert Shiller das sehr interessante Modell einer »Livelihood Insurance« entwickelt. Eine solche Versicherung würde das individuelle Risiko des Einkommensverlustes übernehmen. Die Prämien richteten sich nach Beruf, Alter, Geschlecht, Familienstand, Wohnort und so weiter, nach jenen Merkmalen also, die das Risiko des Einkommensverlustes beeinflussen. Für all diese Faktoren würden auf Basis umfangreicher Datenerhebungen Wahrscheinlichkeiten berechnet. Die Versicherung würde die individuellen Risiken übernehmen, bündeln und in Form diversifizierter Risiko-Portfolios an die Börse bringen, wo internationale Investmentfonds diese Risikopakete übernähmen. Shillers Grundidee lautet: Individuelle Lebensrisiken werden nicht mehr durch staatliche Zwangsversicherungen abgemildert, sondern durch die Finanzmärkte. Ein sehr interessanter Ansatz.[12]

Der Übergang vom einen System zum anderen ist nicht ganz einfach. Schließlich haben heutige Beitragszahler Ansprüche erworben, die eine Regierung nicht einfach enteignen kann. Ein radikaler Kurswechsel ist daher nicht möglich, nur ein allmählicher Übergang vom heutigen System zu einem langfristig tragfähigeren.

Krankheit. Bei der gesetzlichen Krankenversicherung stellen sich solche Übergangsprobleme nicht, weil sie bereits nach dem Leistungsfähigkeitsprinzip arbeitet: Alle Versicherten erhalten die gleichen Leistungen, trotz unterschiedlicher Beitragshöhen. Bei der Krankenversicherung gibt es allerdings eine Ausstiegsmöglichkeit für Gutverdiener, deren Einkommen über der Pflichtversicherungsgrenze liegt. Sie kommen ebenso wie Freiberufler in den Genuss eines Systems, das seine Prämien nach individuellen Risikofaktoren (Krankengeschichte, Alter, Lebensgewohnheiten) kalkuliert, nicht nach der Einkommenshöhe wie die gesetzliche Krankenversicherung. Zudem stehen den Privatversicherten eine Vielzahl an Wahlmöglichkeiten offen – Selbstbeteiligungen, Verzicht auf bestimmte Leistungen wie Brillen oder Zahnersatz –, durch die sie ihre Beiträge noch weiter senken können.

Sinnvoll wäre es, die Beiträge generell von den Lohnkosten abzukoppeln. So hat der Sachverständigenrat zur Begutachtung der gesamtwirtschaftlichen Entwicklung (»Fünf Weise«) vorgeschlagen, in der gesetzlichen Krankenversicherung so genannte Kopfpauschalen einzuführen. Ein Vorstoß, den die Herzog-Kommission der CDU aufgenommen hat – das Konzept geriet daraufhin heftig in die Kritik. Das Prinzip, die gesamten Krankenkosten auf alle Versicherten gleichmäßig umzulegen, führt zu einer Entlastung bei höheren Einkommen; die Progression der Belastung mit Steuern und Abgaben würde gemildert, die Leistungsanreize verbessert. Allerdings müssten ärmere Haushalte die gleiche Pauschale zahlen. Damit sich nach wie vor alle Haushalte eine Krankenversicherung leisten können, muss ein Zusatzmechanismus hinzukommen: Geringverdiener sollen Zuschüsse erhalten, die wiederum aus allgemeinen Steuern finanziert werden; Steuern, die progressiv wirken, also mit steigender »Leistungsfähigkeit« einen größeren Einkommensanteil konfiszieren.

Wo liegt der Vorteil eines solchen Systems? Zum einen in den verbesserten Arbeitsanreizen, die es bewirkt, zum anderen in seiner größeren Transparenz. Das Maß an Umverteilung wird offensichtlich. Bislang findet die Umverteilung innerhalb der Krankenversicherungen (über einkommensabhängige Beiträge) und zwischen ihnen (über den »Risikostrukturausgleich«) statt, nicht aber – für jeden Versicherten und jeden Steuerzahler sichtbar – über das Steuer- und Transfersystem. Derlei Intransparenz führt zu verantwortungslosem Verhalten: Weil Leistungen und Zahlungen in keinem nachvollziehbaren Verhältnis zueinander stehen, lädt das derzeitige System zur kollektiven Ausbeutung der Gemeinschaftskassen ein.

Die strikte Zweiteilung des Gesundheitssystems in privat und gesetzlich Versicherte ist letztlich weder logisch noch gerecht. Die Wohlhabenderen, tendenziell Gesünderen können sich der Versicherungspflicht entziehen, während sich die »schlechten Risiken« bei den gesetzlichen Versicherungen konzentrieren, die folglich erheblich schlechtere Preis-Leistungs-Verhältnisse bieten. Ein solches Nebeneinander der Systeme entspringt nicht der Versicherungslogik, sondern historischen Gebräuchen und wirtschaftlichen Interessen einzelner einflussreicher Gruppen. Prinzipiell sind zwei Alternativmodelle denkbar: Erstens eine staatliche Gesundheitsversicherung für alle, auch für Freiberufler und Unternehmer, die Kopfprämien erhebt und Wahlmöglichkeiten lässt (»Bürgerversicherung« nach Schweizer Vorbild). Daneben könnten private Versicherungen Zusatzleistungen für diejenigen anbieten, die es sich leisten können und wollen. Oder zweitens die Einführung einer allgemeinen Pflicht zum Abschluss einer privaten Krankenversicherung, die einen Katalog an Pflichtleistungen umfassen muss und darüber hinaus gegen Aufpreis Wahlleistungen zulässt; ähnlich der obligatorischen Haftpflichtversicherung fürs Auto. Dies würde auf die Abschaffung der staatlichen Krankenversicherung hinauslaufen.

Ist das nicht alles furchtbar ungerecht? Wie bei der Renten- und der Arbeitslosenversicherung würde sich für Bedürftige nicht viel ändern. Sie würden über steuerfinanzierte Transferzahlungen unterstützt. Alle übrigen erhielten mehr Wahlmöglichkeiten. Das System insgesamt würde transparenter – Voraussetzung für eigenverantwortliches Handeln der Bürger.

Politische Ökonomie: Wem nützt die Einengung der Debatte auf die Lohnnebenkosten?

Die heutigen Lohnnebenkosten sind das Resultat eines überbordenden Sozialstaats, der zu viel ausgibt, der ineffizient arbeitet, der derart falsche Anreize setzt, dass er die Bürger dazu animiert, von der Einzahler- auf die Empfängerseite zu wechseln. Ohne Frage sind die Lohnnebenkosten hoch. Sie sind sogar unerträglich hoch, wenn zusätzlich die Steuerbelastung und die Preissteigerung berücksichtigt werden. Zusammen hat dies die Belastung der abhängig Beschäftigten soweit erhöht, dass sie sich, wie wir gesehen haben, heute weniger von ihrem Verdienst kaufen können als Anfang der Neunzigerjahre. Kein Wunder also, dass die Leute ihre Arbeitszeit zurücknehmen, dass die Unternehmen Mitarbeiter einsparen, wo sie nur können, dass die Schwarzarbeit der einzig wirklich dynamische Wirtschaftszweig in Deutschland ist. Aber die Lohnnebenkosten sind nicht der Kern des Problems: Entscheidend sind die hohen Ausgaben, deren Konsequenz nun einmal steigende Beiträge sind.

Alle Versuche, die Sozialversicherungsabgaben in den Griff zu bekommen, sind gescheitert. Warum? Weil die Ausgaben weiter stiegen.

Warum reden Politiker dennoch weiterhin von den Lohnnebenkosten? Einerseits, weil sie tatsächlich auf den Nägeln brennen. Andererseits aber auch, weil Politiker die wirklichen Probleme verschleiern wollen. Ausgaben zu kürzen heißt nichts anderes, als Menschen etwas wegzunehmen, und sei es die Illusion eines langen, finanziell behaglich ausgestatteten Ruhestands. Größere Transparenz bedeutet nichts anderes, als den Bürgern zuzumuten, die Konsequenzen ihres Verhaltens selbst zu tragen. Politiker sind aber bestrebt, den Bürgern etwas zu geben – Gelder zu verteilen, Wohltaten der eigenen Wählerklientel zuzuschanzen –, nicht, ihnen etwas abzuverlangen. Folglich ist die gesamte sozialpolitische Diskussion auf die Leistungen und die vermeintlich »Bedürftigen« verengt. Wer eigentlich diese Leistungen zahlt und welche wirtschaftlichen Wirkungen die staatlichen Zwangsbeiträge und Steuern haben, wird möglichst verschwiegen. Entsprechend undurchsichtig ist das deutsche Abgabensystem.

Nur wer die Gesamtproblematik der Sozialsysteme – Einzahlungen, Auszahlungen und ökonomische Wirkungen – berücksichtigt, wird zu dauerhaft tragbaren (und damit auch gerechten) Lösungen finden.

Irrtum 8: Die deutschen Steuern sind zu hoch

Haben Sie im Bundestagswahlkampf 2002 den Kandidaten zugehört? Gerade die Vormänner der konservativen und liberalen Oppositionsparteien, Edmund Stoiber und Guido Westerwelle, erweckten den Eindruck, als sei das größte Problem der Republik die Steuerbelastung. Bürger und Unternehmen, Freiberufler und Angestellte – ihnen müsse dringend Entlastung verschafft werden. Die Steuern müssten runter.

Zur gleichen Zeit, im Frühsommer 2002, frühstückte ich mit dem Vorstandschef eines großen deutschen Konzerns. Wir sprachen über die deutsche Politik und die Weltlage, die Industrie und die Globalisierung. Irgendwann sagte er: »Zitieren Sie mich damit bloß nicht. Aber: Dass wir in Deutschland überhaupt keine Steuern zahlen müssen, halte ich für einen Skandal.« Dank hoher Schulden und hoher Zinszahlungen genieße seine deutsche Konzernzentrale den Steuersatz Null, obwohl seine Firma damals Gewinne machte. »Das«, sagte mein Gesprächspartner, »gibt es wohl nirgendwo sonst auf der Welt.«

Nun lässt sich dieser Einzelfall nicht verallgemeinern – im Durchschnitt liegt die deutsche Gewinnbesteuerung im internationalen Vergleich recht hoch. Doch richtig ist auch: Insgesamt verlangt der deutsche Staat Bürgern und Unternehmen keine sonderlich hohen Steuern ab. Dass Deutschland ein »Hochsteuerland« sei, ist eine Mär. Die Steuerquote – das Verhältnis von Steuereinnahmen zum Bruttoinlandsprodukt – liegt seit Jahrzehnten ungefähr konstant bei 25 Prozent.

Steuerbelastung im Überblick

Die Steuern auf Einkommen und Gewinne machen zusammen 10 Prozent des deutschen Bruttoinlandsprodukts aus – ein deutlich niedrigerer Anteil als im Durchschnitt aller entwickelten Industrieländer oder auch der Europäischen Union. Anders als Vertreter der Wirtschaftsverbände in ihren ständigen Lamentos verbreiten, ist gerade die Belastung der Unternehmensgewinne in Deutschland keineswegs unerträglich hoch. Nach der Reform im Jahr 2001 müssen Unternehmen in Deutschland im Schnitt etwa so viel an den Fiskus abführen wie in den europäischen Nachbarländern. Insgesamt, also inklusive »Solidaritätszuschlag« des Bundes und Gewerbesteuer der Gemeinden, liegt nach Berechnungen des Sachverständigenrats zur Begutachtung der gesamtwirtschaftlichen Entwicklung die durchschnittliche Gewinnsteuerbelastung in Deutschland bei 36 Prozent. Das ist nahezu vergleichbar mit der Belastung in internationalen Konkurrenzstandorten, sodass steuerliche Aspekte bei der Standortwahl in aller Regel keine ausschlaggebende Rolle spielen, wie der Sachverständigenrat feststellt. Schließlich sind Steuern nur einer von vielen Faktoren, die bei Investitions- und Standortentscheidungen abzuwägen sind.

Auch Gewinne, die an Privatleute ausgeschüttet werden, unterliegen in Deutschland einer im internationalen Vergleich moderaten Belastung. Nach einer OECD-Untersuchung müssen deutsche Aktionäre knapp 50 Prozent ihrer Dividenden in Form von Einkommen- und Körperschaftsteuer abgeben. Zum Vergleich: In den USA und den Niederlanden beispielsweise liegt die Belastung bei rund 70 Prozent.

Ähnlich sieht es auch in anderen steuerlichen Bereichen aus: Eine Vermögensteuer beispielsweise gibt es in Deutschland nicht mehr. Wird Vermögen vererbt oder verschenkt, fallen ebenfalls moderate Steuern an, insbesondere weil bei Familienangehörigen hohe Freibeträge gelten und weil vererbte Immobilien steuerlich bevorzugt werden. Auch Grundsteuern sind in Deutschland ausgesprochen niedrig. Bis Ende 2002 waren zusätzlich Veräußerungsgewinne nach Ablauf einer Spekulationsfrist steuerfrei. Inzwischen ist die Spekulationsfrist abgeschafft worden, sodass diese Einkünfte nun mit ermäßigten Steuersätzen besteuert werden.

Zusammen machen Kapitalzuwachs-, Vermögen-, Erbschaft-, Schenkung- sowie Grundsteuer in Deutschland 1 Prozent der Wirtschaftsleistung aus – weniger als die Hälfte des EU-Durchschnitts. Im Niedrigsteuerland Großbritannien zeichnen diese Steuerarten für 4 Prozent der Wirtschaftsleistung verantwortlich, ebenso in Kanada, in den USA immerhin für knapp über 3 Prozent.

Die deutsche Besteuerung des Konsums durch die Mehrwertsteuer und spezielle Verbrauchsteuern wie die Mineralöl-, Tabak- und Branntweinsteuer liegt etwa im internationalen Durchschnitt: bei 6,6 Prozent der Wirtschaftsleistung. Die Mehrwertsteuer greift mit einem Regelsatz von 16 Prozent im europäischen Vergleich, wo meist Sätze von 20 Prozent und mehr gelten, moderat zu. Die Mineralölsteuer hingegen ist seit Ende der Neunzigerjahre unter dem Label »Ökosteuer« in mehreren Schritten auf ein Niveau gestiegen, das heute international zur Spitze gehört.

Warum tun Steuern in Deutschland besonders weh?

Wenn die Steuerbelastung also gar nicht so dramatisch ist, warum sind die Steuern dann ein Thema, mit dem man offenbar sogar Wahlkämpfe bestreiten kann? Weil sie exakt dort mit relativ hohen Sätzen zugreifen, wo es besonders schmerzt: bei den abhängig Beschäftigten. In den meisten anderen Ländern unterliegen diese entweder hohen Steuern *oder* hohen Beiträgen zu den Sozialversicherungen. In Deutschland jedoch summiert sich beides zu einer schwer erträglichen Gesamtbelastung von 52 Prozent der Lohnkosten. Nur Beschäftigte in Belgien tragen eine noch höhere Staatslast.

Bereits Geringverdiener werden in Deutschland mit hohen Sätzen belastet. Das ist weder leistungsförderlich noch sonderlich gerecht. Vergleichsrechnungen der OECD zeigen, dass die Grenzbelastung für Singles über alle Einkommensgruppen hinweg so hoch liegt wie nirgends sonst in den entwickelten Industrieländern: Jeder zusätzlich verdiente Euro fließt zu einem großen Teil an den Staat. Bei Familien mit Kindern verläuft die Progression in Deutschland zwar nicht ganz so ungünstig, insbesondere wenn man staatliche Leistungen wie Kindergeld und Baukindergeld mit in die Rechnung einbezieht. Aber auch hier gilt: Haushalte mit geringen Einkommen unterliegen so hohen Grenzbelastungen wie nirgends sonst. Die rot-grüne Steuerreform verspricht Linderung, indem sie den Eingangssatz der Einkommensteuer auf 15 Prozent senkt. Da aber die Sozialabgaben unverändert hoch bleiben oder sogar steigen, bleibt auch nach Inkrafttreten der Reform die Gesamtbelastung hoch, gerade für Niedrig- und Durchschnittsverdiener.

Es führt kein Weg daran vorbei: Das wirkliche Problem der deutschen Ökonomie sind die Sozialversicherungen. Ihre Einnahmen machen knapp 15 Prozent der Wirtschaftsleistung und 40 Prozent der gesamten Staatseinnahmen aus. Sie allein sorgen bei einem Durchschnittsverdiener für einen 34-prozentigen Aufschlag auf die Lohnkosten.

Viele Länder haben seit Mitte der Neunzigerjahre versucht, die Steuerlast ökonomisch verträglicher zu gestalten, indem sie Verbrauchsteuern erhöht und Sozialversicherungsbeiträge gesenkt haben. Anders dagegen Deutschland: Die Beiträge sind gestiegen, und sie drohen noch weiter zu steigen. Die Verbrauchsteuern haben die Bundesregierungen unter Kohl und Schröder nur sehr selektiv erhöht, insbesondere, der politischen Opportunität folgend, die Mineralöl- und die Tabaksteuer – Abgaben, denen Umweltbewusste und Nichtraucher Applaus zu spenden pflegen.

Warum die Steuern steigen müssen

Um nicht missverstanden zu werden: Dies ist kein Plädoyer für höhere Staatsausgaben. Vielmehr müssen diese in Relation zur Wirtschaftsleistung sinken, wie in den Kapiteln zuvor begründet. Doch die Staatseinnahmen könnten auf andere, leichter erträgliche Weise erhoben werden. Wenn die Sozialversicherungen in ihrer heutigen Form abgeschafft und auf eine neue, steuerfinanzierte Grundlage gestellt würden (siehe Irrtum 7), bräuchte der Staat neue Einnahmequellen. Denn die Sozialversicherungseinnahmen können ja nicht ersatzlos gestrichen werden. Schließlich muss eine Mindestabsicherung gegen Altersarmut, Krankheit und Arbeitslosigkeit finanziert werden. Dafür wird es höherer Steuereinnahmen bedürfen.

Um diese zusätzlichen Einnahmen zu generieren, eignet sich am besten die Mehrwertsteuer. Sie ist ökonomisch relativ unschädlich: Anders als die Einkommensteuer belastet sie den »Faktor Arbeit« kaum. Anders als spezielle Verbrauchsteuern wie die Tabaksteuer verzerrt sie das Preisgefüge nicht, weil sie fast alle Güter mit dem gleichen Satz belegt. Ein Standardargument gegen die Mehrwertsteuer lautet, sie sei ungerecht; sie sei sozial blind, weil sie anders als die Einkommensteuer unabhängig von der Lebenssituation der einzelnen Menschen zugreife. Das stimmt nur bedingt: Auch die Mehrwertsteuerbelastung steigt prozentual mit zunehmendem Einkommen (sie wirkt also progressiv), weil Güter und Leistungen des Grundbedarfs mit einem verminderten Satz besteuert werden (Nahrungsmittel) oder gar nicht (Mieten), diese ermäßigten Güter aber am Konsum ärmerer Haushalte einen größeren Anteil ausmachen. Wohlhabende Haushalte konsumieren gemessen an ihren Gesamtausgaben wenig ermäßigte Güter; entsprechend liegt ihre Mehrwertsteuerbelastung relativ höher.

Politische Ökonomie: Fata Morgana Steuersenkungen

Politiker fabulieren allzu gern von künftigen Steuersenkungen. Ein solches Vorhaben klingt stets gut und irgendwie auch gerecht. Sollte jemand nachfragen, wie die Steuersenkungen finanziert werden sollen, dann reden die betreffenden Politiker gern von einem »Selbstfinanzierungseffekt« – ein durch niedrigere Steuersätze entfesseltes Wirtschaftswachstum spült unter dem Strich höhere Steuereinnahmen in die Kassen. Diese Argumentation ist unseriös: Erstens ist der Selbstfinanzierungseffekt höchst unsicher; ob überhaupt, wann und in welcher Größenordnung Wachstum und Steuereinnahmen zulegen, lässt sich nur vermuten, nicht wirklich prognostizieren. Zweitens ist der Selbstfinanzierungseffekt schon im Kern eine Mogelpackung, denn er bedeutet ja nichts anderes, als dass die Steuerbelastung tatsächlich gar nicht sinkt, sondern sogar steigt. Drittens sind Steuersenkungsversprechen unlauter, weil fast nie gleichzeitig gesagt wird, welche Ausgaben im Gegenzug wegfallen sollen. In der Hoffnung, im undurchsichtigen Gestrüpp des föderalen Finanzsystems ließen sich etwaige Einnahmeausfälle schon irgendwie wegschieben, wird das Blaue vom Himmel versprochen. Wer am Ende zahlt, bleibt offen.

Wer hingegen Sozialversicherungsbeiträge senken will, muss erläutern, welche Ausgaben dafür entfallen sollen. Schließlich existiert in den Sozialkassen bis heute ein weitaus engerer Zusammenhang zwischen Beiträgen und Leistungen. Rentenkürzungen, Zuzahlungen bei der Krankenversicherung, Senkung des Arbeitslosengelds – lauter unpopuläre Schritte. Folglich haben Generationen von Regierungen die Lohnnebenkosten zu senken versucht, indem sie die steuerfinanzierten Zuschüsse erhöht haben. Und damit nur Probleme verschoben.

Es liegt auf der Hand: Alle Versprechen diverser Politiker, die Steuerlast könne nachhaltig sinken, wären nur einlösbar, wenn die Finanzen der Sozialversicherungen und des Staates allgemein gesund wären. Leider ist dem nicht so. Die Sozialversicherungen erleben eine Ausgabenexplosion, die Staatsschulden haben Rekordhöhen erreicht. Tendenz? Bestenfalls stagnierend. Und das wäre schon ein Erfolg, der nur über ein deutliches Zurückschrauben der Ansprüche erreichbar ist.

So sehr Ansprüche gekürzt werden müssen, so notwendig ist auch eine effizientere Verteilung der Staatslasten – weg von den schädlichen Sozialabgaben, hin zu einer neutraleren Konsumbesteuerung. Das wäre ein realistischer und rationaler Umgang mit den Problemen der Staatsfinanzen.

Neutral? Realistisch? Rational? Nicht gerade Attribute, mit denen die deutsche Politik sich schmücken könnte – in allen parteipolitischen Lagern.

Irrtum 9: Viel Geld macht aus armen Regionen blühende Landschaften

Ganz am Rand des bundesdeutschen Universums liegt Stremlow in Vorpommern. Viele sind längst weggezogen, rund 100 Menschen leben noch dort. Westdeutsche finden solche Orte je nach Persönlichkeit entweder höchst romantisch oder heillos deprimierend – romantisch, weil die menschenleere Landschaft des Trebeltals atemberaubend schön ist und die Zeit stillzustehen scheint; deprimierend, weil die Menschen, die noch da sind, ziel- und perspektivlos in einer hochprozentigen Tristesse gefangen sind.

Im Frühjahr 2002 besuchte ich Stremlow. »Das müssen Sie sich ansehen«, hatte Christoph von Schack gesagt. Schack, ein Wessi, der in Glewitz/Vorpommern einen landwirtschaftlichen Betrieb bewirtschaftet und sich nebenher als ehrenamtlicher Bürgermeister engagiert, hatte sich freundlicherweise einen halben Tag Zeit genommen, um mir vor Ort zu zeigen, wie es so zugeht in den neuen Ländern ein Dutzend Jahre nach der Vereinigung.

Ziel unserer Recherchetour war der »Strukturförderverein Trebeltal« in Stremlow, eine kommunale Gesellschaft, die Arbeitsbeschaffungsmaßnahmen (ABM) durchführt. An der Tür forderte ein Aufkleber »Tritt ein, bring Geld herein«. Uns begrüßte Frau Schubert, stellvertretende Geschäftsführerin. »Was bringt ABM?«, fragte ich sie. »Eigentlich nichts«, sagte Frau Schubert. Es sei eine Art Verwahrung von Leuten, die ohnehin keine Chance mehr hätten. »Wer einmal auf ABM ist, der bekommt nie wieder eine normale Stelle.« Die Leute seien stigmatisiert, sie verlernten das Arbeiten. Frau Schubert wusste, wovon sie redete, sie war ja selbst ABM-Kraft. Niemand in Stremlow hatte eine normale Stelle.

»Und was machen die ABM-Kräfte?«, fragte ich. »Na, dann schauen wir uns das mal an«, sagte Frau Schubert. Wir machten einem Ortsrundgang. Wir besichtigten die »Heimatstube« (eine Sammlung alter Hausgeräte), besuchten die »Wanderkoje« (eine äußerst spartanische Mini-Jugendherberge), bestaunten die »Wasserkaskade« (einen Steinhaufen mit eingebauter Pumpe) und ließen auch das »Agrarmuseum« (Rasenfläche mit ein paar alten Ackergerätschaften) nicht aus. Stremlow verfügte über eine ansehnliche Zahl solcher »Sehenswürdigkeiten«, wie das ebenfalls von ABM-Kräften produzierte Werbefaltblatt schwärmte. Warum gab es in Stremlow solche Dinge? Weil die ABM-Kräfte vom Strukturförderverein etwas tun mussten. Irgendetwas. Inzwischen war das Dorf vollgestellt mit größtenteils sinnlosen Anlagen. Nun entwarfen einige ABMler »Schmuck« für die

Märkte in der Gegend – mannshohe Hasen aus Pappmaché für Ostermärkte zum Beispiel. Immerhin: Die ehedem vier ABM-Stellen für den Motorsport-Club »Trebel-Eber« waren bereits gestrichen. Die örtlichen Jugendlichen durften wieder ohne Aufsicht eines Kfz-Mechaniker-Meisters und dreier Gesellen ihre Trabbis tunen.

Vorpommern ist eine Gegend, die schon immer menschenleer war und die sich nach der Vereinigung weiter entleert hat. Kleine Dörfer, aufgegeben, weil die Menschen anderswo bessere Chancen für ihr Leben sehen, werden von Planierraupen zusammengeschoben – und dann aufgeforstet. Die Erde hat Ruh'. Stremlow jedoch bleibt erhalten, weil der Staat sich nach Kräften müht, die Leute am Fortgehen zu hindern.

Stremlow ist symptomatisch. Immer noch folgt die deutsche Politik der Leitmaxime »Viel hilft viel«. Wenn es an nichts mangele, wenn möglichst große Summen an staatlichen Hilfen ausgeschüttet würden, so diese Doktrin, dann gehe es irgendwann auch mit der Wirtschaft aufwärts – dann komme der heiß ersehnte »selbsttragende Aufschwung«.

Dass diese Strategie der aktiven Sanierung zurückgebliebener Regionen nicht funktioniert, ist unübersehbar. Mehr als ein Jahrzehnt und viele, viele Milliarden Euro später sind aus den nicht mehr ganz so neuen Ländern welkende Landschaften geworden, überdüngt mit Subventionen und Sozialleistungen.

Die ehemalige DDR ist das krasseste Beispiel für die verheerenden Folgen der Regionalpolitik. Es gibt europaweit wohl keine andere strukturschwache Region, in die so viel Geld versenkt worden ist – und aus deren chronischen Misserfolgen Politik und Öffentlichkeit sich derart beharrlich weigern, Lehren zu ziehen. Doch Ostdeutschland ist längst kein Einzelfall. Die Doktrin von der aktiven Sanierung ist in ganz Europa verbreitet. Die Strukturfonds der Europäischen Union folgen der gleichen Denkweise. Eine Politik, die mit dem Beitritt der osteuropäischen Staaten zur EU vor neuen Herausforderungen steht.

Stationen der Einheit: Vom »Aufschwung Ost« über den »Aufbau Ost« zur gesamtdeutschen Stagnation

1990, als die Einheit noch jung war und die Hoffnung frisch, nannte die damalige Bundesregierung das Aufbauprogramm für Ostdeutschland »Aufschwung Ost«. Fünf Jahre werde es wohl dauern, meinte Helmut

Kohl damals, bis der Osten auch ökonomisch Anschluss an den Westen gefunden habe. Als dann Mitte der Neunzigerjahre deutlich wurde, dass die »blühenden Landschaften« noch für lange Zeit nicht entstehen würden, taufte die Bundesregierung das Programm in aller Stille in »Aufbau Ost« um. Das klang schon verhaltener, nach Mühsal und Schweiß, aber immer noch optimistisch.

Inzwischen ist vom »Aufbau Ost« kaum noch die Rede. Die Deutschen (West) haben sich angewöhnt, die scheinbar unlösbaren Probleme (Ost) zu ignorieren.

Weil aber vom Leugnen sich die Schwierigkeiten nicht in Luft auflösen, hier ein kurzer Überblick über die Entwicklung seit 1990:

Wachstum. In der ersten Hälfte der Neunzigerjahre schloss sich die ökonomische Lücke zwischen Ost- und Westdeutschland rasch. So stieg zwischen 1991 und 1996 in den neuen Bundesländern die Wirtschaftsleistung pro Kopf rapide von 42 Prozent auf 67 Prozent der Westleistung. Seither stagniert Ostdeutschland auf diesem Vergleichsniveau (siehe Abbildung 8). Seit 1998 wächst die Wirtschaft im Westen wieder schneller als die Ostökonomie – die Schere öffnet sich wieder.

Produktivität. Die Produktivität der Beschäftigten in Ostdeutschland stagniert bei 70 Prozent der Vergleichswerte im Westen. Besonders ungewöhnlich für eine schwach entwickelte Region: Auch die Produktivität des Kapitals liegt nach Berechnungen des Münchner Ifo-Instituts unter dem Niveau der alten Länder, nämlich bei 87 Prozent. Dabei arbeiten Ostbetriebe mit nur gut zwei Dritteln der im Westen üblichen Ausstattung an Maschinen, Elektronik und Fahrzeugen. Bei einer derart geringeren Kapitalintensität werden normalerweise die knapperen Kapitalgüter intensiver genutzt – was aber in den neuen Ländern nicht der Fall ist. Ostdeutschland, meint der Ifo-Forscher Albert Müller, sei eine »überinvestierte Wirtschaft« – offensichtlich eine Folge der üppigen staatlichen Investitionshilfen.

Infrastruktur. Immer noch gibt es zu wenige Verkehrswege. Gemessen am Westniveau liegt die Ausstattung bei nur 60 Prozent: eine Produktivitätsbremse sondergleichen. Auch Schulen, Universitäten und Forschungseinrichtungen sind nach einer Analyse des Deutschen Instituts für Wirtschaftsforschung in Berlin rar. Staatlich finanzierte Kultureinrichtungen hingegen gibt es im Osten mehr als im Westen.

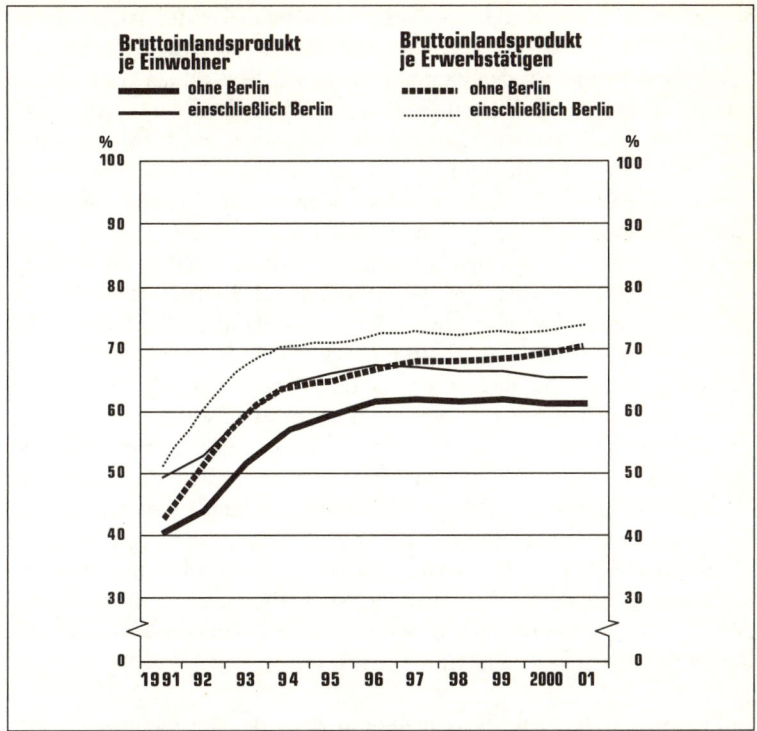

Abb. 8: Bruttoinlandsprodukt der neuen Bundesländer im Vergleich zum
früheren Bundesgebiet (=100), in Preisen von 1995.
Quelle: Gutachten des Sachverständigenrats 2002

Konsum statt Investitionen. Die Summe der Westtransfers nähert sich
inzwischen dem gigantischen Wert von einer Billion Euro. Leider ist von
diesem Geld nicht mehr viel übrig: Es wurde in Form von Sozialleistungen
von den Bürgern verkonsumiert, nicht investiert. 50 Prozent der Gelder
flossen – und fließen – nach einer OECD-Analyse in Sozialleistungen, nur
18 Prozent kommen direkt der Wirtschaft zugute in Form von wirtschafts-
naher Infrastruktur und direkten Subventionen für die Betriebe. Folge: Die
Rentner im Osten erhalten mittlerweile höhere Bezüge als die im Westen,
aber es mangelt immer noch an Straßen.

113

Branchenstruktur. Durch das Missmanagement der deutschen Einheit stand 1990 praktisch die gesamte Ostindustrie vor dem Bankrott. Die plötzliche Öffnung für den internationalen Wettbewerb, ein viel zu hoher Umtauschkurs bei der Währungsunion, die Übernahme des teuren Sozialsystems – diese Faktoren ließen das verarbeitende Gewerbe binnen weniger Monate in den Konkurs rutschen. Inzwischen haben die hohen Subventionen zwar dafür gesorgt, dass wieder eine Industrie entsteht. Allerdings sind die Betriebe klein und kapitalschwach. Insgesamt zeichnet die Industrie nur für 15 Prozent des Sozialprodukts (Ost) verantwortlich, verglichen mit 23 Prozent im Westen. Während die Industrie im Osten nach der Wende fast planmäßig ausgelöscht wurde, blähte der »Aufschwung Ost« die Bauwirtschaft auf. Steuerliche Sonderabschreibungen sorgten in den ersten Jahren nach der Einheit für einen künstlichen Bauboom – und verhalfen nebenbei einkommensstarken Westbürgern zu subventioniertem (aber inzwischen häufig unvermietbarem) Immobilieneigentum. Seit 1996 fällt die Bauwirtschaft wieder in sich zusammen; die Wertschöpfung sinkt um 8,5 Prozent jährlich, verbunden mit einem empfindlichen Beschäftigungsabbau. Der Bau, schreiben die »Fünf Weisen«, bleibe der »wichtigste Hemmschuh für die derzeitige wirtschaftliche Entwicklung« der neuen Länder. Bedrängte Unternehmer hoffen auf Abrissaufträge – der subventionierte Bauboom hat ein Überangebot von 1,2 Millionen Wohnungen hinterlassen.

Lohnkosten. Nach der Vereinigung trieben die Tarifvertragsparteien, inspiriert von der teilweisen Währungsumrechnung zum Kurs von 1:1, die rasche »Lohnangleichung« voran. Mit fatalen Folgen: Löhne und Gehälter eilten der Produktivitätsentwicklung davon. Arbeit wurde fast unbezahlbar teuer. Inzwischen hat sich die Situation etwas entspannt. Aber noch immer liegen die Lohnstückkosten der Ostwirtschaft insgesamt um 10 Prozent über dem Westniveau. Zwischen den Branchen bestehen große Unterschiede: Im Baugewerbe übersteigen die östlichen Lohnstückkosten die westlichen um ein Viertel; von 1994 bis 1997 war das Niveau noch geringer als in Westdeutschland. Auch im Servicesektor der neuen Länder ist Arbeit deutlich teurer: bei Handel, Gastgewerbe und Verkehr um knapp 13 Prozent, bei Finanzierung, Vermietung und Unternehmensdienstleistern um knapp 7 Prozent. Ein Lichtblick hingegen ist die Industrie. In dieser Branche lagen die Lohnstückkosten 1991 noch beim Doppelten des Westniveaus. Heute unterbieten die Ostkollegen die Westler dank kräftiger

Produktivitätsfortschritte um anderthalb Prozent – ein Wettbewerbsvorteil, den die IG Metall 2003 mit ihrem (glücklicherweise gescheiterten) Streik für die 35-Stunden-Woche im Osten beseitigen wollte.

Die über Jahre viel zu hohen Lohnstückkosten haben eine Menge Arbeitsplätze vernichtet und Unternehmen in die Pleite getrieben. Wer überlebt hat, dem gelang dies nur, weil er – staatlich subventioniert – massiv investierte und Arbeit wegrationalisierte.

Unternehmermangel. Kein einziger Großkonzern unterhält in den neuen Ländern seine Firmenzentrale. Auch im Mittelstand besteht eine große Lücke gegenüber dem Westen, aller Gründungseuphorie in den frühen Neunzigerjahren zum Trotz. Die »Unternehmensdichte« (bei den Kammern registrierte Firmen pro 10 000 Einwohner) lag 2001 bei 366 (West: 465).

Arbeitslosigkeit. 1,5 Millionen Menschen waren im Durchschnitt der vergangenen Jahre in den neuen Ländern arbeitslos. Rund 600 000 waren zudem verdeckt arbeitslos: geparkt in ABM-Gesellschaften, Weiterbildung oder Umschulung – oder endgültig aus dem Arbeitsleben ausgeschieden mit »Rente wegen Arbeitslosigkeit«. Auch die Zahl der Erwerbstätigen sinkt nach wie vor.

Abwanderung. »Kommt die D-Mark, bleiben wir; kommt sie nicht, gehn wir zu ihr« – so lautete ein bekannter Schlachtruf aus der Wendezeit, der als Begründung für die frühe und überstürzte Währungsunion im Sommer 1990 herhalten musste. Diese Maßnahme brachte zunächst auch den gewünschten Erfolg: In den ersten Boomjahren wanderte kaum noch jemand ab. Und viele Wessis zog es der Karriere oder der Subventionen wegen in die neuen Bundesländer. Inzwischen zeigt sich jedoch, dass die Westwährung den Bürgern keine dauerhafte Perspektive verschafft hat. Seit 1998 steigt der Wanderungssaldo wieder an. Inzwischen ziehen mehr als 100 000 Bürger jährlich mehr vom Osten in den Westen als in Gegenrichtung. Auch eine Viertelmillion Ost-West-Pendler sind inzwischen in den alten Ländern tätig.

Ökonomisch und sozial gesehen ist die Deutsche Einheit ein Fiasko, und zwar ein sehr teures.

Was die Hilfen für den Osten anrichten – ökonomisch, sozial, psychisch

Anfang der Neunzigerjahre, während der ersten Euphorie, herrschte noch die Meinung vor, die Bundesrepublik könne sich die benötigten Hilfszahlungen mühelos leisten. Es gehe ja nur um ein paar Jahre, während derer ein breiter Finanzfluss die Folgen des SED-Staats beseitigen werde, bis der besagte »selbsttragende Aufschwung« einsetze. Tatsächlich kann sich die Bundesrepublik dauerhafte Transferzahlungen in der derzeitigen Größenordnung nicht leisten: 70 Milliarden Euro pro Jahr sammelte der Staat seit 1991 bei den Bürgern und Unternehmen im Westen ein, um sie gen Osten zu überweisen. Zwischen 4 Prozent und 5 Prozent der Wirtschaftsleistung (West) – ohne dass ein Ende in Sicht wäre. Die direkten Zuweisungen des Bundes an die Ostländer, finanziert insbesondere durch den »Solidaritätszuschlag«, machen nur einen relativ kleinen Teil der Transfers aus. Eine weitaus größere Summe wird über die Sozialversicherungen umverteilt.

Dass sich Deutschland seit Jahren deutlich schlechter entwickelt als alle anderen Eurostaaten, sei unter anderem ein Resultat der Einheit, analysieren Alfred Boss und Carsten-Patrick Meier vom Kieler Institut für Weltwirtschaft. Eine Studie der EU-Kommission kommt zum gleichen Ergebnis. Während viele der europäischen Nachbarn in den Neunzigerjahren Steuern und Abgaben senkten und Staatsschulden zurückzahlten, stiegen Belastung und Verschuldung in Deutschland – Gift für die wirtschaftliche Dynamik (siehe auch Irrtümer 1, 2 und 7).

Die Transferzahlungen haben eine gigantische volkswirtschaftliche Fehlsteuerung verursacht: Sie haben Menschen daran gehindert, frühzeitig dorthin zu ziehen, wo ihre Arbeitskraft gebraucht wird, zum Beispiel von Stremlow nach Süddeutschland. Sie haben sinnlose Projekte finanziert, die längst zu Investitionsruinen verkommen sind, zum Beispiel den Luftschiffbauer Cargolifter in Brandenburg. Sie haben hoch subventionierte Betriebe entstehen lassen, die extrem kapitalintensiv wirtschaften, aber vergleichsweise wenige Jobs schaffen, zum Beispiel die Chipfabriken von Infineon und AMD in Dresden. Sie haben Preise und Löhne viel schneller als die Produktivität steigen lassen und folglich Arbeitsplätze vernichtet. Sie haben die Privatinitiative der Bürger erstickt, weil die Kombination aus hohen Steuern und Abgaben, hohen Sozialleistungen und niedriger Produktivität Arbeit hochgradig unattraktiv machte – und weil wirklich alles, sogar Hobbyschrauber wie die »Trebel-Eber«, als förderungswürdig galt.

Die Folgen dieser verfehlten Politik sind nicht nur ökonomisch, sondern auch psychisch und sozial bedenklich. Eine wachsende Zahl von Menschen erhält zwar vom Staat genug Geld zum Leben. Diese Menschen können sich aber nicht entfalten und selbst für ihr Leben sorgen. Im Osten, erzählt der Hallenser Psychiater Hans-Joachim Maaz, der wohl bekannteste Analytiker der Ostbefindlichkeit, breite sich eine »resignierte, latent aggressive Haltung« aus. »Das ganze Geld aus dem Westen hat die eigene Wertschätzung nicht gerade gestärkt. Nur wer über ein starkes Selbstbewusstsein verfügt, kommt in der Marktwirtschaft zurecht. Wir leben jetzt in einem System, in dem jeder selbst die Initiative ergreifen, sich verkaufen muss. Viele Ostdeutsche können das bis heute nicht.« Statt optimistisch anzupacken, leisteten sie »stillen Widerstand«, so Maaz, sie machten die Westdeutschen für alles verantwortlich und verharrten in Passivität.

Die Osthilfen werden von Politikern aller Parteien – aus Ost wie West – gern als soziale Großtat präsentiert: Seht her, wie viel Gutes wir tun! Aber warum haben all die solidarischen Zahlungen nichts gefruchtet? Weil die diversen Bundesregierungen seit 1990 psychologische Effekte ausgeblendet haben. Weil sie die Eigeninitiative gelähmt haben. Weil sie, hemdsärmlig und ignorant, glaubten, Grundmuster der ökonomischen Entwicklung nicht beachten zu müssen.

Geografie der Ökonomie: Wo die Wirtschaft wächst

Warum wächst die Wirtschaft? Weil Menschen nach mehr streben – nach mehr Wohlstand, mehr Ansehen, mehr Macht, mehr Entfaltungsfreiheit. Das ist ein Leitsatz dieses Buchs (siehe Irrtum 1). Die Ökonomie ist keine seelenlose Maschine, sie ist die Summe der Schicksale, Wünsche, Träume und Taten der Menschen. Wirtschaftswachstum ist die Folge von Arbeit und Investitionen.

Warum also boomen manche Regionen, während andere auf Dauer wirtschaftlich zurückbleiben? Die Antwort ist letztlich ganz simpel und unmittelbar einleuchtend: weil nicht überall gleich viele Menschen leben.

Wo viele dicht beieinander leben, wird viel gearbeitet und investiert – die Wirtschaft wächst. Wo hingegen die Besiedlung dünn ist, entsteht keine dynamische Ökonomie. Mehr noch: Ballungsräume entfalten eine innere Dynamik, die sie weiter wachsen lässt und sie folglich noch attraktiver macht.

In den Zentren arbeiten und investieren nicht nur viele Menschen, sie tun dies auch noch produktiver als in peripheren Gebieten. Dieser Produktivitätsvorsprung resultiert aus den Charakteristika von Ballungsräumen: Unternehmen investieren mit Vorliebe dort, wo sie viele potenzielle Beschäftigte und/oder Abnehmer finden – Menschen aus der Peripherie ziehen mit Vorliebe dorthin, wo viele große Unternehmen Arbeitsplätze anbieten. In räumlicher Nähe entstehen Netzwerke aus Unternehmen und Fachleuten, die sich gegenseitig mit Ideen und Wissen befruchten. Es gibt Spezialisten und Dienstleister für alles und jedes; die Arbeitsteilung vertieft sich. Öffentliche und private Forschungseinrichtungen produzieren neues Wissen. Erfindungen und hoch rentierliche Innovationen fallen nicht vom Himmel, sie entstehen in einem für Forscher, Entwickler und Marketingstrategen anregenden Umfeld. Das vielfältige kulturelle Leben der Städte lockt Hochqualifizierte an, wodurch Städte als Hightech-Standorte noch attraktiver werden. Und so weiter.

Die Agglomeration ist ein Grundprinzip der menschlichen Entwicklung – von der Frühgeschichte bis heute. Menschen und Kapital wandern in die Zentren, sodass diese wachsen. Ballungsräume liegen nicht isoliert in der Landschaft, sondern sie strahlen aus. Die Innovationen der Städte kommen dem Rest des Landes, heute sogar dem Rest der Welt, zugute. Unternehmen lagern einfachere, weniger produktive Tätigkeiten aus den Zentren ins Umland aus, weil die Löhne dort niedriger sind. Die Agglomeration zieht den Rest des Landes mit.

In der offenen, globalisierten Welt tritt ein weiterer Aspekt hinzu: Zwischen den Regionen der Welt bildet sich eine weltweite Arbeitsteilung heraus. Einzelne Regionen spezialisieren sich auf bestimmte Branchen, Produkte und Fähigkeiten. Sodann treiben sie untereinander Handel: Mit Software aus dem Silicon Valley werden in Stuttgart Autos entworfen, die wiederum kalifornische Softwareentwickler kaufen. Londoner Banker helfen Chemieunternehmen aus dem Rhein-Main-Gebiet, neue Produktionsanlagen im südchinesischen Guangdong zu finanzieren, die wiederum Chemikalien nach Großbritannien liefern, wobei Transport und Logistik eine Hamburger Firma übernimmt. Die Weltwirtschaft gleicht einem Geflecht aus interzentralen Verbindungen.

In den USA liegen die Motoren der Entwicklung an den Außenrändern – New York City, Boston und Miami im Osten, Los Angeles, San Francisco, Seattle und San Diego im Westen, Atlanta, Houston, Dallas und Phoenix im Süden. Die große Landmasse dazwischen ist größtenteils Hinterland dieser Zentren. In der alten EU sind Millionenstädte wie London,

Paris, Mailand oder Madrid die Kristallisationspunkte des Wachstums. Ein ähnliches Muster zeichnet sich auch in den neuen EU-Ländern Osteuropas ab, wo Prag, Budapest, Bratislava und Warschau, möglicherweise künftig auch Zagreb Motoren der Entwicklung sind. In Deutschland prosperieren vor allem die südlichen Ballungsräume um München, Stuttgart und Frankfurt; hingegen umgibt die Millionenstädte Hamburg und erst recht Berlin menschenarmes Hinterland, das sich kaum entwickelt.

Wirtschaftliche Dynamik geht von den Zentren aus – dieses Faktum wirft für die regionale Strukturpolitik drei Fragen auf. Erstens: Kann die Politik die regionale Verteilung wirtschaftlicher Aktivität beeinflussen? Zweitens: Selbst wenn sie es könnte, sollte sie es tun? Und drittens: Wenn sie es könnte und sollte, mit welchen Instrumenten sollte sie es tun?

Die Antworten: Erstens: Ja, bedingt. Zweitens: Kommt drauf an. Drittens: Mit möglichst marktkonformen.

Kann der Staat die Wirtschaftsgeografie beeinflussen?

1990 arbeitete ich ein halbes Jahr als Reporter in Rostock. Unmittelbar nach der deutsch-deutschen Währungsunion traf ich dort im Juli ein. Aus nächster Nähe erlebte ich den Beginn der ökonomischen Katastrophe mit, besuchte die großen Werften an der Küste in Rostock, Stralsund und Wolgast, recherchierte im heruntergekommenen Greifswalder Kernkraftwerk, sprach mit den Kombinatschefs, allesamt SED-Kader, die damals noch im Amt waren, besuchte landwirtschaftliche Produktionsgenossenschaften (LPGs), redete mit Bürgerrechtlern, Neupolitikern und Existenzgründern. Niemand wusste damals, wie es weiter gehen sollte. Was sollte aus einer Region werden, in der es keine großen Städte gab und die von Landwirtschaft und Schiffbau geprägt war, beides Branchen, die in allen wohlhabenden Ländern des Westens zu den Sorgenkindern der Ökonomie gehören?

Diese Frage stellte ich damals Alfred Gomolka (CDU), dem ersten Ministerpräsidenten von Mecklenburg-Vorpommern. Wir saßen bei ihm zu Hause in der Küche im Greifswalder Vorort Eldena und tranken Kaffee. Gomolka ist ein bedächtiger Mann mit leiser Stimme, der nicht eben zu Euphorie neigt. Er zog an seiner Pfeife. In den kommenden zehn Jahren, also bis zum Jahr 2000, so glaubte er damals, werde sich sein Land zu einer Mischung aus Hightech- und Tourismusregion entwickeln. Wohlhabend, natürlich, integriert in die Märkte des Ostseeraums.

Daraus ist leider nicht viel geworden. Sicher, rund um die Universitäten Rostock und Greifswald sind ein paar bescheidene Technologiefirmen gegründet worden; im Tourismus an der Küste, vor allem auf den Inseln Rügen und Usedom, sowie an der Müritz ist einiges Neues entstanden. Ansonsten aber kämpft das Land Mecklenburg-Vorpommern um seine blanke Existenz: Weil sie keine Perspektive sehen, ziehen so viele Menschen fort, dass das Bundesland möglicherweise am Ende dieses Jahrzehnts mit anderen fusionieren muss, einfach weil die Verwaltung eines derart entleerten Landstrichs nicht mehr finanzierbar sein wird. Stremlow, das Mini-Dorf mit den »Sehenswürdigkeiten« tief in Vorpommern, wird dann vermutlich längst von der Landkarte getilgt sein – es sei denn, der Staat hält die örtliche ABM-Gesellschaft weiter am Leben.

Wieder einmal zeigt sich, dass man auch mit noch so viel Geld die Grundregeln der Ökonomie nicht außer Kraft setzen kann. In einer dünn besiedelten Region wie Mecklenburg-Vorpommern wird Hightech nie eine wirkliche Chance haben. Aus einer solchen Region ziehen die Menschen fort in die Zentren. Mit üppigen, überwiegend aus dem Westen bezahlten Sozialgeldern wurde versucht, sie am Wegziehen zu hindern. Letztlich hat diese Strategie den Niedergang der Region allenfalls vorübergehend aufgehalten, nicht aber umgekehrt – eine ganze Generation wurde um ihre Zukunft gebracht, weil ihr die Vision einer glorreichen Perspektive vorgegaukelt wurde. Eine Perspektive, die faktisch keine Realisierungschance hatte.

Neben den materiellen und mentalen Verwüstungen, die der Sozialismus hinterlassen hat, ist dies das größte Entwicklungshindernis für die neuen Länder: Es gibt kaum Ballungsräume. Die gesamte Nordhälfte – Mecklenburg-Vorpommern, Brandenburg, Sachsen-Anhalt –, ist so dünn besiedelt, dass ihre Entwicklungsperspektiven äußerst bescheiden sind. Als »Wachstumspole« gelten lediglich sieben Städte: Leipzig, Dresden, Halle, Erfurt, Jena, Chemnitz und Berlin. Dies sind die einzigen Orte in den neuen Ländern, die überhaupt auf eine kritische Masse an Menschen und Know-how hoffen lassen. Aber auch sie haben sich bislang enttäuschend entwickelt.

Schuld ist die Politik. Mit der Gießkanne wurden und werden die Gelder übers Land verteilt, statt sie in den wenigen aussichtsreichen Zentren konzentriert einzusetzen. Und: Ein gleichmacherisches Wirtschafts- und Sozialsystem verbietet den Ostländern, ihre Stärken auszuspielen.

Drei Strategien für die Regionalpolitik

In Deutschland versucht der Staat regionale ökonomische Unterschiede einzuebnen. Dieses Ziel genießt sogar Verfassungsrang. Das Grundgesetz formuliert die Verpflichtung, die »Einheitlichkeit der Lebensverhältnisse« herzustellen – in der gesamten Bundesrepublik. Unterschiede werden nicht akzeptiert.

Verrückterweise tut das deutsche System aber alles, um bestehende Differenzen – unter Einsatz gewaltiger Geldbeträge – zu zementieren. Wie? Indem überall die gleichen Steuersätze und Sozialversicherungsbeiträge zu zahlen sind und indem Sozialleistungen bundesweit nur wenig differenziert werden. Die Folge: Rückständige Regionen verlieren ihren größten potenziellen Wettbewerbsvorteil – niedrige Kosten. Ihrer Stärken beraubt, werden sie zu Dauerempfängern von Transferzahlungen. Diese Politik schädigt nicht nur die schwachen, sondern auch die wirtschaftlich starken Regionen, die nun Staatseinnahmen generieren müssen, die nicht in den Zentren hoch produktiv investiert werden, sondern stattdessen in der Fläche versickern. Wer rückständigen Gebieten wie den neuen Bundesländern helfen will, sollte auf drei Strategien setzen:

Wettbewerb der Systeme. Die Konkurrenz der Regionen zuzulassen und ihnen zu ermöglichen, ihre jeweiligen Vorteile auszuspielen – das wäre eine sinnvolle Alternative zum heutigen gleichmacherischen System. Die Vorschriften der öffentlichen Verwaltung, vor allem aber die Erhebung wichtiger Steuerarten wie der Einkommen-, Vermögen-, Grund- und Gewerbesteuer sollten in die Kompetenz der einzelnen Länder gelegt werden. Dann würde ein produktiver Wettbewerb um das beste Preis-Leistungs-Verhältnis öffentlicher Leistungen entbrennen. Dürfte zum Beispiel Brandenburg auf die Erhebung der Einkommensteuer ganz verzichten, so würde es nur wenige Jahre dauern, bis sich eine Vielzahl an Hightech-Firmen mit ihren hoch bezahlten Mitarbeitern im Berliner Umland ansiedelten. Das Beispiel ist nicht so abwegig: Amerikanische Bundesstaaten wie Texas und New Hampshire erheben ebenfalls keine Einkommensteuer; dort werden lediglich die Steuern fällig, die unmittelbar an Washington abzuführen sind. Föderale Staaten wie die USA oder die Schweiz belegen auch, dass ein solcher Wettbewerb nicht zu einem gnadenlosen Unterbietungswettbewerb führt, wie in Deutschland häufig behauptet wird. New Hampshire zum Beispiel grenzt an den Hochsteuerstaat Massachusetts, der seinen Bürgern und Unternehmen ein weitaus höheres Niveau an öffentlichen Leistungen bietet. Beide leben in friedlicher Koexistenz. Die niedrige Steuerlast in New Hampshire allerdings verhindert ein wirtschaftliches Abrutschen dieses ländlich geprägten Staates.

Welche Kompetenzen verblieben in einem solchen Wettbewerbsföderalismus beim Bund? Die Zentralebene sollte sich darauf konzentrieren, überregionale Verkehrswege und eine sozialstaatliche Basisabsicherung, ein Rechtssystem sowie innere und äußere Sicherheit bereitzustellen.

Clusterbildung unterstützen. Neben dem Wettbewerb der Systeme kann der Staat regionale Stärken unterstützen, insbesondere durch Investitionen in spezielle Infrastruktur. Exemplarisch für eine solche Strategie steht in Deutschland der Großraum München, wo über Jahrzehnte eine hochklassige Naturwissenschaftslandschaft aufgebaut wurde. Mehr noch: Die einschlägigen Institute und Einrichtungen residieren gebündelt in direkter, fußläufiger Nachbarschaft. So haben sich die »Life-Science«-Disziplinen Medizin, Biochemie und Genforschung (neben anderen) um das Großklinikum Großhadern am Münchner Stadtrand angesiedelt. Das benachbarte Martinsried wurde Ende der Neunzigerjahre zum Standort für Biotech-Firmen, die von jungen Wissenschaftlern aus den Instituten gegründet wurden.

Geld in die Infrastruktur der Zentren zu investieren ist das eine. Aber der Staat kann noch mehr tun: Er kann derartige Cluster unterstützen, indem er wichtige Akteure einer solchen Szene zusammenbringt, ihnen Foren zur Kommunikation und zum Austausch zur Verfügung stellt. Das kostet nicht viel, ist aber womöglich sehr wirksam. Mitte der Neunzigerjahre setzte der BioRegio-Wettbewerb des damaligen Forschungsministers Jürgen Rüttgers (CDU) erstmals in Deutschland auf dieses Konzept – mit beachtlichem Erfolg. Zur Förderung von Clustern gehören natürlich auch Investitionen in Verkehrswege, die diese Cluster bestmöglich an die Außenwelt anbinden.

Passive Sanierung. Das Postulat von der »Einheitlichkeit der Lebensverhältnisse« geht implizit von der Voraussetzung aus, die Bürger seien immobil. Weil die Menschen den jeweils herrschenden Lebensverhältnissen nicht ausweichen könnten, sollen unterdurchschnittlich entwickelte Regionen aufgepäppelt werden. Tatsächlich hört man oft das Argument, es sei doch zu begrüßen, wenn die Bürger immobil seien. Was solle schließlich aus

Vorpommern werden, wenn alle wegzögen? Eine zynische Argumentation: Schließlich ist die Politik nicht für Landschaften da, sondern für Menschen. Wenn sie durch einen Fortzug ihre Chancen auf Selbstverwirklichung, Beschäftigung, Wohlstand, Erfolg und Anerkennung verbessern können – ihre Chancen darauf, überhaupt einen Job zu bekommen –, dann sollten sie gehen. Niemand sollte sie daran hindern. Im Gegenteil: Sie sollten Mobilitätshilfen bekommen (die inzwischen in den neuen Bundesländern auch gezahlt werden).

Weil die aktive Sanierung rückständiger Gebiete kaum jemals funktioniert, sollte die Politik akzeptieren, dass sich manche Regionen entleeren (im Fachjargon »Passive Sanierung«) und andere durch Zuzug gewinnen – nicht nur, weil es ökonomisch effizient ist, sondern auch, weil es den Bürgern gegenüber fair ist.

Gegenbeispiel Europa? Die Aufholjagd der ärmeren Staaten

Auch die EU setzt auf eine ähnliche Strategie wie die Bundesrepublik. Der größte Teil des EU-Haushalts fließt unterdurchschnittlich entwickelten Regionen zu – in Form der Struktur- und Kohäsionsfonds sowie der Agrarsubventionen. Die Philosophie ähnelt der bundesrepublikanischen: Statt der »Einheitlichkeit der Lebensverhältnisse« will die Europäische Union den »Zusammenhalt« (»Kohäsion«) sichern.

In der EU hat es in den vergangenen Jahren ein paar spektakuläre Erfolgsfälle gegeben. Einige ehemals ärmere Länder – insbesondere Irland und Spanien – sind rasch gewachsen, sie haben deutlich aufgeholt. Funktioniert die aktive Sanierung mittels Transfers also doch?

Vor voreiligen Schlüssen sei gewarnt: Anders als in Deutschland lässt die EU noch den Standortwettbewerb zu. Die Staaten konkurrieren untereinander mit unterschiedlichen Sozial- und Steuersystemen. Gerade Irland hat sich in diesem Wettbewerb hervorragend positioniert.

Dazu kommen zwei Sonderentwicklungen der Neunzigerjahre, von denen gerade kleinere Volkswirtschaften an den Rändern der Gemeinschaft profitiert haben: zum einen die Öffnung des EU-Binnenmarkts 1993, die den traditionellen Nachteil eines engen heimischen Marktes aufhob; zum anderen der Übergang zur gemeinsamen Währung Euro, der die Zinsen auf Niveaus sinken ließ, die für kleine Länder bis dahin unerreichbar waren. Beides sorgte für einen Wachstumsschub an der Peripherie.

Geholfen haben auch von der EU subventionierte Verkehrswege, die vielfach überhaupt erst den physischen Zugang zum Binnenmarkt ermöglichten. Aber ansonsten? Manches spricht dafür, dass die ärmeren EU-Länder nicht wegen, sondern trotz der Hilfszahlungen aufgeholt haben. Denn die Subventionen zeitigen unerwünschte Nebenwirkungen. Der Portugiese Pedro Pita-Barros, Ökonomieprofessor in Lissabon, beispielsweise kritisiert, die Gelder führten zu einer Verzerrung der Wirtschaftsstruktur. Ähnlich wie die Bausubventionen in den neuen Ländern sorgen sie dafür, dass Aktivitäten und Branchen ausgebaut werden, die an den Bedürfnissen des Marktes vorbeigehen. Auch die Staatsausgaben der ärmeren Länder werden durch die EU-Hilfen verzerrt, weil die Nutznießerstaaten – nach dem Prinzip der »Kofinanzierung« – stets die Hälfte zu Strukturprojekten beisteuern. Um sich also EU-Gelder zu sichern, müssen die Regierungen in Lissabon und anderswo komplementäre Programme auflegen. Folge: Letztlich bestimmen Brüsseler Subventionsbürokraten die Prioritäten der heimischen Budgets, nicht die gewählten Abgeordneten des Volkes.

Die Forscher Karen Middelfart-Knarvik und Henry Overman haben in einer Studie herausgefunden, dass die EU-Subventionen für Forschung und Entwicklung vornehmlich in unterentwickelte Regionen fließen. Dort gibt es aber kaum hoch qualifizierte Beschäftigte, sodass die Gelder nicht auf sonderlich fruchtbaren Boden fallen. Bestenfalls werden die Gelder vergeudet. Im ungünstigsten Fall leiden zudem hoch produktive zentrale Regionen, da Forschungs- und Entwicklungsaktivitäten von dort abgezogen werden.

Politische Ökonomie: Warum wird die Illusion von der Sanierbarkeit strukturschwacher Gebiete aufrechterhalten?

Die Europäische Kommission hat bereits 2001 festgehalten, was in den neuen Ländern geschehen müsste:

- **Strukturreformen.** Wer Ostdeutschland helfen wolle, müsse Deutschland insgesamt reformieren. Vordringlich seien die Arbeits-, Güter- und Finanzmärkte zu liberalisieren.
- **Fort mit der Gießkanne.** Subventionen dürften nicht weiter großflächig ausgebracht werden. Vielmehr müsse sich die Förderung auf die wenigen wachstumsträchtigen Ballungsräume konzentrieren.

- **Investieren statt konsumieren.** West-Ost-Transfers seien noch für »lange Zeit nötig«. Das Geld müsse aber künftig zum überwiegenden Teil für Investitionen ausgegeben werden statt wie bisher für konsumtive Zwecke wie Sozialausgaben.
- **Mehr Finanzautonomie.** Die deutsche Finanzverfassung müsse überarbeitet werden. Länder und Gemeinden sollten die Möglichkeit erhalten, autonom die Steuern zu senken, um als Standorte attraktiver zu werden.
- **Qualifizierung der Beschäftigten.** Eine »Überprüfung« der aktiven Arbeitsmarktpolitik sei unausweichlich. Statt Arbeitslose außerhalb der Betriebe fort- und auszubilden und Geld in ABM-Programme zu investieren, sollte die Qualifizierung im Rahmen eines normalen Arbeitsverhältnisses stattfinden.
- **Lohndifferenzierung.** Um die »übermäßig hohen« Lohnstückkosten im Osten in den Griff zu bekommen, müsse die Tarifpolitik »den spezifischen Bedingungen der einzelnen Sektoren, Regionen und Firmen« stärker Rechnung tragen. Die Löhne müssten sich an der örtlichen Produktivität orientieren, nicht an westdeutschen Tarifabschlüssen.
- **Effizientere Sozialtransfers.** Künftig sollten sich die Zahlungen stärker an den niedrigeren Lebenshaltungskosten im Osten orientieren – damit es sich lohne zu arbeiten.
- **Förderung von Mobilität.** Menschen sollten zu den Jobs ziehen, nicht umgekehrt. Daher solle der Staat gerade Arbeitslose dabei unterstützen, mobiler zu werden.

Derartige Vorschläge verhallen ungehört. Stattdessen werden Politiker aller Couleur nicht müde, die Politik für die neuen Länder als einen bewundernswerten Akt der Solidarität zu verkaufen. Warum nur?

Weil es für die Politik einfach zu verlockend ist, große Summen ausgeben zu können – und damit Stimmen zu kaufen. In den neuen Ländern entscheiden sich Bundestagswahlen. Aus wahltaktischem Kalkül ist es äußerst nützlich, ein solches von Subventionen abhängiges Gebiet zu haben. Eine an staatliche Hilfen gewöhnte Bevölkerung lässt sich nur allzu leicht von dem Versprechen auf weitere Hilfsprogramme überzeugen. Die Kürzung solcher Gelder hingegen ist nie populär. Dazu kommt: Wer einen Wettbewerbsföderalismus in Deutschland etablieren will, muss zunächst eine Reihe von Verfassungsänderungen durchs Parlament bringen. Das ist mühsam und unpopulär und zahlt sich nur langfristig aus.

Interessanterweise habe ich mehrere ostdeutsche Politiker getroffen, die dem derzeitigen System äußerst kritisch gegenüberstanden – Politiker, die Sonderwirtschaftszonen einrichten und alle möglichen Verwaltungsvorschriften für den Osten aussetzen wollten. Unter Westpolitikern jedoch sind solche Vorschläge nicht eben beliebt: Sie fürchten die potenzielle Konkurrenz aus dem Osten und lassen die Westbürger lieber exorbitante Summen für sinnlose Ostsubventionen zahlen.

Auch in den Wirtschaftsverbänden und in den Gewerkschaften geben Westler den Ton an, die der inzwischen gesamtdeutschen Misere zum Trotz immer noch eine schlagkräftige Konkurrenz aus den neuen Ländern fürchten. Der Verdacht liegt nahe, dass die Arbeitgeberfunktionäre aus exakt diesem Grund den raschen Lohnsteigerungen nach der Vereinigung zugestimmt haben – der einfachste Weg, um potenziellen Konkurrenten jede Chance zu verbauen.

Solidarität für den Aufbau Ost? Ein Irrglaube.

Irrtum 10:
Je mehr Staat, desto gerechter geht es zu

»Es darf nicht sein, dass…« Diese Formulierung war in der Debatte über den Sozialstaat in den vergangenen Jahren häufig zu hören. Dass? Dass die »soziale Gerechtigkeit« auf der Strecke bleibt. Dass »die Reichen« keinen »Beitrag« zum Sparkurs leisten müssen (in Form einer wieder eingeführten Vermögensteuer). Dass die Politik das »Gemeinwohl« aus dem Blick verliert.

Gerecht, am besten in der Kombination »sozial gerecht«, ist eines der am häufigsten missbrauchten Worte der deutschen Sprache und das zentrale Totschlagargument der Verteilungspolitiker. Jede, aber auch wirklich jede Forderung wird damit aufgeladen. Das Attribut »gerecht« verleiht den Ritterschlag moralischer Überlegenheit. Die hochmütige Botschaft lautet: Während alle anderen nur an ihren Eigennutzen denken, kümmern sich die sozial Gerechten ums »Gemeinwohl«, um die »kleinen Leute«, um die »kleinen Rentner«, überhaupt um die Menschen, »die es nicht so dicke haben« (Gerhard Schröder).

Das klingt alles gut, und vielleicht ist es sogar gut gemeint, aber es sind doch nicht viel mehr als hohle Phrasen.

Was ist gerecht? Worin besteht das Gemeinwohl? Welchen Prioritäten sollte die Politik folgen? Wie kann sie Benachteiligten am besten helfen? Schwierige Fragen. Wer sie ernst nimmt, darf keine einfachen Antworten geben.

Mit dem »Es darf nicht sein, dass…«-Trick machen es sich die Verteilungspolitiker allzu leicht. Sie weichen diesen Fragen aus und behaupten stattdessen: 1. Je gleichmäßiger die Verteilung von Einkommen und Vermögen, desto gerechter gehe es zu. 2. Der Staat könne die Verteilung ohne große Kosten einebnen.

Beide Annahmen sind zweifelhaft. Und zwar insbesondere, weil sich These 1 nicht unabhängig von These 2 beantworten lässt. Die Antwort auf die philosophische Frage, was gerecht ist, bleibt abstrakt – und für die Praxis vollkommen irrelevant –, wenn ökonomische Rückwirkungen ausgeblendet werden.

Aber eins nach dem anderen.

Was ist gerecht? Und was ist eigentlich das »Gemeinwohl«?

Mit der Gerechtigkeitsfrage haben sich Generationen von Philosophen befasst. In der liberalen Denktradition des Westens stand lange das »Gemeinwohl« (»Welfare«) im Mittelpunkt der Überlegungen. Die so genannten Utilitaristen postulierten das Ziel, Politik und Institutionen sollten das Wohl der Gesellschaft als Ganzer maximieren. Gemeinwohl definierten sie als Summe (oder als Durchschnitt) der Einzelschicksale. Eine problematische Annahme: Das Gemeinwohl abstrahiert vom Wohlergehen des Einzelnen.

Allerdings ist das Konzept des Gemeinwohls nicht vollständig blind gegenüber dem Schicksal der Individuen. Auch in utilitaristischem Denken spielen Verteilungsfragen eine – wenn auch untergeordnete – Rolle. Angenommen, eine Gesellschaft besteht aus drei Personen: A besitzt 70 Prozent aller Güter, B 25 Prozent und C lediglich 5 Prozent. C ist so arm, dass sie sich gerade am Leben halten kann, während A ein komfortables, luxuriöses Leben führt. Nimmt A nun C ihre 5 Prozent weg, stellen Utilitaristen eine Gemeinwohlkalkulation an: Sie wägen As Gewinn gegen Cs Verlust ab. Dabei besteht As Gewinn in dem »Nutzen«, den ihr die zusätzlichen 5 Prozent der vorhandenen Güter stiften; Cs Verlust entspricht dem entgangenen Nutzen, der aus der Wegnahme jener 5 Prozent folgt. Da A schon reich ist, bemerkt sie die zusätzlichen 5 Prozent kaum. Ihr Wohlergehen erhöht sich nur geringfügig: Sie kann sich vielleicht ein viertes Haus bauen oder Wein für 150 Euro statt 100 Euro die Flasche trinken. Für C hingegen ist der »Nutzen« jener 5 Prozent extrem groß. Ohne diese 5 Prozent droht ihr der Hungertod, da sie nun über keinerlei Mittel mehr verfügt.

Wie verändert sich das Gemeinwohl, wenn A sich Cs 5 Prozent aneignet? Das Gemeinwohl sinkt: Cs Verlust ist größer als As Gewinn; folglich sinkt die Summe der individuellen »Nutzen«, eben das Gemeinwohl. Es sinkt aber um weniger als Cs Verlust, obwohl C ein extrem schweres Schicksal erleidet, da sie nun verhungern muss. Cs Hungertod wäre nach diesem Gerechtigkeitskonzept sogar möglicherweise hinnehmbar, wenn nämlich A soviel gewänne, dass Cs Verlust überkompensiert würde.

Weil es dem Einzelschicksal gegenüber ambivalent bleibt, ist das utilitaristische Gemeinwohlkonzept offen für Missbrauch. Individuelle Härten, ja übelste Grausamkeiten müssen ihm zufolge hingenommen werden für das Wohl des großen Ganzen – der Nation, der »Volksgemeinschaft«, des »Volkskörpers«, der »Rasse«, der »Klasse«.[13]

Vor diesem Hintergrund ist es erstaunlich, wie unbefangen Politiker heute von »Gemeinwohl« sprechen (Gerhard Schröder: »Niemand sollte an der Entschlossenheit der Bundesregierung zweifeln, im Interesse des Gemeinwohls zu handeln und zu entscheiden«). Aber es ist gleichzeitig bezeichnend: Wer den Begriff des Gemeinwohls im Munde führt, verschleiert die Auswirkungen seiner Politik auf die einzelnen Menschen; er zieht sich auf eine Durchschnittsbetrachtung zurück.

Ein plausiblere Antwort: Gerecht ist, was den Schwächsten nützt

Das utilitaristische Konzept, kritisierte der amerikanische Philosoph John Rawls, »nimmt die Verschiedenheit der einzelnen Menschen nicht ernst«. 1971 setzte er der überkommenen Doktrin seine »Theorie der Gerechtigkeit« entgegen. Auf die Frage, an welcher Regel sich eine Gesellschaft ausrichten sollte, antwortete Rawls: nach jenem Prinzip, das die Bürger selbst wählen würden, wenn sie nicht wüssten, ob die Zufälle des Lebens sie auf die Gewinner- oder die Verliererseite verschlagen würden. In einem solchen theoretischen »Urzustand« könnten sie frei von Eigeninteressen entscheiden. Rawls kommt zu dem Schluss, die Bürger würden unter diesen Bedingungen zwei Grundsätze als »fair« erachten: 1. Alle sollen die gleichen Grundfreiheiten genießen. 2. »Soziale und wirtschaftliche Ungleichheiten sind so zu gestalten, dass a) vernünftigerweise zu erwarten ist, dass sie zu jedermanns Vorteil dienen, und b) sie mit Positionen und Ämtern verbunden sind, die jedem offen stehen.«

Rawls stellt der utilitaristischen Durchschnittsbetrachtung ein individualistisches Prinzip entgegen, dem zufolge sich die Politik vornehmlich um diejenigen kümmern sollte, die am schwächsten sind, die sich also am wenigsten selbst helfen können. Genauer: Die Gemeinschaft sollte allen möglichst gleiche Startchancen einräumen. Aus Rawls' Sicht sind Begabung, Intelligenz, physische Konstitution, soziale Herkunft, ererbter Wohlstand und so weiter bloß »zufällige Unterschiede«, die die Politik »möglichst auszugleichen« versuchen sollte (dem Zusatz »möglichst« kommt, wie wir gleich sehen werden, große Bedeutung zu). »Niemand«, schreibt Rawls, »hat seine besseren natürlichen Fähigkeiten oder seinen besseren Startplatz in der Gesellschaft verdient.« Im Urzustand der Gleichheit aller Individuen entschieden sich die Bürger für eine Ordnung, in der alle gleich viel wert seien, unabhängig davon, welche »zufälligen Unterschiede« ihr Leben bestimmten. O-Ton Rawls: »Bei der Gerechtigkeit als Fairness kommen die Menschen überein, natürliche und gesellschaftliche Zufälle nur hinzunehmen, wenn das dem gemeinsamen Wohl dient. Die beiden Grundsätze [siehe oben, A. d. V.] treten der Willkür des Schicksals auf faire Weise entgegen, und die ihnen entsprechenden Institutionen sind gerecht, wenn sie auch sicher in anderen Punkten unvollkommen sind.« Wer Pech hat, dem solle die Politik helfen, insbesondere indem sie Bildungschancen eröffne. Staatliche und gesellschaftliche Institutionen sollten das Ziel verfolgen, das Wohlergehen der Schwächsten und Glücklosen zu maximieren.

Diese »Minimax«-Regel läuft keineswegs auf eine möglichst gleichmäßige Verteilung von Einkommen, Vermögen und staatlichen Leistungen hinaus. Rawls' individualistische Grundposition verbietet, die Unterschiedlichkeit der Einzelnen »zu übersehen oder gar zu beseitigen. Vielmehr lässt sich die Grundstruktur so gestalten, dass diese Unterschiede auch den am wenigsten Begünstigten zugute kommen.« Dies ist ein Schlüsselsatz: Die Unterschiede der Individuen sollen – trotz des Vorrangs des Gleichheitsprinzips – so genutzt werden, dass sie auch den Schwächsten zugute kommen.

Damit sind wir bei der Ökonomie angelangt. Selbst wenn eine möglichst gleiche Verteilung des Wohlstands wünschenswert wäre, müsste nach Rawls der Versuch einer radikalen Umverteilung unterlassen werden, falls dadurch die Entfaltungsmöglichkeiten der Schwächsten beeinträchtigt würden. Mit anderen Worten: Eine ökonomisch leistungsfähige Gesellschaftsordnung mit hochgradig ungleicher Wohlstandsverteilung ist einer Gesellschaft vorzuziehen, in der zwar alle gleich, aber arm sind – sofern, wichtiger Zusatz, in der Gesellschaft mit ungleich verteiltem Wohlstand die Ärmsten deutlich besser dran sind als in der egalitären.

Die Realität zeigt aber, dass ein großes Maß an Umverteilung die Wirtschaftsentwicklung beeinträchtigt. Der Wunsch nach größtmöglicher materieller Gleichheit ist mit gesellschaftlichen und ökonomischen Mechanismen unvereinbar. Die eingangs erwähnte zweite Annahme der Verteilungspolitiker – der Staat kann die Verteilung ohne große Kosten einebnen – entspringt reinem Wunschdenken.

Umverteilung und Wachstum

Für die reichen Länder der OECD lässt sich bei einer Betrachtung der vergangenen zwei Jahrzehnte folgendes Muster erkennen: Ein großer Staatssektor behindert die wirtschaftliche Entwicklung (siehe Abbildung 9). Wo Bürger hohe Steuern und Abgaben zahlen müssen, sinkt die Leistungsbe-

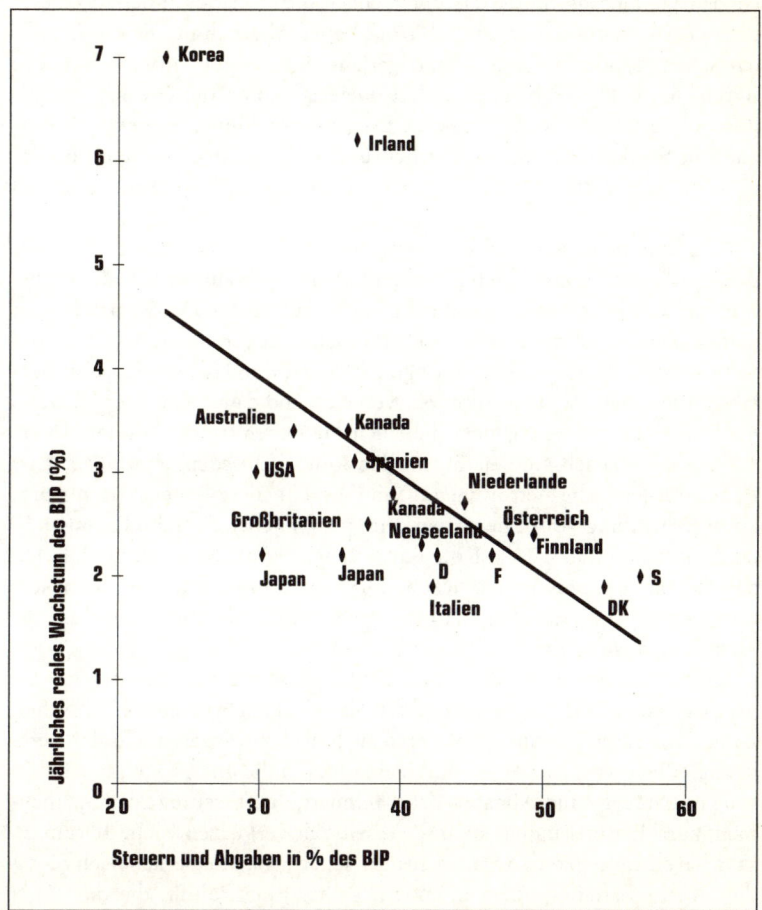

Abb. 9: Wachstum und Abgabequote, 1985–2002 (jeweils Durchschnittswerte).
Quelle: OECD, eigene Berechnungen

reitschaft und nehmen Investitionen in Kapital und Bildung ab – die Triebfedern der wirtschaftlichen Entwicklung erlahmen (siehe Irrtümer 1, 2, 5 und 7).

Abbildung 9 stellt die Abgabequote verschiedener Länder im Zeitraum von 1985 bis 2002 ihrem durchschnittlichen Wirtschaftswachstum dieser Jahre gegenüber. Natürlich ist bei der Interpretation Vorsicht geboten: Der langjährige Durchschnittswert unterschlägt die Dynamik innerhalb dieser Periode – bekanntlich haben sich trotz hoher Abgabenquoten die skandinavischen Länder in den Neunzigerjahren sehr gut entwickelt (siehe Irrtum 6) –, und er blendet andere Determinanten des Wachstums aus (Globalisierung, Branchenstruktur, Börsenentwicklung, monetäre Bedingungen, Struktur der Staatsausgaben und vieles mehr). Dennoch ist das Gesamtbild für die OECD-Länder über die letzten 20 Jahre verblüffend eindeutig.

Nun könnte man einwenden, es sei legitim, zugunsten einer gleichmäßigeren und somit mutmaßlich gerechteren Verteilung auf Wirtschaftswachstum zu verzichten. Die Erfahrung nicht zuletzt in Deutschland zeigt jedoch, dass nachlassendes Wirtschaftswachstum gerade die Chancen der Schwächsten schmälert. Die Geringqualifizierten und die wenig Leistungsfähigen sind die ersten, die ihre Jobs verlieren und damit einen der schwersten Schicksalsschläge erleiden, die einen Menschen treffen können: Internationale Vergleichsstudien über Glück und Zufriedenheit zeigen, dass Arbeitslosigkeit die Betroffenen oft in tiefgreifendere Lebenskrisen stürzt als die Scheidung vom Ehepartner. Ihre persönlichen Entfaltungsmöglichkeiten schrumpfen; soziale Kontakte brechen ab; das Selbstwertgefühl leidet; das Einkommen sinkt. Kurzum: Die Schwächsten leiden am heftigsten unter einem erlahmenden Wirtschaftswachstum, deutlich mehr als die »Besserverdienenden«.

Die Leistungsstarken, die Hochqualifizierten und Innovativen sind die produktivsten Kräfte der Gesellschaft. Sie vor allem bringen die Wirtschaft voran. Von ihrer Leistung profitieren auch die Schwächeren. Werden gerade die »Besserverdienenden« durch eine allzu hohe und progressive Belastung mit Steuern und Abgaben dazu animiert, ihre Leistung zurückzunehmen, zum Beispiel indem sie ihre Arbeitszeit verkürzen (siehe Irrtum 2), schaden sie mittelbar den Schwächsten – jenen also, um die sich nach Rawls die Gesellschaft besonders kümmern sollte. Eine Politik, die das Wirtschaftswachstum dämpft, kann schwerlich gerecht sein.

Nicht nur zu viel, auch zu wenig Umverteilung von Wohlstand und

Lebenschancen – oder gar eine Umverteilung von unten nach oben – mindert die ökonomische Dynamik. Die bisherige Konzentration auf die OECD-Länder darf nicht den Blick auf Länder verstellen, die über einen zu kleinen, vollkommen ineffizienten oder gar räuberischen Staatssektor verfügen. In vielen Entwicklungsländern enthält eine herrschende Kaste den Bürgern Entfaltungschancen vor – indem sie es unterlässt, die schlimmste Armut zu lindern; indem sie kein vernünftiges staatliches Bildungssystem errichtet; indem sie große Teile der Gesellschaft hemmungslos ausbeutet. Solche Systeme können wirtschaftlich nicht erfolgreich sein.

Offensichtlich gibt es ein optimales Maß an staatlicher Umverteilung. Dieses Optimum ist indes für jede Gesellschaft anders, abhängig von den jeweiligen ökonomischen und kulturellen Voraussetzungen. Doch zweifellos befinden sich einige OECD-Länder längst jenseits dieses Optimums.

Umverteilung und Gerechtigkeit

Sozialpolitiker reden gern von den »kleinen Leuten«, denen staatliche Leistungen in erster Linie zugute kämen. Deshalb seien Steuern und Abgaben gut angelegt. Träfe diese Prämisse zu, so könnte man ihnen nur beipflichten – die Gelder flössen in der Tat den richtigen Personen zu. Nur verhält es sich in Wirklichkeit leider ganz anders: Die praktische Politik in allen westlichen Ländern neigt dazu, Transfers innerhalb der Mittelschichten umzuverteilen, wie die OECD-Forscher Michael Förster und Mark Pearson belegen.

In Deutschland wie in den meisten anderen Staaten fließen mehr als zwei Drittel der Transfers durchschnittlich und gut Verdienenden zu – in Form von Kindergeld, Eigenheimzulagen, einkommensabhängiger Arbeitslosenunterstützung und so weiter. Länder mit großen Staatssektoren verteilen typischerweise nicht zielgenau zugunsten der Schwächsten um, sondern verschieben gigantische Summen innerhalb der Mittelschichten. Länder mit vergleichsweise kleinem öffentlichen Sektor hingegen, insbesondere die angelsächsischen Staaten, verwenden Steuern und Abgaben zuvörderst, um den Ärmsten zu helfen. Auch in den skandinavischen Ländern wird ein vergleichsweise großer Anteil des Umverteilungsvolumens an die ärmsten 30 Prozent der Bevölkerung transferiert. Vollkommen falsch hingegen steuern die öffentlichen Sektoren in den rückständigeren OECD-Ländern Türkei und Mexiko, die den Ärmsten lediglich 15 Prozent oder weniger der dafür zur Verfügung stehenden Gelder zukommen lassen – durchschnittlich und insbesondere gut Verdienende erhalten den größten Teil der Staatsgelder.

Auch in Deutschland dürfte die Fehlsteuerung der Staatsausgaben tatsächlich noch weit ausgeprägter sein, als die OECD-Studie zeigt. Die Forscher betrachten nämlich nur jene Sozialleistungen, die der Bevölkerung im arbeitsfähigen Alter zufließen. Altersrenten, die überall einen großen Teil der Staatsausgaben ausmachen, bleiben ausgeklammert. Bezieht man hingegen die einkommensabhängige Rente mit ein, so steigt der Anteil an Geldern, die innerhalb der Mittelschichten umverteilt werden – von jüngeren Mittelschichts-Beitragszahlern an ältere Mittelschichts-Ruheständler –, erheblich.

Die Schieflage wird noch gravierender, wenn man zusätzlich die in Deutschland überwiegend kostenlose staatliche Bildung berücksichtigt. Da Kinder aus wohlhabenderen Familien mit größerer Wahrscheinlichkeit weiterführende Schulen und Hochschulen besuchen als Kinder aus ärmeren Schichten, kommen sie in den Genuss einer (scheinbar) kostenlosen Ausbildung, bezahlt aus dem großen Steuertopf.

Politische Ökonomie: Warum reden Politiker von »Gemeinwohl« und »Gerechtigkeit«?

Ist das alles im Rawls'schen Sinne gerecht? Kaum. Unter einem übergroßen Staatssektor leiden insbesondere die Schwächsten: Zum einen, weil ihnen nur ein vergleichsweise geringer Teil der Steuereinnahmen zufließt, vor allem aber, weil sie als erste von einer Verlangsamung der Wirtschaftsentwicklung betroffen sind, insbesondere durch Jobverlust. »Das größte Armutsrisiko«, schreiben Förster und Pearson, »ist Arbeitslosigkeit.« 40 Prozent der Arbeitslosenhaushalte in Deutschland fallen unter die Armutsgrenze.

Der Staat fördert das Gemeinwohl? Eine mutige, aber wenig aussagekräftige Behauptung. Denn »Gemeinwohl« ist, wie oben erläutert, ein unscharfer Begriff.

Trotz allem werden Politiker nicht müde, das Gemeinwohl zu beschwören. Warum? Die Antwort: Das Konzept eignet sich hervorragend zur Gewinnung von Mehrheiten. Gemeinwohl ist ein »Durchschnittsbegriff«, der Durchschnittsmenschen ansprechen soll. Der Durchschnitt – die

»Mitte« – ist jener gedankliche Ort, dem die meisten Bürger sich ideell und materiell nahe fühlen. Hier werden Wahlen gewonnen, jedenfalls in Ländern mit Verhältniswahlrecht. Nur Margret Thatcher konnte es sich des britischen Wahlsystems wegen leisten, den ultraindividualistischen Satz zu äußern: »There is no such thing as society.« Es gebe keine Gesellschaft, nur Individuen – also auch kein Gemeinwohl, nur Einzelinteressen. Die »Mitte« war für Mrs. Thatcher weniger wichtig, weil sich nach britischem Mehrheitswahlrecht auch mit einer Minderheit der Bürger im Rücken regieren lässt.

Deutsche Politiker hingegen müssen mühsam große Wählerkoalitionen schmieden. Das gelingt am leichtesten, wenn möglichst viele Gruppen Wahlgeschenke erhalten – Freibierpolitik. Freibier ist jedoch eine Illusion; irgendjemand muss irgendwann die Rechnung zahlen.

Doch woher das Geld kommt, wird verschwiegen. Die Politik verbrämt ihre Scheinwohltaten als »Förderung des Gemeinwohls« und »sozial gerecht«. Gerecht ist das jedoch alles nicht, jedenfalls nicht, wenn man Rawls', wie ich finde, höchst überzeugendem Gerechtigkeitskonzept folgt.

Staatliche Institutionen sollten die Glücklosen vor dem Absturz ins Bodenlose auffangen. Sie sollten den wenig Privilegierten den Zugang zu Bildung eröffnen (was in Deutschland kaum geschieht) und ihre Startchancen verbessern. Aber sie sollten keine Generalversicherung der Mittelschichten gegen alle Wechselfälle des Lebens darstellen. Diese Form von Zwangssolidarität ist äußerst teuer – gerade für die Schwächsten der Gesellschaft.

Irrtum 11: Globalisierung nützt nur den Reichen

Im Sommer 2002 besuchte ich die alljährliche »Kieler Woche Konferenz« am Institut für Weltwirtschaft – eine kleine, feine wissenschaftliche Tagung, zu der eigentlich nur die ganz Großen der internationalen Ökonomenzunft zum Vortrag geladen sind. In jenem Jahr jedoch lautete das Thema »Globalisierung«, weshalb auch Diskussionsteilnehmer der »Bewegung« dazugebeten waren; so nennen sie sich selbst: »The Movement«. Also saß Kevin Watkins von der Organisation Oxfam, ein junger, bissiger, eloquenter Brite, neben Jagdish Bhagwati, einem der weltweit bekanntesten Fachleute für Welthandel, in Indien geboren und aufgewachsen. Die beiden lieferten sich einen denkwürdigen Schlagabtausch: Der Globalisierungsgegner Watkins warf dem Globalisierungstheoretiker Bhagwati vor, blind für die Realität zu sein: Du mit deinen wissenschaftlichen Modellen, du hast doch keine Ahnung, was wirklich vor sich geht, wie die Leute verarmen, wie die Multis die Dritte Welt ausbeuten. Verständlicherweise reagierte Bhagwati ernstlich ungehalten. Empört gab er zurück: Was bildest du hergelaufener Aktivist aus dem reichen Britannien dir eigentlich ein, was glaubst du, mir, der ich aus dem armen Indien stamme, über die Auswirkungen der Öffnung der Märkte erzählen zu können?

Eine Szene mit Symbolkraft. Globalisierungskritiker und -gegner aus den reichen Ländern verkünden mit an Überheblichkeit grenzendem Selbstbewusstsein, die offene Weltwirtschaft schade dem überwiegenden Teil der Menschheit – nicht ihnen persönlich natürlich, sondern irgendwelchen anderen Menschen. Kein G-8-Gipfel, kein Europäischer Rat, kein Weltwirtschaftsforum, keine Tagung von IWF und Weltbank mehr ohne wütende, manchmal gewalttätige Proteste der »Bewegung«. So sympathisch ihr Aufbegehren gegen Missstände ist, die es ja unzweifelhaft gibt, so krude und inkonsistent ist ihre Analyse. Die Globalisierungskritiker prangern das Falsche an: Nicht zu viel Globalisierung schadet den Entwicklungsländern, sondern zu wenig. Nicht die Globalisierung verursacht Arbeitslosigkeit in den reichen Ländern, sondern funktionsuntüchtige Sozialstaaten. Nicht zu viel Öffnung führt zur Ausbeutung der Schwachen, sondern geschlossene, intransparente, undemokratische, korrupte Regime.

Im Übrigen kommen die Globalisierungsgegner zu spät. Die große Grenzöffnung hat längst stattgefunden, die Verwerfungen der wilden Jahre sind längst vorbei. Inzwischen ist die Weltwirtschaft auf einer neuen

Stufe angelangt: Der Prozess der zunehmenden Integration ist erlahmt, der Welthandel wächst nur noch langsam, die Kapitalströme trocknen aus. Die Globalisierung droht sogar zurückgeschraubt zu werden, zumindest zu einem gewissen Grad. Terror, Krieg, das politische Zerwürfnis zwischen dem »alten Europa« und den USA während des Irak-Kriegs und dessen Auswirkungen auf die Handelspolitik – das sind die wirklichen Gefahren, die jedoch von den Globalisierungsgegnern nicht erkannt werden. Schlimmer noch: Sie stärken jene Kräfte, die aus ganz anderen Gründen eine erneute Abschottung wünschen.

Es steht viel auf dem Spiel: Am Ende droht die Rückkehr in eine Welt getrennt durch Schlagbäume, Zäune und Mauern. Gerade die Deutschen sollten diese Entwicklung mit großem Misstrauen beobachten und alles dafür tun, um zu verhindern, dass sie Realität wird.

Die Neunzigerjahre – das Jahrzehnt der Globalisierung

Als 1989 in Berlin die Mauer fiel und die Trabbis gen Westen rollten, öffneten sich nicht nur in der DDR die Grenzen: Der Mauerfall war Signal und Symptom einer epochalen weltweiten Umwälzung. Nach Jahrzehnten der Abschottung und der ideologischen Gegensätze deutete sich nun mit dem Sieg des Westens im Kalten Krieg das »Ende der Geschichte« an, wie es damals der US-Politologe Francis Fukuyama formulierte – ein großer bürgerlich-demokratisch-marktwirtschaftlicher Konsens. Trennendes wurde beseitigt, Grenzen geöffnet, Märkte liberalisiert.

1993 war ein weiteres entscheidendes Jahr: Die Mehrzahl der Regierungen der Welt schlossen die Uruguay-Runde des GATT ab und vereinbarten eine weitere Grenzöffnung, insbesondere weiter sinkende Zollsätze auf Industriegüter, dazu Handelsregeln für Dienstleistungen und den Schutz geistigen Eigentums; eine Öffnung der Märkte für Agrar- und Textilgüter wurde immerhin in Aussicht gestellt. 1993 entstand auch der Europäische Binnenmarkt, auf dem nun, von Ausnahmen abgesehen, grenzenlos gehandelt wurde, fast wie im Heimatland.

Nicht nur die hoch entwickelten Länder, auch die Entwicklungsländer bauten die Schlagbäume ab. Jahrzehntelang hatten sie sich entweder hinter dem Eisernen Vorhang verborgen oder waren der Strategie der »Import-Substitution« gefolgt, die darauf gerichtet war, die Einfuhr von Waren möglichst zu unterbinden, und stattdessen auf eine hinter hohen Zollschranken geschützte heimische Industrie setzte. 1993 beschloss der Europäische Rat von Kopenhagen, den Staaten Mittel- und Osteuropas die Aufnahme in die Europäische Union anzubieten. Ihr Zugang zu den westlichen Absatzmärkten wurde aber schon vorab im Rahmen der »Europa-Verträge« erleichtert, die den langen Weg zur Vollmitgliedschaft absteckten. China, Indien, Südostasien, Lateinamerika, die ehemals sowjetischen GUS-Staaten – Milliarden von Menschen begannen sich in die Weltwirtschaft zu integrieren, zu exportieren, zu importieren. Und zu investieren: Endlich hatten sie Zugang zu westlichem Kapital. Rasche Produktivitätsfortschritte wurden möglich und ein rasch steigender Lebensstandard.

Die Telekommunikationstechnik befeuerte den Globalisierungsboom zusätzlich. Internet und E-Mail, Mobil- und Satellitentelefon ermöglichten den Austausch von Informationen in Echtzeit von jedem Punkt der Erde aus. Der internationalen Arbeitsteilung eröffneten sich neue Möglichkeiten. Weltweite Konzerne knüpften globale Zulieferketten. Sie begannen, bestimmte Konzernfunktionen weltweit zu konzentrieren – Design in Kalifornien, technologische Entwicklung in Deutschland, Finanzdienstleistungen in Irland. Weltweite Entwicklerteams begannen, rund um die Uhr gemeinsam an Projekten zu arbeiten. Asien, Europa, Amerika, Asien ... – wenn die einen Feierabend machen, übergeben sie an die Kollegen anderswo, die gerade ins Büro kommen.

Was das konkret bedeutet, konnte ich einmal in der Hamburger Filiale des Softwarekonzerns Adobe verfolgen. Jeden Morgen, wenn Thomas Mührke, Chef des Hamburger Teams, sich an seinen Schreibtisch setzte, schaute er sich erst einmal an, was die Kollegen in Kalifornien über Nacht so alles programmiert hatten. Er tippte den Befehl »p4 sync« ein. Daraufhin aktualisierte der Computer das Programm, das Mührkes Mannschaft gerade gemeinsam entwickelte – 50 Leute in einem schicken Büro mit Blick auf den Hamburger Hafen, 15 weitere im kalifornischen San Jose. Einige Programmteile lieferten Kollegen aus Indien zu. Vernetzt waren sie über ein virtuelles Firmennetzwerk im Internet.

Total global. Für Mührke bedeutete Globalisierung im Übrigen auch einen gewaltigen Informationsaustausch: Er erhielt täglich 150 geschäftliche E-Mails aus drei Kontinenten; nach 17 Uhr deutscher Zeit, wenn an der US-Westküste der Arbeitstag anbricht, verbrachte er Stunden mit Telefonkonferenzen. Alle paar Wochen reiste er ins Silicon Valley, wo sein Chef Shantanu Narayen, ein Inder, seinen Dienstsitz hatte.

Diese verstärkte internationale Arbeitsteilung lässt sich an den Statistiken ablesen: In den Neunzigerjahren wuchs der Welthandel viel schneller als die Wirtschaft (Abbildung 10). Die Folge war eine epochale Umwälzung – der Beginn einer neuen Zeit mit neuen Regeln, neuen Chancen und neuen Gefahren.

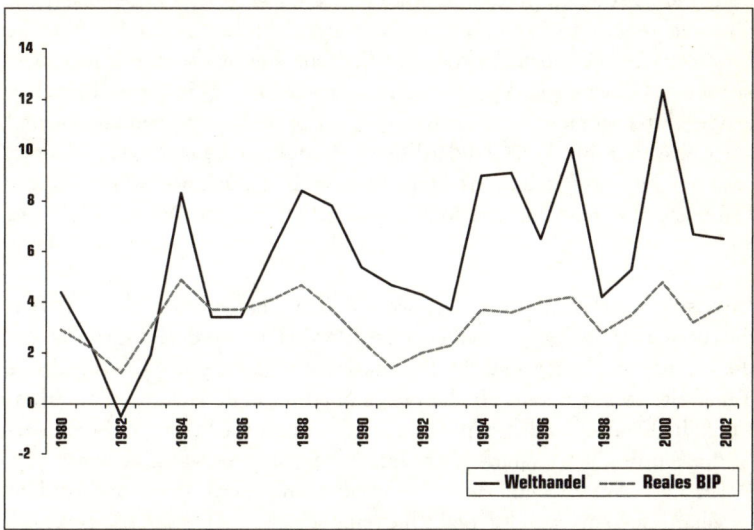

Abb. 10: Welthandel und weltweites Wirtschaftswachstum, 1981–2002 (jährliche Veränderung in Prozent).
Quelle: IWF

Wie wirkt Globalisierung?

Die Öffnung von Grenzen ist das, was im Fußball »Standardsituation« heißt – ein wohlbekannter Prozess, der in der Geschichte schon oft stattgefunden hat und dessen Wirkungen weitgehend erforscht sind. Außergewöhnlich in den Neunzigerjahren war die Größenordnung der Öffnung: die Zahl der Länder, die sich simultan in den Weltmarkt integrierten, und der gleichzeitige Ausbau der Informationstechnologie.

Was also bewirkt eine Öffnung der Grenzen?

Mehr Wettbewerb. Bisher hinter Grenzen geschützte Branchen werden internationaler Konkurrenz ausgesetzt. Das drückt auf die Preise – ein Grund für die in den Neunzigerjahren erheblich gesunkenen Inflationsraten.

Steigende Produktivität. Der erhöhte Wettbewerbsdruck veranlasst die Unternehmen, ihre Produktivität zu steigern. Anders gewendet: Nur die Produktiven überleben. Ineffiziente Betriebe sterben oder werden übernommen. Dieser Produktivitätswettbewerb begünstigt in vielen Branchen große Unternehmen: Die Großen können produktiver produzieren und auf weltweiten Märkten standardisierte Produkte anbieten. Kein Wunder, dass die Neunzigerjahre das Jahrzehnt der Megafusionen waren – siehe DaimlerChrysler, Vodafone-Mannesmann, AOL Time Warner und viele andere.

Intensivere Arbeitsteilung. Der Wettbewerb führt zu verstärkter internationaler Arbeitsteilung. Jeweilige nationale Vorteile werden ausgenutzt, um die Kosten zu senken und die Produktivität zu steigern. Arbeitsintensive Tätigkeiten wandern aus Hochlohn- in Niedriglohnländer ab – eine Erfahrung, die Deutschland in den Neunzigerjahren gemacht hat. So expandierte die Autoindustrie stark nach Tschechien, der Slowakei, Ungarn und Polen, nach Amerika und Asien, während die Konzerne in Deutschland ihr Beschäftigungsniveau bestenfalls hielten.

Mehr Innovation. Hochlohnstandorte und etablierte Unternehmen können im Wettbewerb nur bestehen, wenn sie immer wieder neue Produkte und neue Technologien entwickeln, die ihnen für eine gewisse Zeit Vorteile gegenüber Wettbewerbern verschaffen, sodass sie höhere Preise erzielen können. Der intensivere Innovationswettbewerb heizt nochmals die Produktivität an, über die verstärkte Arbeitsteilung und die Ausnutzung von Größenvorteilen hinaus.

Umverteilung. Die Integration großer Länder mit armen Bevölkerungen in den Weltmarkt beeinflusst die Preisverhältnisse auf den Märkten für Boden, Arbeit und Kapital. Das weltweite Angebot an einfacher Arbeit wächst enorm. Folge: Die Löhne in den bisherigen Hochlohnländern sinken, in den Entwicklungsländern steigen sie. Hoch qualifizierte Beschäftigte in den hoch entwickelten Ländern hingegen konnten in der Phase rascher Globalisierung jede Menge Geld verdienen. Zugleich steigt die weltweite Nachfrage nach Kapital und damit auch dessen Preis: Kapitalanbieter fordern höhere Renditen. Der Aktienboom der Neunzigerjahre war auch durch die Globalisierung getrieben – durch eine Übernachfrage nach Kapital. Insgesamt kam es in den Neunzigerjahren, aber auch schon davor, zu einer Umverteilung von Einkommen: Die Diskrepanz zwischen den Einkommensgruppen stieg. Die Reichen wurden reicher – durch höhere Löhne und höhere Kapitalrenditen. Die Armen wurden zwar nicht unbedingt ärmer, aber das Risiko stieg, arbeitslos zu werden und ins wirtschaftliche und soziale Abseits abzurutschen. Eine Entwicklung, der sich die meisten reichen Staaten mit höheren Sozialleistungen an die Ärmsten entgegenstemmten, wie eine OECD-Studie zeigt.

Neuausrichtung der Konzernstrategien. Da die Großunternehmen die Vorteile der offenen Märkte besonders intensiv nutzen können, verausgabten sie sich in den Neunzigerjahren im wilden Bestreben nach globaler Expansion. In möglichst allen Ländern auf allen Kontinenten mitmischen, die bewährten Produkte in möglichst großer Zahl global an den Kunden bringen – das war das Ziel der Konzernstrategen. Schnelles internationales Wachstum ist aber nur zu bewältigen, wenn sich das Unternehmen in seinem Tätigkeitsfeld beschränkt. »Konzentration auf das Kerngeschäft« war daher ein weiteres Schlagwort der Neunziger – tun, was man am besten kann, und alles andere unterlassen. Und weil rasches Wachstum finanziert werden muss, wurden die Börsen hofiert. In einer Zeit rascher globaler Integration wurden die Kapitalmärkte mächtiger. Wer den Regeln der Investoren nicht folgt, wird abgestraft. Das gilt für Unternehmen wie für ganze Länder oder gar Ländergruppen. Die Manager großer Investmentfonds, häufig kluge junge Männer mit beschränkter Lebenserfahrung, wurden zu äußerst mächtigen Figuren. Analysten avancierten zu den Richtern der neuen Ära. Die Unternehmen reagierten, indem sie die Steigerung des »Shareholder Value«, die Mehrung des Vermögens ihrer Aktionäre, als oberste Direktive ausgaben.

Wettbewerbschancen für kleine Länder. Kleine Länder profitieren besonders von der Globalisierung. Bis zur Grenzöffnung verfügten sie nur über wettbewerbsarme nationale Märkte. Verbreitet herrschten Kartelle, folglich waren die Preise hoch. Die Innovationsraten waren mäßig. Wettbewerbsfähige Unternehmen konnten ihre Stärken nicht ausspielen. Viele kleine Länder in Europa stagnierten in den Siebziger- und Achtzigerjahren annähernd, die Schweiz aufgrund ihrer Außenseiterrolle im Europäischen Binnenmarkt auch in den Neunzigern und darüber hinaus. Folglich bot der Wegfall von Handelsbeschränkungen gerade für die Kleinen erhebliche Vorteile. Viele kleine Länder haben sich in den Neunzigerjahren hervorragend entwickelt, etwa die skandinavischen Staaten.

Finanzkrisen. Eine Lehre des Globalisierungsjahrzehnts der Neunzigerjahre lautet: Globale Finanzmärkte sind fragil. Sie eröffnen zwar die Möglichkeit, rasch an Kapital zu gelangen und damit hohe Wachstumsraten zu schaffen. Die Kapitalströme können aber auch schlagartig ihre Richtung ändern. Viele Entwicklungsländer haben das bereits Mitte des Jahrzehnts gespürt, als die Investoren Mexiko (1994/95), Südostasien (1997/98), Russland (1998), Brasilien (1999), Argentinien und die Türkei (2001) überstürzt verließen. Nur transparente und effiziente Wirtschaftsstrukturen sind den Stürmen der Finanzmärkte auf Dauer gewachsen. Das gilt für Länder wie für Unternehmen. Viele Regierungen und Firmen ließen aber sowohl Transparenz wie auch Effizienz vermissen – und wurden gnadenlos abgestraft, manchmal zu Unrecht.

Wen die Globalisierung nicht trifft

Bei aller Aufregung über die Globalisierung gerät leicht in Vergessenheit, dass die Öffnung der Märkte nur einen relativ kleinen, wenn auch wichtigen Teil der Volkswirtschaften erfasst. Längst nicht alle Güter und erst recht nicht alle Dienste, die eine Gesellschaft erwirtschaftet, sind über größere Distanzen handelbar. Folglich stehen sie nicht im internationalen Wettbewerb, zumindest nicht unmittelbar. So importierte die Bundesrepublik im Jahr 2002 Dienstleistungen im Wert von 143 Milliarden Dollar – nur rund ein Zehntel der nationalen Wertschöpfung dieses Sektors. Zum Vergleich: Im gleichen Jahr importierte die Bundesrepublik Industriegüter im Wert von 493 Milliarden Dollar, was in etwa der heimischen Wertschöpfung dieses Sektors entsprach – entsprechend stark war der Druck durch die Konkurrenz.

Der Wettbewerbsdruck war also für den Servicesektor insgesamt gering, auch wenn er in einigen Branchen, insbesondere bei Banken und Versicherungen, erheblich zugenommen hat. Der Dienstleistungssektor insgesamt beschäftigt rund 70 Prozent der deutschen Erwerbstätigen, darunter 2,7

Millionen im öffentlichen Dienst Beschäftigte. Die meisten von ihnen sind nur am Rande und höchst mittelbar vom gestiegenen Wettbewerbsdruck betroffen. Auch wenn die Steigerungsraten im internationalen Handel mit Dienstleistungen nach wie vor relativ hoch sind – der Servicesektor bleibt größtenteils eine nationale, häufig sogar nur eine regionale oder gar lokale Veranstaltung, die dem internationalen Konkurrenzkampf entzogen ist. Einen Haarschnitt beim Friseur kann frau nicht importieren (außer im grenznahen Gebiet); die Autoreparatur erledigt man in der Werkstatt vor Ort (es sei denn, man wohnt nahe der polnischen Grenze); Kopien werden im Copyshop um die Ecke angefertigt, nicht in Indien. Allerdings: Der Anteil handelbarer Dienstleistungen wird zunehmen. Möglich wird dies durch den digitalen Informationsaustausch, über den immaterielle Dienstleistungen über beliebig große Distanzen hinweg handelbar werden – von der Buchhaltung über die Abwicklung von Tickets bis zur Erstellung komplexer Computerprogramme. Und: Das Lohngefälle in der osterweiterten EU wird den Handel mit Dienstleistungen erheblich ansteigen lassen. Baukolonnen, Erntehelfer und Pflegekräfte aus dem östlichen Ausland kommen schon seit 1990 nach Deutschland; mit dem Beitritt zum Binnenmarkt wird dieser Dienstleistungsimport weiter zunehmen.

Auch nicht handelbare Dienstleitungen sind mittelbar vom verschärften Wettbewerb der Globalisierung betroffen, und zwar in dem Maß, wie die Industrie und ihre Beschäftigten als Kunden auftreten. Geht es der Industrie gut und verdienen die Beschäftigten ordentlich, geht es auch den ihnen Dienenden gut. Geht es der Industrie schlecht, leiden mittelbar auch die Servicebeschäftigten.

Es ist richtig: Die Öffnung der Grenzen erhöht den Wettbewerbsdruck. Aber nicht alle spüren ihn gleichermaßen.

Schafft die Globalisierung Arbeitslosigkeit?

Die Öffnung von Grenzen bewirkt immer einen Strukturwandel. Manche angestammten Güter und Tätigkeiten sind nicht mehr wettbewerbsfähig; es ist sinnvoller, sie zu importieren. Oder die heimische Produktion ist nur wettbewerbsfähig, wenn sie viel produktiver wird – das heißt oft: wenn sie mit mehr Maschinen und weniger Menschen operiert.

Zum Beispiel die Stahlindustrie. Anfang 2000 besuchte ich die Mannesmann-Röhrenwerke in Mülheim. Ein beeindruckendes Schauspiel: Der

Industriedinosaurier spuckte Feuer, ließ Fontänen von Funken sprühen. Er stampfte, schrie, kreischte. Ohrenbetäubend. Es klang nach dem letzten Aufbäumen der Bestie. Düster war es wie in einer Höhle, heiß und staubig. Rotglühende Stahlwalzen schossen über die »Rohrkontistraße«, wurden ausgehöhlt und zu Röhren gezogen. Zu nahtlosen Röhren, ohne Schweißnaht. Vor über 100 Jahren konnten sie das nur hier bei Mannesmann, das Verfahren war eine viel bestaunte Weltneuheit. Heute beherrscht man es fast überall auf dem Globus. Und zwar billiger.

In Spitzenzeiten arbeiteten 13 000 Leute in Mülheim, heute sind es noch 3500. Und von Jahr zu Jahr werden es weniger. Die Produktionshallen sind fast menschenleer – im Bauch der Bestie sitzen jetzt elektronische Steuerungen. Allen Rationalisierungen zum Trotz ist das Röhrengeschäft chronisch defizitär. Die Konkurrenz aus Lateinamerika, Asien und Osteuropa drückt die Preise. Da kann ein Werk in Deutschland kaum mithalten.

Der Strukturwandel sorgt für gehörige Unruhe. Menschen verlieren ihren Job. An der Statistik ist das deutlich abzulesen: In der ersten Hälfte der Neunzigerjahre stieg fast überall in den westlichen Ländern die Arbeitslosigkeit – Folge des Strukturwandels, aber auch der Rezessionen von 1991 (Amerika) und 1993 (Europa). Die Frage ist: Finden diejenigen, die ihre Arbeit verlieren, eine neue? Wie gut dies gelingt, hängt vor allem davon ab, wie flexibel die Arbeitsmärkte ausgestaltet sind – wie stark der Druck ist, eine andere Beschäftigung anzunehmen; wie groß die Chancen sind, in einer neuen Tätigkeit oder einer anderen Region mehr Geld zu verdienen; wie attraktiv es für Unternehmen ist, Leute einzustellen; wie gut die Vermittlung funktioniert; inwieweit es dem Staat gelingt, Arbeitslose so zu qualifizieren, dass sie fit für den Arbeitsmarkt sind. Und vor allem: in welchem Maß eine Volkswirtschaft fähig ist, sterbende Branchen durch hoch produktive neue zu ersetzen.

In all diesen Disziplinen schneidet Deutschland schlecht ab, übrigens ebenso wie Frankreich, Italien und einige andere kontinentaleuropäische Länder. Großzügige Sozialleistungen, hohe und steigende Lohnnebenkosten, eine ineffiziente Arbeitslosenverwaltung und vergleichsweise schwach ausgeprägte neue, international wettbewerbsfähige Branchen (siehe auch Irrtum 16) schwächen die Anpassungsfähigkeit an veränderte Bedingungen. Während andere Länder in der Lage waren, die durch die Globalisierungsstürme der frühen Neunzigerjahre ausgelösten Arbeitsplatzverluste in der zweiten Hälfte des Jahrzehnts wettzumachen und sogar noch eine Vielzahl an häufig gut bezahlten Jobs hinzuzugewinnen (siehe Irrtum 2), verfestigte sich die Arbeitslosigkeit in Deutschland auf immer höheren Niveaus.

Es ist schon richtig: Der durch die Globalisierung angestoßene Strukturwandel vernichtet Jobs wie die der Stahlwerker in Mülheim. Kurzfristig verursacht eine Grenzöffnung immer ökonomische und soziale Kosten, langfristig hingegen nützt sie der Wirtschaft insgesamt – durch höhere Produktivität, niedrigere Preise und dadurch höhere Realeinkommen. Aber diese Chancen können nur Länder nutzen, die willens sind, sich auf die veränderten Bedingungen einzustellen – die über funktionstüchtige Märkte und über lernfähige staatliche Sektoren verfügen.

Globalisierung und Sozialstaat sind kompatibel

Im Herbst 1996 war ich eingeladen, bei einer Tagung des Diakonischen Werks Sachsen einen Vortrag zu halten. Das Thema: Zerstört die Globalisierung den Sozialstaat? Für die Tagungsteilnehmer, engagierte Protestanten mit DDR-Erfahrung, war die Antwort klar: Ja. Wohlgemerkt: 1996 war von der New Economy noch nicht die Rede, jedenfalls nicht in Sachsen; der große Boom der späten Neunzigerjahre hatte noch nicht eingesetzt – die positiven Aspekte der Globalisierung hatten sich noch nicht unübersehbar manifestiert.

In meinem Vortrag bemühte ich mich, eine These zu veranschaulichen, die der Münchner Ökonom Hans-Werner Sinn, heute Präsident des Ifo-Instituts, mir einmal in einem Gespräch nahe gebracht hatte: Der Sozialstaat wird im globalen Wettbewerb in dem Maß überleben, in dem er eine Rendite abwirft. Ein kluger Gedanke. Was steckt dahinter? Globalisierung bedeutet vor allem: Die größtenteils immobilen Menschen an verschiedenen Standorten konkurrieren um die mobile Ressource Kapital. Das Kapital aber zieht es nicht dorthin, wo es die billigste Umgebung findet. Unternehmen wollen Qualitätsstandorte: gut ausgebildete Menschen, funktionstüchtige Infrastruktur, intakte Umwelt, geringe Verbrechensrate, sozialen Frieden. Dafür sind sie bereit, etwas zu bezahlen – höhere Ertragssteuern und Lohnkosten, als sie an echten Billigstandorten zahlen müssten. Investoren sind auf der Suche nach dem besten Preis-Leistungs-Verhältnis. Mit anderen Worten: Der Staat ist keine unbezahlbare ökonomische Bürde. Investitionen in Schulen, Hochschulen und Forschungseinrichtungen, in Straßen, Bahntrassen und Flughäfen, auch in ein gewisses Maß an Umverteilung und sozialer

Absicherung werfen eine volkswirtschaftliche Rendite ab. Deshalb, verkündete ich den sächsischen Diakonievertretern, »habe ich zwei Botschaften für Sie. Zuerst die gute: Es gibt keinen Grund anzunehmen, der Sozialstaat werde im internationalen Wettbewerb nicht überleben. Er ist keineswegs überflüssig, sondern wird gebraucht, gerade in einer Zeit raschen Wandels und der damit einhergehenden individuellen Risiken. Nun die aus Ihrer Sicht schlechte Botschaft: Der Staat muss mehr investieren und weniger konsumieren. Deshalb müssen Sie, meine Damen und Herren, damit rechnen, dass Ihnen staatliche Zuschüsse gekürzt werden.«

Das Echo war geteilt. Es reichte von »interessanter Gedanke« bis zu »Das darf nicht passieren«.

Inzwischen sind einige Jahre vergangen, und die Globalisierung ist weiter fortgeschritten. Wir sehen ganz deutlich: Den viel beschworenen ruinösen Konkurrenzkampf der Sozialstaaten gibt es nicht. Es gibt eine Vielzahl von Sozialstaatsmodellen, die je nach Größe des Landes, Wohlstandsniveau und kulturellem Hintergrund variieren. Manche funktionieren besser (das angelsächsische und das skandinavische Modell), manche schlechter (Deutschland, Frankreich). Viele Staaten haben in den Neunzigerjahren sogar die Steuern erhöht, ohne dass es ihrer Wirtschaft geschadet hätte – sofern sie die zusätzlichen Lasten nicht einseitig den Beschäftigten aufgebürdet haben und sofern sie die zusätzlichen Einnahmen nicht als Staatskonsum verwirtschaftet, sondern für die Gesundung ihrer Staatsfinanzen eingesetzt haben. Regeln, die Deutschland nicht befolgt hat.

Es gibt kein »Race to the Bottom«. Es gibt aber einen Wettbewerb um Effizienz – zwischen Unternehmen, zwischen Staaten. Wer sich dem Wettbewerb stellt, hat beste Chancen zu gewinnen. Wer ihn sich mit dem Satz »Das darf nicht passieren« wegträumt, wird verlieren.

Lässt sich die Globalisierung zurückdrehen?

Bislang haben wir uns nahezu ausschließlich mit der Vergangenheit beschäftigt. Dieser Blickwinkel scheint gerechtfertigt, weil bis heute die Debatte darüber anhält, was eigentlich die Globalisierung ist und was sie bewirkt. Allerdings ist die Globalisierung – der Prozess der fortschreitenden wirtschaftlichen Verflechtung – längst zum Stillstand gekommen. Vorerst jedenfalls. In den Neunzigerjahren waren Welthandel und Kapitalströme explodiert. Dann kam der Abschwung von 2001, als Handelsvolumina und grenzüberschreitende Direktinvestitionen einbrachen. Dies ist zum Teil eine ganz natürliche Entwicklung: Die bedeutendsten Anpassungen infolge der Grenzöffnungen haben stattgefunden, nun schreitet die Integration in gemächlicherem Tempo voran.

Doch noch immer wirken der Schock und die Folgen des 11. September 2001, als der Terror die Verwundbarkeit der offenen Weltwirtschaft bloßlegte. Seither knirscht es im Getriebe der Globalisierung: Die USA lassen Container nur noch aus »sicheren«, von Amerikanern kontrollierten Seehäfen ins Land; die Flughafenkontrollen wurden drastisch verschärft; die Transportversicherer haben die Prämien um rund 80 Prozent erhöht. Insgesamt, schätzt die OECD, seien die Transportkosten durch »sicherheitsmotivierte Maßnahmen« um 1–3 Prozent gestiegen. Auf den ersten Blick mögen diese zusätzlichen Kosten gering erscheinen, die Auswirkungen sind allerdings gravierend: Nach OECD-Berechnungen dürften die Handelsströme um bis zu 9 Prozent zurückgehen – und zwar dauerhaft. Die internationale Arbeitsteilung wird zurückgedreht, ein wenig zumindest. Unternehmen überprüfen ihre globalen Wertschöpfungsketten, die sie in den vergangenen Jahren mühsam geknüpft haben, und stellen fest, dass sich manch internationale Lieferverbindung nicht mehr lohnt. Folge: Die Produktivitätsgewinne der Neunzigerjahre stehen zur Disposition. »Weitere Terroranschläge«, warnt die OECD, »würden diese Entwicklung noch verschlimmern.« Am schwersten getroffen werden Entwicklungsländer, gerade solche, die – wie die Nahoststaaten – als unsicher gelten.

Die internationale Agenda ist seit dem 11. September 2001 verändert. Deutlich zutage tritt seither, dass Amerikaner und Europäer nicht mehr unbedingt an einem Strang ziehen. Das Zerwürfnis um den Irak-Krieg – zumindest mittelbar eine Folge des 11. September – lieferte hierfür das anschaulichste Beispiel. Die Eintrübung der politischen Beziehungen stärkt Tendenzen, die das multilaterale Handelssystem der Welthandelsorganisation (WTO) bereits seit längerem aushöhlen:

- Rund um den Globus versuchen Amerika und die Europäische Union, einzelne Länder mit bilateralen Handelsabkommen an sich zu binden – ein Verstoß gegen WTO-Prinzipien.
- Die EU und die USA versuchen jeweils, Handelsblöcke um sich zu scharen. Beide sind bestrebt, die ökonomische Integration der angrenzenden ärmeren Länder zu vertiefen – Regionalismus statt Internationalismus.

• Die Zahl der Handelsstreitigkeiten zwischen Amerika und Europa nimmt zu – Ausdruck eines wieder auflebenden Protektionismus auf beiden Seiten.

Die EU verfolgt schon seit Jahren die Strategie, bevorzugte Handelspartner mit Sonderabkommen an sich zu binden, jenseits der WTO. Inzwischen haben die Europäer bilaterale Vereinbarungen mit den Mittelmeeranrainern getroffen, ebenso mit den ehemaligen französischen Kolonien in Afrika, der Karibik und im pazifischen Raum (AKP-Länder), den lateinamerikanischen Mercosur-Staaten, mit Mexiko und vielen anderen. Das Kalkül ist klassisch merkantilistisch: Der Marktzugang für EU-Unternehmen in diesen Ländern verbessert sich, im Gegenzug wird der europäische Markt für Güter aus den Vertragsstaaten teilweise geöffnet. Seit kurzem macht die US-Regierung der EU mit gleichen Mitteln Konkurrenz und setzt auf einen »competitive regionalism«. Wenn auch mit anderen Zielen: Den USA geht es in erster Linie um politischen Einfluss. So schloss der US-Handelsbeauftragte Robert Zoellick Abkommen mit Marokko (»eines der Länder, die nach dem 11. September an unserer Seite standen«) und Australien (»ein großartiger Freund, der in jedem Krieg des 20. Jahrhunderts mit uns kämpfte«) – Zuckerbrot für Wohlverhalten.

»Der Hang zum Regionalismus ist ein erhebliches Problem«, sagt Rolf Langhammer, Vizepräsident des Instituts für Weltwirtschaft in Kiel. »Wir geraten in ein Hase-und-Igel-Spiel: Amerikaner und Europäer wetteifern um einzelne Länder.« Nicht immer zur Freude der betroffenen Länder, die vielfach unter diesem Regionalismus leiden. So äußerte der brasilianische WTO-Botschafter Luiz Felipe de Seixas Correa in einem Gespräch mit mir im Sommer 2003: »Wir sind gegen die regionalen Abkommen. Sie nützen letztlich nur den Großen, den USA und der EU. Was Brasilien braucht, ist eine allgemeine Liberalisierung des Welthandels, vor allem der Agrarmärkte. Das sind die Produkte, bei denen wir Wettbewerbsvorteile haben. Wenn wir sie auf den Weltmärkten anbieten könnten, würden wir uns stärker in die Weltwirtschaft integrieren und auch mehr aus Nordamerika und Europa importieren können.«

Aber statt einer allgemeinen Liberalisierung insbesondere der beiderseits des Atlantiks stark geschützten Agrarmärkte verstricken sich die Handelsgroßmächte in einen egoistischen Konkurrenzkampf, der die wichtigste Errungenschaft der WTO und ihres Vorgängers, des Allgemeinen Zoll- und Handelsabkommens GATT, zu zerstören droht: den multilateralen Ansatz. Den WTO-Regeln zufolge sollen für alle Vertragsstaaten grundsätzlich die gleichen Zollsätze und die gleichen Regeln gelten. Regierungen dürfen Importe aus einzelnen Ländern nicht diskriminieren; im Streitfall entscheidet ein WTO-Schiedsgericht und nicht etwa das Recht des Stärkeren. Je mehr das Unwesen bilateraler Abkommen um sich greift, desto mehr aufwändige Zollkontrollen werden nötig, weil Waren aus unterschiedlichen Ländern nun unterschiedlich behandelt werden – bürokratische Hürden, die den freien Handel behindern. Die Logik des »competitive regionalism« ist auch bei der Handelsliberalisierung hinderlich: Politiker, die einzelnen Staaten Handelsvorteile einräumen wollen, scheuen vor einer allgemeinen Marktöffnung zurück, bei der sie allen Ländern die gleichen Vorteile gewähren müssten.

Neben den bilateralen Vereinbarungen, die einzelne Länder miteinander treffen, drohen regionale Zusammenschlüsse die multilaterale WTO-Ordnung zu stören. So wollen die USA ab 2005 eine gesamtamerikanische Freihandelszone (FTAA) einrichten, die von Alaska bis Feuerland reichen soll; die EU wird bis dahin zehn weitere Mitgliedstaaten aufgenommen haben. Diese Großprojekte erfordern so manchen politischen Kraftakt. Sie nehmen die Aufmerksamkeit der Regierungen in den beteiligten Ländern in Anspruch und lenken von dem Drama ab, das sich auf der WTO-Bühne abspielt. Die Globalisierung legt eine Pause ein.

Amerikaner und Europäer ringen nicht nur um handelspolitische Einflusssphären rund um den Globus. Auch im Handel untereinander nehmen die Konflikte seit einigen Jahren zu. So klagen die Europäer beispielsweise über Hilfen für US-Stahlwerke. Die Amerikaner irritiert Europas Weigerung, genetisch veränderte Organismen einzuführen, etwa Saatgut.

Die rasche Ausweitung des Handels in den Neunzigerjahren hat eine Gegenbewegung geschürt: einen neuen Protektionismus. Dahinter steckt auch ein grundsätzlicher, ja geradezu philosophischer Konflikt zwischen Kontinentaleuropäern einerseits sowie Angelsachsen und vielen Entwicklungsländern andererseits über Grundsätze der Wirtschaftspolitik. Die Brüssel-Europäer beharren darauf, dass sie ihren Lebensstil schützen dürfen, was der Rest der Welt zu akzeptieren habe: eine Landwirtschaft, die in kleinbäuerlichen Strukturen verharrt; Nahrungsmittel, die nicht genetisch manipuliert wurden; Wein, der in Eichenfässern gereift ist und dem nicht mit Holzspänen Eichengeschmack zugefügt wurde wie bei der australischen Konkurrenz; eine mit hohen Subventionen und Handelsschranken vor der Hollywood-Konkurrenz geschützte eigene Filmindustrie – und so weiter. All das halten die Europäer für unverzichtbare Bestandteile ihres Way of Life, den sie mit verschiedenen Instrumenten schützen wollen. Die Amerikaner, aber auch viele Entwicklungsländer, kontern, derlei »sachfremde Erwägungen« seien schlichter Protektionismus. Pascal Lamy hat die Brisanz des Konflikts um solche Glaubensfragen erkannt. Diese »fundamentalen Themen«, hat der EU-Handelskommissar festgestellt, seien dazu angetan, die EU und die USA in der Handelspolitik »auseinander zu treiben«. Offenbar verfügten Europäer und Amerikaner über »sehr unterschiedliche Wertesysteme«. Hier die vorsichtige, staatsgläubige Alte Welt, dort die risikofreudige, marktgläubige Neue Welt – auf Dauer schwer kompatibel. Eine düstere Warnung.

Lässt sich die Globalisierung zurückdrehen? Ja, selbstverständlich. Auch die offene Weltordnung des 19. und frühen 20. Jahrhunderts zerbrach, zunächst im ersten Weltkrieg, dann endgültig im Handelskrieg der Dreißigerjahre. »In vielerlei Hinsicht ist die Situation heute ähnlich wie damals, als die Welt für zehn Jahre in die Große Depression rutschte«, hat mir der Wirtschaftshistoriker Harold James, Professor an der Princeton University, erklärt. Börsencrash, Deflation, zerrüttete internationale Beziehungen – glauben Sie nicht, sagte James, heute sei alles anders. Aber wir hätten doch heute eine offene Welt, wandte ich ein. Das Internet schaffe eine weltumspannende Kommunikation. Seine Antwort: »Die Möglichkeit der kontinentübergreifenden Verständigung ist nicht so neu, wie Sie denken. In der zweiten Hälfte des 19. Jahrhunderts entstanden transatlantische Telegrafen- und Telefonleitungen. Viele Leute glaubten damals: Nun sind wir so eng verbunden, dass Nationalismus, Protektionismus und Krieg unmöglich sind. Es kam anders.« – »Und die Multis?«, fragte ich. Im Unterschied zu früher gebe es heute globale Unternehmen. Sie hätten bei einer Abschottung so viel zu verlieren, dass sie sich mit allen Mitteln wehren würden. »Überschätzen Sie die Multis nicht«, gab James zu bedenken. »Bereits um die Jahrhundertwende gab es eine Menge multinationaler Konzerne. Siemens betrieb schon vor dem Ersten Weltkrieg Fabriken in Großbritannien. Die Multis haben den Krieg nicht verhindert.«

Nach dem großen Boom und der New-Economy-Bubble ist die Globalisierung in Gefahr. Das gilt im Jahr 2004 genauso wie im Jahr 1930.

Politische Ökonomie: Was treibt die Globalisierungsgegner?

Es ist beinahe paradox: Während die Fachleute befürchten, die globalisierte Welt könne sich wieder schließen, gewinnen die Globalisierungsgegner erst richtig an Kontur. Wie passt das zusammen? Es liegt im Wesentlichen in der organisatorischen Logik von Interessengruppen begründet. Bis sich eine Gruppe formiert, dauert es Jahre. Besteht sie aber erst einmal, beginnt sie ein Eigenleben zu entwickeln. Aktivisten werden zu Profis, sie verfolgen ihre eigene Agenda. Zum Beispiel die Autorin Naomi Klein, deren verworrenes Anti-Markenartikel-Buch *No Logo* weltweite Aufmerksamkeit erlangt hat. Inzwischen hat sich Miss Klein selbst zur Marke stilisiert, zur Leitfigur der Globalisierungskritik, weshalb sie zur gefragten und hoch bezahlten Vortragsrednerin avanciert ist.

Die Globalisierungsgegner sind präsent wie nie – auch wenn der Prozess, gegen den sie kämpfen, längst abgekühlt ist. Die Globalisierung ist Realität, die wichtigsten Anpassungen bereits Vergangenheit. In den frühen Neunzigerjahren, als im ersten Schwung der weltweiten Wirtschaftsintegration Millionen Jobs verloren gingen, wären Proteste verständlich gewesen. Aber heute? Aktuell besteht die größte Gefahr für Arbeitsplätze in einem Zurückdrehen der Globalisierung. Verfolgten sie einen nachvollziehbaren Kurs, so müssten sich die Globalisierungsgegner darüber freuen und ihre Proteste einstellen. Das geschieht aber nicht. Ähnlich wie die Bauernverbände und die Industriegewerkschaften sind die Globalisierungsgegner in einer längst vergangenen Epoche gefangen.

Was nicht heißen soll, die Aktivisten seien harmlos: In einer Phase ohnehin sichtbarer internationaler Spannungen, in einer Zeit, da die Regierungen weiteren Grenzöffnungen zögerlich gegenüberstehen und sich Handelskonflikte verschärfen, stärken die Globalisierungsgegner zur Unzeit die Front der Gegner. Eine tragische Entwicklung.

Irrtum 12: Einwanderung bedroht den Wohlstand einer Nation

Bei einem Pressediner mit Blick auf den Genfer See führte ich einmal ein langes Gespräch mit dem Vorstandsmitglied eines großen deutschen Autokonzerns. Der Herr gab sich weltoffen, gewandt und interkulturell bewandert – wie man als Manager eben heute zu sein hat. China, Osteuropa, USA – überall war er unterwegs. Toll, was da gearbeitet und geleistet werde. Ein paar Gläser Wein später kamen wir auf Politik zu sprechen, auf die quälende Debatte um ein Einwanderungsgesetz für Deutschland. Er sagte: »Also, das geht nicht. Sie können nicht noch mehr Ausländer hier hereinlassen. Der Deutsche akzeptiert das nicht. Wollen Sie die in der Nachbarschaft wohnen haben? Also ich nicht ...« Und so weiter. Ausländer, so erklärte er mir, sollten da bleiben, wo sie sind. Hierzulande brächten sie alles nur durcheinander. »Der Deutsche« werde verdrängt von den Fremden, sein Job sei bedroht, die Mieten stiegen. Das gesellschaftliche Klima werde vergiftet.

So deutlich hört man diese Position aus dem Munde von Spitzenkräften aus Wirtschaft und Politik selten – und natürlich nur, wenn dem Gesprächspartner Anonymität zugesichert wird. Eine Position übrigens, die nicht weit entfernt ist von der Linie der Unionsparteien. Roland Koch wurde mit einer Unterschriftenkampagne gegen die doppelte Staatsbürgerschaft Ministerpräsident von Hessen. Sein nordrhein-westfälischer Kollege Jürgen Rüttgers machte mit dem Slogan »Kinder statt Inder« Stimmung gegen die Einwanderung hoch qualifizierter Computerfachleute per »Green Card«. Das Einwanderungsgesetz der rot-grünen Regierung scheiterte an der Klage der unionsregierten Bundesländer vor dem Bundesverfassungsgericht. Deutsche Arbeitsplätze für deutsche Beschäftigte: So lautet die versteckte oder offen verkündete Botschaft.

Wie so häufig in Deutschland ist die Debatte – teils aus politischem Kalkül – derart emotional aufgeladen, dass rationale Lösungen kaum erreichbar scheinen. Um es deutlich zu sagen: Ökonomische Argumente gegen Einwanderung sind vorgeschoben. Der Zuzug mobiler, leistungsfähiger Ausländer birgt für die sesshaften Einheimischen einen erheblichen Nutzen, erst recht in einer alternden, müden Gesellschaft wie der deutschen.

Wirtschaftswachstum resultiert aus dem Streben vieler Menschen nach mehr – nach mehr Wohlstand, mehr Ansehen, mehr Macht, mehr Möglichkeiten zur Selbstentfaltung. Wachstum beginnt mit dem Willen, ein besseres Leben führen zu wollen (siehe Irrtum 1). Migranten beweisen eindrucksvoll, dass sie ebendies wollen: Sie verlassen ihre Heimat, um in der Fremde ein besseres Leben zu führen. Doch in Deutschland werden sie als »Wirtschaftsflüchtlinge« diffamiert.

Einwanderung in Deutschland

»Deutschland ist kein Einwanderungsland« – dieser Satz beschreibt die wohl größte Lebenslüge der deutschen Konservativen. »Mythen, Scheinwahrheiten und Tabus«, kritisiert Thomas Straubhaar, Präsident des Hamburgischen Welt-Wirtschafts-Archivs (HWWA), ein international bekannter Migrationsforscher, trübten in der »deutschen Zuwanderungsdiskussion die Klarheit des Denkens«. Vielleicht helfen zunächst ein paar Zahlen und Fakten, um ein nüchterneres Bild zu gewinnen.

Es besteht kein Zweifel, dass Deutschland ein bedeutendes Einwanderungsland ist, allein wegen seiner Größe, seines immer noch großen Wohlstands und seiner geografischen Lage an der Schnittstelle zwischen dem reichen Westen und dem armen Osten Europas. Rund 9 Prozent der Bevölkerung und der Erwerbstätigen sind Ausländer. Kein anderes großes westeuropäisches Land hat einen derart hohen Ausländeranteil.

Aber was heißt schon »Ausländer«? Nach der Statistik gelten auch jene 1,5 Millionen Personen als Ausländer, die in der Bundesrepublik geboren wurden, die aber nicht die deutsche Staatsbürgerschaft besitzen. Hingegen werden die 3,2 Millionen »Aussiedler«, also jene Deutschstämmigen, die aus Osteuropa eingewandert sind, von der Statistik als Deutsche erfasst, sobald sie sechs Monate im Land sind. Dazu kommen noch rund eine Million eingebürgerte Personen mit vormals ausländischer Staatsbürgerschaft. Rechnet man Menschen nichtdeutscher Nationalität sowie Aussiedler und Eingebürgerte zusammen, summiert sich der Bevölkerungsanteil der »Fremden« auf 12 Prozent.

Diese Zahlen sind das Ergebnis einer beachtlichen Wanderungsdynamik. Zwischen 1954 und 2000 zogen rund 31 Millionen Deutsche und Ausländer in die Bundesrepublik. Im gleichen Zeitraum verließen 22 Millionen Menschen Deutschland. Die Zahl der Einwanderer überstieg also die Zahl der Auswanderer um 9 Millionen – eine Nettozuwanderung von durchschnittlich 200 000 Menschen jährlich.

Insbesondere die Neunzigerjahre waren ein Jahrzehnt breiter Wanderungsströme. Nachdem sich der Eiserne Vorhang gehoben hatte und die Grenzen zwischen Ost und West durchlässig geworden waren, wanderten Deutschstämmige aus Polen, Rumänien und den Staaten der ehemaligen Sowjetunion in die Bundesrepublik ein. Um den ungehinderten Zuzug zu begrenzen, wurde 1993 eine Höchstzahl von jährlich 225 000 Aufzunehmenden festgelegt, die sukzessive abgesenkt wurde auf inzwischen 100 000 jährlich. Im Jahr 2000 kamen noch 95 000 Aussiedler nach Deutschland, fast ausschließlich aus Staaten der früheren Sowjetunion.

Auch die Flüchtlingszahlen nahmen in den späten Achtziger- und frühen Neunzigerjahren stark zu. Per parteiübergreifendem »Asylkompromiss« wurde die Aufnahme von politisch Verfolgten ab 1992, dem Jahr, als die bisherige Höchstzahl von 438 000 Asylsuchenden in die Bundesrepublik kam, erheblich erschwert. Inzwischen ist die Zahl der Asylbewerber auf knapp 80 000 pro Jahr gesunken – gemessen an der Bevölkerungszahl ein im europäischen Vergleich eher niedriger Wert.

Als Folge der Bürgerkriege auf dem Balkan nahm Deutschland zudem allein 345 000 Flüchtlinge aus Bosnien-Herzegowina auf. Die meisten von ihnen sind inzwischen zurückgekehrt.

Eine Sonderregelung besteht für Juden aus Staaten der ehemaligen Sowjetunion, von denen inzwischen rund 150 000 Personen in die Bundesrepublik eingewandert sein dürften.

Dazu kommt noch die große Gruppe illegaler Wanderarbeiter aus Osteuropa, insbesondere aus Polen, die mit Touristenvisa einreisen, jedoch Gelegenheitsjobs in Deutschland nachgehen, in privaten Haushalten, in der Altenpflege und auf dem Bau. Genaue Zahlen existieren nicht, nach Schätzungen dürfte es sich um mehr als eine Million Menschen jährlich handeln.

Eine ökonomische Bürde?

Die Zahlen belegen, dass die Struktur der Einwanderung nach Deutschland sich in den vergangenen Jahrzehnten verschoben hat. Zunächst, von Ende der Fünfziger- bis Mitte der Siebzigerjahre, kamen vorwiegend Arbeitsmigranten: gezielt angeworbene Gastarbeiter für die deutsche Industrie, die mit ihrer Schaffenskraft dafür sorgten, dass der deutsche Wachstumsmotor in dieser Boomphase nicht heißlief. Nach dem »Anwerbestopp« in den Siebzigerjahren versiegte die Strom der Arbeitsmigranten.

Immer arbeitsmarktfernere Einwanderergruppen zogen nach Deutschland: Familienmitglieder der Gastarbeiter; Asylbewerber, denen legale Arbeit per Gesetz untersagt wurde; Aussiedler, die angezogen wurden von der deutschen Wohlstandsrepublik, häufig schlecht qualifiziert, viele von ihnen im Rentenalter.

Inzwischen sind selbst echte Aussiedler, also Deutschstämmige im Sinne des Gesetzes, in der Minderheit unter den 100 000 Personen, die jährlich Aufnahme in die Bundesrepublik beantragen. Nur noch 26 Prozent sind »deutsche Volkszugehörige«, 63 Prozent hingegen »Ehegatten und Abkömmlinge, die keine deutschen Volkszugehörigen sind bzw. diese Eigenschaft nicht glaubhaft gemacht haben«, so die Unabhängige Kommission »Zuwanderung«, die im Auftrag der Bundesregierung die deutsche Migrationspolitik unter die Lupe nahm. Der überwiegende Teil der Aussiedler und ihrer Angehörigen verfüge nicht über »hinlängliche Kenntnisse der deutschen Sprache«, urteilt die Kommission; somit sei »eine wesentliche Grundlage für eine erfolgreiche Integration von vornherein nicht gegeben«.

Die wirtschaftlich motivierte Einwanderung der ersten Nachkriegsjahrzehnte ist damit abgelöst worden durch eine Einwanderung aus überwiegend humanitären, sozialen oder nationalen Gründen.[14] Und wer einmal hier ist – ob nomineller Ausländer oder Aussiedler –, kann kaum auf Hilfe hoffen, in die deutsche Gesellschaft, vor allem in den Arbeitsmarkt, integriert zu werden.

Die Folgen sind in den Statistiken nachzulesen: Die Hälfte der Zuwanderer besitzt einen niedrigen oder gar keinen Bildungsabschluss, verglichen mit nur 15 Prozent der einheimischen deutschen Bevölkerung. Nur 15 Prozent der Ausländer sind höher qualifiziert, verglichen mit 25 Prozent der Deutschen. Ein tiefer Bildungsgraben trennt Eingesessene und Ankömmlinge – so tief wie in keinem anderen wohlhabenden OECD-Land außer in Frankreich. In den angelsächsischen Ländern bietet sich ein ganz anderes Bild: In Kanada und Großbritannien findet sich unter der ausländischen Bevölkerung ein deutlich höherer Anteil gut Ausgebildeter als unter der heimischen; in den USA verfügen stolze 45 Prozent der Ausländer über eine höhere Bildung.

In Deutschland hingegen bilden Einwanderer die Ersatzmannschaft des Arbeitsmarkts. Mit dem schwachen Bildungsniveau sinken die Beschäftigungschancen. Das Risiko, arbeitslos zu werden, ist für Ausländer hierzulande mehr als doppelt so hoch wie für Einheimische. Sie sind die Gruppe, die am frühesten und am härtesten getroffen wird, wenn die Wirtschaft lahmt. Ganz anders in klassischen Einwanderungsländern: In den USA, Kanada und Australien sind die Arbeitslosenquoten der Ausländer niedriger als die der einheimischen – eine logische Folge der höheren Qualifikationsniveaus.

Die Probleme der Ausländer verfestigen sich und setzen sich fort, weil auch die Kinder der Einwanderer schlechte Chancen haben. Wie die Pisa-Studie gezeigt hat, grenzt das deutsche Bildungssystem die Kinder der Einwanderer systematisch aus. Das dreigliedrige Schulsystem verbannt sie auf die Hauptschulen, bestenfalls die Realschulen, allein weil ihre Deutschkenntnisse nicht ausreichen. Die Gymnasien sind bis heute vorwiegend deutsche Reservate. Folglich bleibt auch der Hochschulzugang ganz überwiegend den Kindern der gehobenen deutschen Schichten vorbehalten.

So wird das Vorurteil, dass Einwanderung eine Bedrohung sei, zur sich selbst erfüllenden Prophezeiung. Und zwar nicht, weil Ausländer Inländern die angeblich begrenzte Zahl von Arbeitsplätzen wegnähmen, sondern weil Einwanderer und ihre Nachkommen sich in Deutschland nicht ökonomisch entfalten können. Sowohl die Auswahl derjenigen, die ins Land dürfen, als auch ihre Behandlung führen zu einer zusätzlichen Belastung der Sozialsysteme, wo eine Entlastung durch Einwanderung dringend geboten wäre.

Leistungsfähige und Leistungswillige werden gebraucht: Akademiker, Fachleute mit Biss, Unternehmertypen, die in Deutschland Firmen gründen wollen. Schon heute betreiben rund eine Viertelmillion Ausländer Unternehmen. Mehr wären besser. Akademiker jeder Couleur, nicht nur Computerfachleute, die unter die »Green-Card«-Regelung fallen, sollten zuwandern dürfen. Bislang dauert es Monate, bis ein Unternehmen für einen neuen hoch qualifizierten Mitarbeiter eine Arbeits- und Aufenthaltserlaubnis erhält. Ein viel zu langer und bürokratischer Prozess, gerade für kleine Technologieunternehmen. Während andere Länder um Hochqualifizierte werben, leistet sich Deutschland den Luxus, sie abzuschrecken.

Migration und Demographie

Die Bundesrepublik steuert auf eine äußerst ungünstige Lage zu: Die Bevölkerung altert rapide, künftig wird sie schrumpfen. Selbst wenn in Zukunft wie im Durchschnitt der vergangenen Jahrzehnte jährlich

200 000 Menschen mehr nach Deutschland ein- als von dort auswandern, wird ab dem Jahr 2012 das Potenzial an Erwerbspersonen sinken, so eine Modellrechnung des Instituts für Arbeitsmarkt- und Berufsforschung (IAB). Selbst die von vielen Deutschen als hoch empfundene Zuwanderung der Vergangenheit wird also die demographischen Probleme nicht lösen können, kann sie aber sehr wohl lindern. Ohne Zuwanderung würde die Zahl der Bürger im erwerbsfähigen Alter bereits heute sinken. Wir wären längst gefangen in der demographischen Falle (siehe auch Irrtum 20).

Seit Anfang der Siebzigerjahre werden in Deutschland weniger Kinder geboren, als zum Erhalt der Bevölkerungsstärke notwendig wären. Eine derartige Fortpflanzungsabstinenz trat in keinem anderen entwickelten Industrieland auf. Nur Einwanderung hat bislang einen Bevölkerungsrückgang verhindert (siehe Abbildung 11).

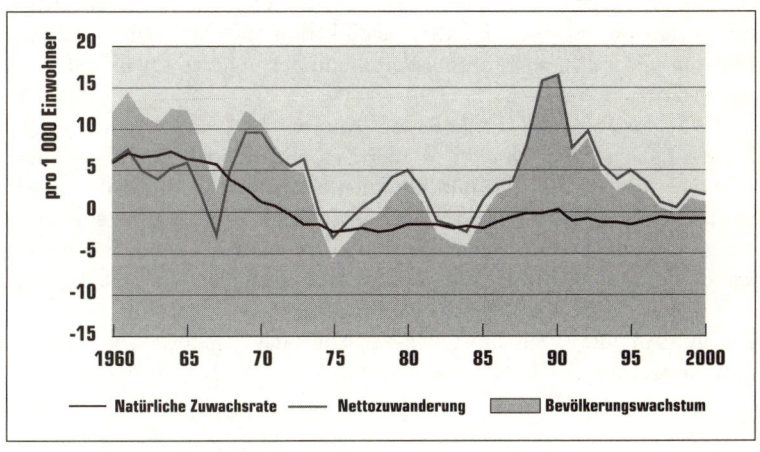

Abb. 11: Bevölkerungsentwicklung in Deutschland, 1960–2000 (jährliche Veränderung pro 1 000 Einwohner).
Quelle: OECD Migration Report

Dass auch künftig der Zustrom von außen sich unvermindert fortsetzt, ist eine sehr optimistische Erwartung. Eher dürfte die Zahl sinken: Erstens ist die stagnierende, in Verteilungskämpfen gefangene deutsche Gesellschaft des frühen 21. Jahrhunderts vergleichsweise unattraktiv für Einwanderer. Zweitens bieten Länder wie Polen, Rumänien und die Türkei, aus denen bisher Menschen nach Deutschland kamen, ihren Bürgern inzwischen bessere Arbeits- und Lebenschancen als früher, insbesondere durch den in Aussicht gestellten Beitritt zur Europäischen Union. Drittens wird der Wettbewerb um Einwanderer, gerade um Hochqualifizierte, immer härter. Die angelsächsischen Länder – zumal Nordamerika und Australien, aber auch Irland und Großbritannien – haben aufgrund ihrer offeneren Gesellschaften und der größeren Verbreitung der englischen Sprache in diesem »Krieg um die Köpfe« wichtige Vorteile auf ihrer Seite.

Obwohl Deutschland in der Liga der Einwanderungsländer definitiv zweitklassig ist, sollten Politik, Wirtschaft und Bürger alles daran setzen, gerade Hochqualifizierten und ihren Familien die Übersiedlung nach Deutschland schmackhaft zu machen.[15] Denn nicht nur die Prognosen zur Bevölkerungsentwicklung im Allgemeinen, sondern gerade auch die Schätzungen hinsichtlich der künftigen Qualifikationsstruktur sind Besorgnis erregend. Mittelfristig, so eine Studie des Kieler Instituts für Weltwirtschaft, sei »am unteren Ende der Qualifikationsleiter mit Angebotsüberschüssen und im Bereich der mittleren und der höheren Qualifikationen mit Defiziten zu rechnen«.

Die Schlussfolgerung ist eindeutig: Künftig sollten Einwanderer nicht mehr möglichst deutsch sein, sondern möglichst hoch qualifiziert und möglichst jung. Im Idealfall kommen ausländische Studenten nach Deutschland, um nach dem Abschluss hier zu bleiben, zu arbeiten, Familien zu gründen und deutsche Staatsbürger zu werden. Gerade ihnen sollten das Kommen (durch Einrichtung von Eliteunis und Gewährung großzügiger Stipendien) und das Bleiben (durch liberale Einbürgerungsregeln und ein gutes Preis-Leistungs-Verhältnis des Standorts) schmackhaft gemacht werden.

Politische Ökonomie: Wie die Mittelschichten sich gegen den Wettbewerb von außen abschotten

Angesichts der überwältigenden Argumente für eine liberale, ökonomisch motivierte Einwanderungspolitik sowie angesichts der Erfahrungen gerade der angelsächsischen Länder ist es bemerkenswert, wie ideologisch und tabubeladen die Debatte in Deutschland geführt wird. Allerdings verbergen sich hinter all den Vorurteilen ganz handfeste ökonomische Interessen: Die Mittelschichten schirmen sich vor ausländischen Wettbewerbern ab.

Während die weniger privilegierten Schichten in den vergangenen Jahrzehnten massiv dem Wettbewerb durch Einwanderer ausgesetzt wurden – zuerst durch südeuropäische Gastarbeiter, seit Ende der Achtzigerjahre durch deutschstämmige Aussiedler und geduldete illegale Wanderarbeiter aus osteuropäischen Ländern –, blieb den Mittelschichten ein vergleichbarer Wettbewerbsdruck erspart. Während Besserverdienende in den Genuss billiger (illegaler) Hilfen in Haus und Garten kommen, müssen die Unterschichten damit zurechtkommen, dass die Löhne für solche einfachen Dienstleistungen sinken, gerade in Großstädten, wo sich viele Einwanderer ballen.

Die Mittelschichten bleiben unter sich: Sie dulden keine Konkurrenten, die ihnen gefährlich werden könnten. Die politische Speerspitze der Mittelschichten, die Unionsparteien, haben ein Einwanderungsgesetz blockiert, das eben diese Öffnung herbeiführen sollte. Und die Schulen sorgen dafür, dass auch die Kinder von Einwanderern kaum Chancen auf einen gesellschaftlichen Aufstieg haben.

Eine kurzsichtige Strategie, denn die Abschottung vor dynamischen Leistungsträgern gefährdet letztlich auch die Sesshaften: Der Wirtschaftsstandort wird unattraktiv, die ökonomische Leistungskraft lässt nach, die Sozialsysteme geraten aus den Fugen. Nicht nur der demographisch bedingte heraufziehende Mangel an Menschen im leistungsfähigen Alter wird zum Problem, auch der fehlende Wettbewerb durch dynamische Newcomer. Ein verstärkter Konkurrenzdruck durch hoch qualifizierte Einwanderer würde auch die Leistungs- und Bildungsbereitschaft der hiesigen Mittelschichten anspornen. Eine offene, neugierige Gesellschaft könnte von den fremden Mitbürgern viel lernen; neue Kombinationen aus Neuem und Bekanntem ergäben sich – nach Joseph Schumpeter die Keimzelle aller Innovation, allen technologischen und gesellschaftlichen Fortschritts.

Aber wir bleiben ja lieber unter uns. Wie sagte noch der Automanager beim Diner über dem Genfer See? »Wollen Sie die in Ihrer Nachbarschaft wohnen haben? Also ich nicht …«

Irrtum 13: Es schadet, wenn heimische Unternehmen durch Ausländer übernommen werden

Sieht so ein Topmanager eines geschlagenen Unternehmens aus? Jim Schroer, der Vertriebschef von Chrysler, saß mir in ausladender Pose in seinem Büro in Auburn Hills (Michigan) gegenüber, trank Cola aus der Plastikflasche und strahlte Selbstbewusstsein und Optimismus aus. Im Herbst 2002 besuchte ich Schroer, einen jugendlich wirkenden Mann von 50 Jahren, um mit ihm über die amerikanische Konjunktur und über Chryslers Zukunft zu reden. Die Lage war schwierig, aber Schroer erfreute sich bester Laune. Neue Modelle, moderne Technologien, viel Geld – Chrysler habe alles, um im härteren Wettbewerb bestehen zu können. »Wir werden in den nächsten fünf Jahren 30 Milliarden Dollar investieren. Stellen Sie sich das vor. 30 Milliarden Dollar. Das ist wirklich kühn.« Besonders stolz war Schroer auf das neue Modell »Crossfire«, einen Chrysler – aber das sagte er nicht –, der voller Mercedes-Technologie steckt.

Chrysler würde vermutlich nicht mehr existieren, hätte Daimler den amerikanischen Autobauer nicht 1998 übernommen und ihn seither mit Geld und Know-how gepäppelt. Chrysler ist ein gutes Gegenbeispiel für das verbreitete Vorurteil, es sei schlecht, wenn heimische Unternehmen durch ausländische Konzerne übernommen würden. Die landläufigen Ängste lauten: Wie Piraten fielen ausländische Investoren über ehrbare, arglose heimische Unternehmen her, schlachteten sie aus, vernichteten Arbeitsplätze. Hätten die Übeltäter ihr Werk vollendet, zögen sie weiter, um die nächste Firma zu ruinieren.

In der großen Mehrzahl der Fälle jedoch zeitigt eine Übernahme positive Folgen, gerade für das übernommene Unternehmen. Dennoch müht sich die Managerelite – nicht nur die deutsche – nach Kräften, ausländische Übernahmen zu verhindern: Die Deutschen haben 2001 die Übernahmerichtlinie der Europäischen Union blockiert, die grenzüberschreitende Firmenkäufe erleichtern soll, indem sie gemeinsame europaweite Spielregeln etabliert. Gesetzliche Wettbewerbsnachteile deutscher Unternehmen – die immer noch bestehenden Staatsbeteiligungen und die gewerkschaftliche Mitbestimmung in den Aufsichtsräten – bleiben erhalten, auch weil sie einen effektiven Schutz vor Übernahmen durch ausländische Wettbewerber bieten; sie sind »Giftpillen«, die ausländischen Interessenten den Appetit verderben sollen. Wirtschaft und Politik rechtfertigen diese Abwehrhaltung mit dem angeblichen Schutz des »deutschen Modells« vor den bösen Übernehmern.

Tatsächlich ist es sowohl für Unternehmen und Branchen als auch für Volkswirtschaften als ganze von großem Vorteil, wenn ausländische Konzerne einsteigen.

Manager-Motive: Warum ausländische Unternehmen übernommen werden

Die Antwort auf die Frage, ob es vorteilhaft oder nachteilig für ein Unternehmen oder ein Land ist, wenn Ausländer einsteigen, hängt natürlich davon ab, welche Motive der Übernehmer verfolgt. Die Übernahmewelle der zweiten Hälfte der Neunzigerjahre, so der Kieler Forscher Henning Klodt, hatte vor allem zwei Antriebskräfte: die Globalisierung und die Deregulierung. Globalisierung bedeutet, dass die Märkte wachsen. Die Unternehmen folgen tendenziell diesem Trend und wachsen mit. Warum? Weil sie glauben, ihre vorhandene Produktionsbasis besser ausnutzen zu können: Wenn sie ein erfolgreiches Geschäftsmodell international ausdehnen, können sie die Produktivität steigern und somit mehr Geld verdienen.

Diese Größenvorteile können sowohl auf der Vertriebs- als auch auf der Produktionsseite liegen. Manchmal will ein Unternehmen vor allem den lokalen Markt im Zielland bedienen; manchmal geht es darum, Teile der Produktion ins Ausland zu verlagern; häufig vermischen sich bei Firmenübernahmen beide Motive.

Bei der großen Welle der Investitionen in den USA, deren markantester Fall die Fusion von Chrysler mit Daimler war, stand der Zugang zum großen US-Markt im Zentrum des Interesses. Wer wachsen will, muss auf dem wichtigsten Verbrauchermarkt der Welt präsent sein. Mehr noch: Er muss dort eine führende Rolle anstreben, in einem fremden Land, einer fremden Kultur mit anderen Geschmäckern und Gepflogenheiten – Hürden, die es ratsam erscheinen lassen, nicht mit einer neu gegründeten Tochterfirma an den Start zu gehen, sondern ein etabliertes dortiges Unternehmen zu übernehmen.

Wer auf einem ausländischen Markt verkaufen will, der muss meist auch einen Teil seiner Produktion dorthin verlagern. Aus drei Gründen: Zum ersten, weil es aus der Ferne schwierig ist, den Geschmack der dortigen

Käuferschaft genau zu beurteilen (so bauen Mercedes und BMW ihre vor allem auf den US-Markt zielenden Geländewagenmodelle M und X5 in Amerika); zum zweiten, weil handelspolitische Konflikte (siehe Irrtum 11) den Absatz erschweren könnten; zum dritten, weil eine Aufwertung der heimischen Währung (siehe Irrtum 14) zur Folge haben kann, dass die Produkte auf dem ausländischen Absatzmarkt nicht mehr konkurrenzfähig sind.

In einigen Branchen, insbesondere bei Strom, Verkehr und Transport, eröffnete die Liberalisierung und Privatisierung in den Neunzigerjahren Möglichkeiten zum Einstieg in Großunternehmen. So haben sich der schwedische Stromkonzern Vattenfall und der französische Staatsmonopolist Electricité de France (EDF) inzwischen als bedeutende Anbieter auf dem deutschen Strommarkt etabliert.

Unternehmen, die ausschließlich ihre Produktion internationalisieren wollen, aber kein besonderes Interesse am fremden Absatzmarkt haben, bauen eher eigene Firmen im Ausland auf, als dortige zu übernehmen. So hat die deutsche Autoindustrie eigene Werke in Ungarn, Tschechien, der Slowakei und Polen errichtet – Investments auf der grünen Wiese, ohne eingesessene Firmen zu übernehmen. Die Konzerne kombinieren deutsches Know-how mit den niedrigen Kosten des ausländischen Standorts.

Ein anderer Fall sind Firmen, die über interessantes Know-how verfügen, etwa Hightech-Firmen der IT- und Biotech-Branchen. Per Übernahme kann sich ein anderes Unternehmen dieses Wissen aneignen – ein häufiger Vorgang in den späten Neunzigerjahren.

Von Ausländern ausgebeutet?

Der Zugang zu einem ausländischen Markt ist das überragende Motiv für die Übernahme ausländischer Unternehmen. Ein Umstand, der kaum den Verdacht rechtfertigt, der Übernehmer wolle die übernommene Firma ausbluten. Er mag sie vielleicht kulturell und personell dominieren,[16] aber eine Firma ausbeuten, für die der Übernehmer viel Geld bezahlt hat und mit der er große strategische Ziele erreichen will? Eher findet das Gegenteil statt: Der Übernehmer muss das übernommene Unternehmen erst einmal sanieren. Diese Erfahrung haben viele deutsche Unternehmen gemacht, die in der Euphorie der späten Neunzigerjahre in den USA zu hohen Preisen Firmen aufgekauft haben, nicht nur Daimler. Insofern ist die Übernahme für den Übernommenen von Vorteil: Es fließen Geld und Know-how, erst dadurch wird die Wettbewerbsfähigkeit gesichert – und letztlich auch Arbeitsplätze.[17] Innerhalb eines Konzerns wird das Unternehmen in ein globales Netzwerk mit weltweiter Arbeitsteilung eingebunden. Als Teil dieses Netzwerks spezialisiert es sich einerseits auf bestimmte Bereiche und ist andererseits einem unternehmensinternen Wettbewerb ausgesetzt – beides mit dem Ziel, die Produktivität und damit die Wettbewerbsfähigkeit zu steigern.

Sicher, es gibt auch jene Finanzinvestoren, die sich als Piraten (»Corporate Raiders«) aufführen, die Firmen per feindlicher Übernahme unter ihre Kontrolle bringen, zerschlagen und die Einzelteile verkaufen. Sie treten insbesondere in Zeiten auf, in denen der Börsenwert eines Unternehmens niedriger ist als sein innerer Wert – wenn also die Zerschlagung des Unternehmens und der Verkauf der separaten Firmenteile mehr Geld versprechen, als die Börse für das gesamte Konglomerat zu zahlen bereit ist. Aber auch in diesem Fall stellt sich die Frage, ob die Zerschlagung tatsächlich für die einzelnen Firmenteile einen Nachteil bedeutet. Wenn sie einzeln einen höheren Preis erzielen, deutet dies darauf hin, dass sie zuvor nicht optimal geführt wurden und unter neuer Führung in einem neuen Firmenverbund höhere Erträge erwirtschaften können – dass sie also wettbewerbsfähiger und damit tendenziell stabiler werden.

Betriebs- und volkswirtschaftlicher Nutzen von Übernahmen

Die positiven Effekte von Übernahmen spiegeln sich in den Statistiken wider. Eine Untersuchung der OECD zeigt, dass Töchter von ausländischen Konzernen in allen Ländern deutlich produktiver sind und höhere Löhne zahlen als Firmen unter heimischer Herrschaft und dass sie auch in Deutschland mehr Technologien erhalten, als sie an die ausländischen Mütter liefern.

Der Nutzen, den Ausländer für die heimische Wirtschaft stiften, geht weit über das einzelne übernommene Unternehmen hinaus. Typischerweise kommt es zu einem »Überschwappen« (»Spill-over«), das die positiven Effekte weiterträgt. Magnus Blomström, Professor an der Stockholm School of Economics, hat die Ergebnisse diverser Fallstudien zusammengetragen. Demnach haben ausländische Direktinvestitionen folgende Wirkungen:

- Sie bringen neue Technologien ins Gastland und qualifizieren die dortigen Beschäftigten, die diese Kenntnisse und Fähigkeiten nach einem späteren Jobwechsel in anderen Firmen anwenden.
- Sie erhöhen den Wettbewerbsdruck im Gastland, was zu Preissenkungen und Produktivitätsverbesserungen führt.
- Die Investoren bringen Standards zur Kostenkontrolle und zur Qualitätssicherung mit und drängen ihre örtlichen Zulieferer, diese ebenfalls einzuführen – wodurch diese ihre Absatzchancen auf dem internationalen Markt erhöhen.
- Der höhere Wettbewerbsdruck durch die Präsenz der Multis bewirkt, dass heimische Unternehmen ihr Marketing verbessern, sodass sie auf dem heimischen und/oder dem Weltmarkt wettbewerbsfähiger werden.

Volkswirtschaftlich betrachtet ist auch die Zunahme des internationalen Handels zwischen den Multis und innerhalb dieser Konzerne vorteilhaft. Ausländische Direktinvestitionen und grenzüberschreitende Übernahmen sind der Motor der Globalisierung. Während Wirtschaft und Handel seit Anfang der Achtzigerjahre etwa um das Dreifache gewachsen sind, haben sich die internationalen Firmentransaktionen im gleichen Zeitraum verdreißigfacht. Internationaler Handel findet zum großen Teil innerhalb internationaler Großkonzerne statt oder wird von ihnen über Zulieferverflechtungen angeregt – mit den bekannten produktivitätssteigernden Folgen (siehe Irrtum 11).

Während diese Effekte besonders stark zutage treten, wenn Konzerne aus reichen in ärmeren Ländern investieren, so sind sie doch auch bei Übernahmen zwischen hoch entwickelten Ländern spürbar. Schließlich sind es in aller Regel die besten Unternehmen – die hoch effizient gemanagten, die produktivsten, die technologisch weit fortgeschrittenen –, die schwächere Firmen aufkaufen.

Manch angeschlagenes Unternehmen wäre denn auch froh, wenn es von einem potenten ausländischen Wettbewerber übernommen würde; das gilt beispielsweise für einige der extrem ertragsschwachen deutschen Großbanken (siehe Irrtum 4).

Spielt die Nationalität einer Firma denn gar keine Rolle?

Die bisher angeführten Argumente legen den Schluss nahe, dass es vollkommen gleichgültig ist, ob ein Unternehmen vom Inland oder vom Ausland aus geführt wird. Das stimmt natürlich nicht ganz: Der Sitz der Firmenzentrale bestimmt zumindest teilweise die Unternehmenskultur. Mit welchen Mitteln und Methoden das Topmanagement versucht, seine Ziele zu erreichen, hängt auch von den Wertvorstellungen ab, die am Stammsitz vorherrschen (und von den dortigen gesetzlichen Regelungen und Beschränkungen). Die Zentrale selbst mit ihren gut dotierten Jobs lenkt Einkommen ins Land. Möglicherweise gibt es bei Standortentscheidungen auch eine Präferenz für das Land, in dem die Firmenzentrale sitzt.

Allerdings sollte man diese Faktoren nicht überbewerten: Globale Konzerne sind heute internationale Netzwerke, in denen Englisch die Verkehrssprache ist. Die einzelnen Sparten und Bereiche genießen relative Freiheit. Manche dieser Konzernteile werden gar von einem anderen Staat aus geführt – nämlich von jenem Standort aus, der für diese Spezialisierung am besten geeignet ist. Auch die Wirtschaftskulturen haben sich international angenähert: Managementziele unterscheiden sich von Land zu Land nur noch wenig; sie ergeben sich zum großen Teil aus den Vorgaben der Kapitalmärkte, die eine anständige Verzinsung auf das eingesetzte Kapital erwarten. Entsprechend müssen sich Standortentscheidungen rechnen. Gerade in Großkonzernen wird auf Basis von Zahlen entschieden, nicht aus irgendeinem Bauchgefühl heraus. Im Übrigen nehmen Multis durchaus Rücksicht auf lokale Vorlieben und Wertvorstellungen – schon aus Eigeninteresse, weil ihnen sonst die Produktivität entgleitet.

Deutschland im internationalen Vergleich

Angesichts der überwiegend positiven Effekte sollte der Aufkauf heimischer Unternehmen durch Ausländer eher ein Grund zur Freude als zur Furcht sein. Nicht zuletzt ist eine solche Transaktion ein Vertrauensbeweis in die Qualität und Zukunftsaussichten des Standorts. In Deutschland war der Saldo der Direktinvestitionen lange negativ. Das heißt: Es wurde mehr von Deutschen im Ausland investiert als von Ausländern in Deutschland. Diese Bilanz änderte sich erst durch die Übernahme von Mannesmann durch Vodafone im Jahr 2000, die auf dem Höhepunkt der Börsenblase das sagenhafte Volumen von 190 Milliarden Euro bewegte. Auch im Jahr 2002 verzeichnete Deutschland einen steigenden Zustrom an Direktinvestitionen, überwiegend durch Beteiligungsgesellschaften mit Sitz in den Niederlanden und in Luxemburg, die sich in der Bundesrepublik einkauften. Ein Hinweis darauf, wie niedrig deutsche Unternehmen inzwischen bewertet sind – im internationalen Vergleich sie sind Schnäppchen.

Die folgende Übersicht zeigt die Bilanz der im Geschäft mit grenzüberschreitenden Firmenzusammenschlüssen aktivsten fünf Nationen. Verglichen mit den übrigen vier Ländern hat Deutschland einen relativ ausgeglichenen Saldo. Was den Zustrom von ausländischem Kapital angeht, zeigt Deutschland mit einem Anteil von 28,7 Prozent des Bruttoinlandsprodukts einen mittleren Grad an Offenheit.[18]

Land	Zustrom	Abfluss	Saldo	Zustrom in % des jeweiligen BIP
USA	1214	802	412	12
Großbritannien	759	930	–171	53,3
Deutschland	529	467	62	28,7
Kanada	294	185	109	42,6
Frankreich	239	475	–236	18,4

Grenzüberschreitende Fusionen und Übernahmen, Gesamtbestand in Mrd. US-Dollar (Stand: 2002).
Quelle: OECD, eigene Berechnungen

Die Übernahme von Mannesmann durch Vodafone zeigt exemplarisch, was ausländische Firmen an Deutschland reizt: der große heimische Markt. Als mit Abstand größte europäische Volkswirtschaft und immer noch drittgrößte Wirtschaftsnation der Welt interessiert Ausländer vor allem der Absatz-, weniger der Produktionsstandort Deutschland. Die industriellen Konzernteile von Mannesmann – Stahl, Autozulieferer, Maschinenbau – waren für Vodafone nicht interessant und wurden prompt weiterverkauft. Bei der neuen britischen Muttergesellschaft verblieb vor allem das Mobilfunk-Netzwerk. Ähnlich war das Kalkül bei den schon erwähnten Vattenfall und EDF; aber auch bei der schwedischen Bank SEB, die die Bank für Gemeinwirtschaft übernommen hat. Die Übernehmer waren vor allem an hiesigen Absatznetzen (Stromnetz, Filialnetz) interessiert. Als Ziel von

Hightech- und Produktionsinvestitionen hingegen spielt Deutschland kaum eine Rolle.

Politische Ökonomie: Die Abwehrschlacht der Deutschland AG

In aller Regel bringen Fusionen und Übernahmen sowohl dem aufkaufenden als auch dem aufgekauften Unternehmen Vorteile. Vor diesem Hintergrund erscheint es unverständlich, dass insbesondere Verkäufe immer wieder ein Politikum sind.

Der Grund liegt vor allem in den Aktivitäten einer mächtigen Gruppe, die oft zu den Verlierern gehört: den Topmanagern des übernommenen Unternehmens. Für sie steht viel auf dem Spiel – Job, Einkommen, Macht, Privilegien, Prestige. Dass ein Unternehmen übernommen wird, mag im Interesse der Anteilseigner (bei Aktiengesellschaften: der Aktionäre) und (zumindest großer Teile) der Belegschaft liegen, nicht aber unbedingt im Interesse des Managements. Dies ist der Grund, warum häufig horrende Sonderzahlungen an Manager übernommener Unternehmen fließen, oft mit Billigung der Arbeitnehmervertreter im Aufsichtsrat.[19] Die Bosse sollen sich nicht als Verlierer fühlen und die Übernahme hintertreiben.

In Deutschland spielen sich diese Machtkämpfe im Rahmen des engen Netzwerks der »Deutschland AG« ab. Großbanken und Großversicherungen gebieten nach wie vor über gigantische Unternehmensbeteiligungen. Immer noch kontrolliert sich ein relativ enger Kreis von Topmanagern wechselseitig: Der Vorstand des einen Unternehmens sitzt im Aufsichtsrat des anderen und umgekehrt. Es ist immer noch Sitte, dass der scheidende Vorstandsvorsitzende den Aufsichtsratsvorsitz übernimmt und damit weiter über sein Lebenswerk präsidiert, gleich ob er erfolgreich agiert hat oder nicht. Eine wirklich unabhängige Kontrolle des Unternehmens ist unter solchen Bedingungen nicht selbstverständlich.

In diesem recht kuscheligen Arrangement stören Ausländer die althergebrachte Ordnung der Dinge. Natürlich ist die deutsche Wirtschaft inzwischen so offen, dass man nicht mehr vollständig unter sich bleibt. Aber die Deutschland AG ist zäh. Schon oft ist sie totgesagt worden, bislang hat sie überlebt. Wie schon erwähnt: Die europäische Übernahmerichtlinie, die ein EU-weit einheitliches Recht für grenzüberschreitende Firmenkäufe anstrebte, ist 2001 gescheitert – insbesondere an deutschem Widerstand. Inzwischen hat sich die EU auf einen flauen Kompromiss geeinigt.

Irrtum 14:
Eine starke Währung schwächt die Wirtschaft

In den ersten Januartagen des Jahres 1999 wandten sich die Finanzminister Deutschlands und Frankreichs an die Öffentlichkeit. In einem gemeinsam verfassten Artikel, parallel in der Wochenzeitschrift *Die Zeit* und in *Le Monde* veröffentlicht, stellten sie klar, wie sie sich die soeben gestartete Gemeinschaftswährung Euro wünschten: lieber nicht sonderlich stark. »Marktteilnehmer sollten wissen«, warnten Oskar Lafontaine und Dominique Strauss-Kahn, »dass wir eine übermäßige Aufwertung des Euro nicht begrüßen.« Die Regierungen der Eurostaaten würden die »Wechselkursentwicklung überwachen« und nötigenfalls eingreifen.

Eine typische Haltung – die Angst vor einer starken Währung ist tief verwurzelt. Je höher der Wechselkurs, so das Vorurteil, desto weniger konkurrenzfähig sei die Wirtschaft. Und ist dieser Zusammenhang nicht einleuchtend? Schließlich werden heimische Produkte auf den Weltmärkten teurer, wenn der Wert der heimischen Währung gegenüber anderen Währungen steigt; die Produktionskosten nehmen relativ zu anderen Ländern zu, ohne dass die Unternehmen dies beeinflussen könnten. Mit der traurigen Folge, dass Unternehmen, die mit ausländischen Wettbewerbern konkurrieren, entweder weniger absetzen können und/oder Preise und Kosten senken müssen. Die Gewinne brechen ein, Beschäftigte werden entlassen, die Arbeitslosigkeit steigt.

Und das alles nur, weil irgendwelche Spekulanten auf den Devisenmärkten die Währungsverhältnisse durcheinander bringen? Vielen, etwa dem früheren Finanzminister Lafontaine, mag nicht einleuchten, warum die Wirtschaft mit den Bewegungen der Wechselkurse leben und leiden soll. Jedenfalls mit Bewegungen nach oben.

Nach unten gerichtete Wechselkursänderungen – also Abwertungen – sind eine andere Sache. Solange sie sich nicht zu einer ernsten Währungskrise auswachsen, stiften sie zunächst viel Wohlbehagen. So bekannte Bundeskanzler Gerhard Schröder im Sommer 2000, als der Euro gegenüber dem Dollar immer weiter fiel, man brauche doch »nicht unbedingt zu weinen«. Schließlich kurbele der schwache Euro kräftig die Nachfrage an: »Lasst uns ein bisschen Freude daran haben, dass es unserer Exportwirtschaft so gut geht.« Im Sommer 2003, als der Euro ordentlich an Wert gewonnen hatte, warnte Schröder vor einer zu starken Währung und forderte die Europäische Zentralbank auf, etwas dagegen zu tun.

Schwache Währung, gute Währung?

Natürlich gibt es auch die Gegenfraktion, für die eine starke Währung ein nationales Symbol ist, ein Spiegelbild der Stärke und Vitalität des Landes, der Bürger, des Staates. Aus diesem Blickwinkel betrachtet kann eine Währung gar nicht stark genug sein. So war die über Jahrzehnte immer weiter erstarkende D-Mark – die sich von 4,20 D-Mark pro Dollar in den Fünfzigerjahren auf Niveaus zwischen 1,35 und 1,80 D-Mark pro Dollar in den Neunzigerjahren emporschwang – ein Fluchtpunkt des bundesrepublikanischen Nationalgefühls. Entsprechend betroffen reagierten breite Bevölkerungskreise, als der Kurs des noch jungen Euro in den Jahren 1999 und 2000 immer weiter an Boden verlor. Die Zustimmungswerte zur gemeinsamen Währung sanken dramatisch ab. Wim Duisenberg, der damalige Präsident der Europäischen Zentralbank (EZB), geriet derart unter Beschuss, dass sich seine Kollegen im Rat der EZB genötigt sahen, öffentliche Ehrenerklärungen für ihn abzugeben.

Tatsächlich ist weder eine starke noch eine schwache Währung »gut« oder »schlecht«. Dies sind unbrauchbare Kategorien. Wie die Höhe der Zinsen (siehe Irrtum 4), so sollte auch der Wechselkurs angemessen sein. Aber was genau bedeutet das – angemessen?

Was den Wechselkurs bestimmt

Über kaum ein wirtschaftliches Thema wird in der täglichen Berichterstattung derart viel Unsinn verbreitet wie über die Entwicklung der Wechselkurse. Äußerungen von Notenbankern, Ministern oder Managern, Veröffentlichungen von Umfrageergebnissen oder irgendwelche statistische Reihen – alles wird als Erklärung für Wechselkursbewegungen herangezogen. Natürlich können aktuelle Ereignisse im Verlauf eines einzelnen Börsentags Kursausschläge auslösen. Aber eine Erklärung für die längerfristige Entwicklung einer Währung bieten sie nicht.

Was bestimmt grundsätzlich den Wert einer Währung gegenüber anderen Währungen? Allgemeine Antwort: Angebot und Nachfrage. Wird von einer Währung mehr angeboten und/oder weniger nachgefragt, verliert sie gegenüber anderen Währungen an Wert. Wird mehr nachgefragt und/oder weniger angeboten, steigt sie im Wert. Angebot und Nachfrage werden insbesondere durch vier Faktoren beeinflusst: Inflation, Zinsen, die Leistungsbilanz und die Eigendynamik, die Devisenmärkte gelegentlich treibt.

Inflation. Steigen die Preise in Land A schneller als anderswo, werden As Unternehmen im Regelfall weniger von ihren Produkten absetzen können. Exporte werden unattraktiver, weil relativ teurer; stattdessen nehmen As Importe zu, weil ausländische Produkte relativ billiger werden. Die veränderten Handelsströme wirken sich auf das Angebot der betroffenen Währungen und die Nachfrage nach ihnen aus: As Exporteure nehmen weniger ausländisches Geld ein, das sie in heimisches Geld tauschen; As Importeure hingegen müssen mehr ausländisches Geld ausgeben und dafür heimische Währung hergeben. Folge: Das Angebot an As Geld sowie die Nachfrage nach ausländischer Währung steigen. Dadurch verändert sich der Preis; As Geld wird relativ billiger. Es wertet ab.

Mit anderen Worten: Der Außenwert ist der Spiegel des Innenwerts – eine im Innern preisstabile Währung wird nicht auf Dauer einen Verfall auf den Devisenmärkten erleiden; umgekehrt wird eine im Innern inflationäre Währung nicht auf Dauer nach außen stark sein können.

Die Wirtschaftsgeschichte Europas von den Siebzigerjahren bis in die Neunzigerjahre hinein liefert eine Menge Beispiele chronischer Abwertungskandidaten. Währungen von Ländern mit relativ hohen Inflationsraten – italienische Lira, spanische Peseta, portugiesischer Escudo, bis in die Achtzigerjahre auch der französische Franc und das britische Pfund – werteten regelmäßig gegenüber der D-Mark und anderen Hartwährungen ab. Nur so konnten diese Länder ihre Wettbewerbsfähigkeit nach inflationären Exzessen wieder herstellen. Auch die Abwertung des US-Dollar gegenüber D-Mark und Yen in den Siebzigerjahren war vor allem eine Folge der höheren Inflationsraten, die die amerikanische Wirtschaft in dieser Phase plagten.

Inzwischen haben Inflationsdifferenzen ihre vormals überragende Bedeutung für die Wechselkursentwicklung eingebüßt. Zum einen sind die Differenzen nicht mehr sehr groß, weil sich ein weltweiter Konsens herausgebildet hat, dass Inflation der Wirtschaft schadet. Zum anderen hat die Öffnung der internationalen Kapitalmärkte in den Achtziger- und Neunzigerjahren die Kapitalströme stark anschwellen lassen, sodass sie mittlerweile weit mehr als früher zur Bewegung der Wechselkurse beitragen.

Zinsen. Liegen in Land A die Zinssätze höher als in der übrigen Welt, können Anleger in A höhere Renditen erzielen. Sie werden ihr Geld in A anlegen und As Währung nachfragen, die daraufhin aufwertet. Relevant für die

Entscheidung der Anleger ist hierbei der Realzins, also jener Zins, der nach Abzug der Inflation übrigbleibt. Wird in A ein Zins von 6 Prozent gezahlt und eine Inflationsrate von 2 Prozent verzeichnet, verbleibt ein Realzins von 4 Prozent. Wird in Land B der gleiche Zins von 6 Prozent bei einer Inflationsrate von 4 Prozent angeboten, bleiben real lediglich 2 Prozent übrig – Anlagen in B sind relativ unattraktiv, weil die Inflation dort höher ist. Folge: Die Realzinsdifferenz zwischen A und B von 2 Prozentpunkten bewirkt, dass mehr Geld in A angelegt wird; die Nachfrage nach As Währung steigt, die daraufhin aufwertet. Bs Währung hingegen wird abwerten.

Differenzen der Realzinsen sind einer der wichtigsten Gründe für Verschiebungen im Wechselkursgefüge. So lässt sich beispielsweise die Abwertung des Euro gegenüber dem US-Dollar in den Jahren 1999 und 2000 zum Teil mit dem um 1 Prozentpunkt höheren US-Realzins erklären. Kurzfristige Geldanlagen in den USA waren einfach attraktiver.

Leistungsbilanz. Wie die beiden vorgenannten Faktoren Inflation und Zinsen zeigen, treiben sowohl Güterexporte als auch Kapitalimporte die Nachfrage nach heimischer Währung – und damit den Außenwert – in die Höhe. Allerdings besteht ein gewisser Widerspruch zwischen beiden Entwicklungen: Angenommen, Land A ist als Anlagestandort attraktiv, weshalb es Kapital importiert und folglich seine Währung aufwertet. Die Aufwertung schwächt aber möglicherweise As Wettbewerbsfähigkeit, sodass A weniger Güter und Dienstleistungen exportiert und mehr importiert – der Saldo der Leistungsbilanz verschlechtert sich.

Anders ausgedrückt: Ein Leistungsbilanzdefizit bedeutet, dass Bürger, Unternehmen und Staat in A mehr konsumieren als produzieren. Diesen Überkonsum können sie sich nur leisten, solange A als attraktiver Ort für Kapitalanlagen angesehen wird – der Kapitalimport (die Verschuldung gegenüber dem Ausland) finanziert den Güterimport.

Wie lange dieser Zustand anhalten kann, hängt von den Zukunftserwartungen der Anleger ab. Glauben sie, dass die aktuelle wechselkursbedingte Wettbewerbsschwäche nur vorübergehend ist und Kapitalanlagen dennoch einen hohen künftigen Ertrag abwerfen, wird sich Land A den Überkonsum leisten können. Die Anleger lassen weiterhin Geld ins Land fließen, weil sie glauben, es werde produktiv angelegt, sodass A seine Schulden irgendwann tilgen kann – das Leistungsbilanzdefizit ist tragbar.

Kippt die Stimmung, kommt es typischerweise zu Turbulenzen: Kapitalflucht, verbunden mit einem raschen Verfall des Außenwerts der Währung – und gleichzeitig kommt es zu einer Verringerung des Leistungsbilanzdefizits.

Diesem Muster folgten die USA in den Achtzigerjahren und noch einmal in ganz ähnlicher Weise nach der Jahrtausendwende. In den Achtzigerjahren trieb der damalige US-Präsident Ronald Reagan die Staatsverschuldung in die Höhe, vor allem um Rüstungsprogramme zu finanzieren. In der Folge zogen Zinsen und Kapitalimporte stark an. Der Dollar stieg bis auf 3,40 D-Mark im Jahr 1985, das US-Leistungsbilanzdefizit erreichte den vorläufigen Rekordwert von 118 Milliarden Dollar; das entsprach 3,4 Prozent der US-Wirtschaftsleistung.

Ab der zweiten Hälfte der Neunzigerjahre wiederholte sich dieses Muster, allerdings zunächst unter anderen Vorzeichen: Die Zinsen waren zwar niedrig, aber der New-Economy-Boom verhieß hohe und steigende Produktivität. Anleger rechneten mit in Zukunft stark steigenden Renditen bei Unternehmensbeteiligungen (Aktien) und investierten in den USA. Insbesondere in den Boomjahren 1999 und 2000 wertete die US-Währung stark auf – die anfangs erwähnte Euroschwäche war vor allem eine Dollarstärke. Als dann nach dem Platzen der New-Economy-Blase in der Rezession von 2001 Zweifel an der Tragfähigkeit des US-Kurses aufkamen, begann der Dollar wieder zu sinken (siehe Abbildung 12). Das Leistungsbilanzdefizit explodierte und erreichte neue historische Höchststände von mehr als 5 Prozent der Wirtschaftsleistung.

Marktdynamik. Finanzmärkte neigen zu Übertreibungen. Nicht nur Aktien-, auch Währungskurse steigen häufig auf übertriebene Höhen, um dann umso tiefer zu fallen. Dieses »Überschießen« und »Unterschießen« resultiert aus der Eigendynamik der Märkte. Denn nicht nur mit Gütern, die in A.s Währung bezahlt werden müssen (Güterexport), oder mit Kapitalanlagen in A (Kapitalimport) lässt sich Geld verdienen, auch mit As Währung selbst. Währungsspekulation ist inzwischen ein Multi-Billionen-Dollar-Spiel, das die Kurse maßgeblich mitbeeinflusst.

Spekulanten folgen typischerweise einem Herdentrieb. Folgt der Kurs einem Trend nach oben oder unten, ist der Reiz groß, auf die Fortsetzung dieses Trends zu setzen. Der einzelne Spekulant stellt sich die Frage: Wie werden sich wohl die anderen verhalten? Denn handelt er im Einklang mit der Marktstimmung, geht er das geringste Risiko ein, mit seiner Wette falsch zu liegen. Je eindeutiger ein Trend sich abzeichnet, desto risikoärmer

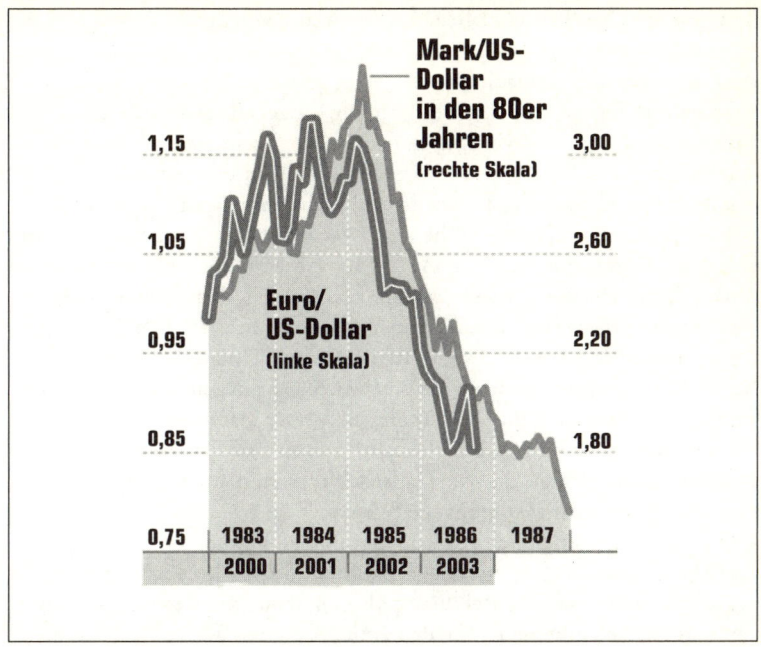

Abb. 12: Wechselkurs des US-Dollar gegenüber Mark und Euro.
Quelle: Thomson Financial, Datastream

lässt sich auf seine Fortsetzung wetten. Dabei ist es vollkommen unerheblich, ob jeder einzelne Marktteilnehmer der Meinung ist, eine Währung sei hoffnungslos über- oder unterbewertet. Solange er glaubt, die anderen seien weiter bereit zu kaufen oder zu verkaufen, und er sich entsprechend konform verhält, wird er seine Wetten gewinnen können.

Allerdings hat jedes Über- oder Unterschießen irgendwann ein Ende, nämlich wenn sich der Wechselkurs zu weit von seinem ökonomischen Fundament – von Güter- und Kapitalströmen (siehe oben) – entfernt hat. Mittel- bis langfristig führt kein Weg daran vorbei: Der Wechselkurs wird getrieben von der realen Wirtschaft. Kurzfristig kann er allerdings von einem fundamental gerechtfertigten Kurs abweichen, zuweilen erheblich.

Müssen Wechselkurse politisch gemanagt werden?

Weil so viele unterschiedliche, teilweise gegensätzliche und spekulative Faktoren in die Wechselkursbestimmung eingehen, lässt sich die Frage nach der »richtigen« Bewertung einer Währung nicht eindeutig beantworten. Verschiedene Konzepte und Berechnungsmethoden konkurrieren miteinander. Ein Thema, auf das wir hier nicht weiter eingehen wollen.

Viel relevanter als die Höhe des Wechselkurses ist denn auch die Geschwindigkeit, mit der sich Auf- oder Abwertungen vollziehen. Eine rasche Aufwertung erschwert es exportierenden Unternehmen, sich den veränderten Preisverhältnissen anzupassen: Gewinne verfallen. Um gegenzusteuern, muss rasch die Produktivität steigen. Und das bedeutet in der Regel: Entlassungen. Verläuft die Aufwertung hingegen in gemächlichem Tempo, können sich die Unternehmen besser darauf einstellen – die Schockwirkung bleibt aus. Desgleichen führt eine rasche Abwertung dazu, dass die Importpreise, die Auslandsnachfrage und folglich die Inflation steigen. Auch dies sind ungünstige Effekte.

Viele Politiker und auch manche Ökonomen kommen zu dem Schluss: Um die negativen Folgen unerwünschter Wechselkursbewegungen zu begrenzen, müssten Wechselkurse politisch gemanagt werden. Regierungen und Notenbanken müssten den Außenwert der Währungen stabilisieren. Eine richtige Folgerung? Das hängt erstens davon ab, was mit »gemanagt« gemeint ist, und zweitens davon, um welche Art von Volkswirtschaft es sich handelt.

Die Sehnsucht nach stabilen Wechselkursen resultiert vor allem aus der Erinnerung an die Ära des Systems von Bretton Woods. Zwischen 1944 und 1971 waren die Währungen der westlichen Länder an den Dollar gebunden, der Dollar wiederum an das Gold. Von Zeit zu Zeit, wenn veränderte Wettbewerbspositionen oder divergierende Inflationsraten es erforderlich machten, kam es zu Verhandlungen über die Neufestlegung der Wechselkurse. Anders als heute bestimmten Politiker und Bürokraten, nicht die Märkte, den Kurs der Währung. Bekanntlich war die Nachkriegszeit eine Phase raschen Wachstums, niedriger Inflation und geringer ökonomischer Spannungen. Warum nicht dazu zurückkehren? Entsprechende Vorschläge sind immer wieder zu hören. Einer der prominentesten Advokaten eines vergleichbaren Wechselkurssystems ist der SPD-Politiker Lafontaine.

Ein System wie das von Bretton Woods – oder wie das später konzipierte Europäische Währungssystem (EWS) – würde heute nicht mehr funktionieren. In einem solchen Modell sind die Notenbanken der teilnehmenden Länder verpflichtet, die politisch vereinbarten Wechselkurse auf den Devisenmärkten zu verteidigen. Gerät die Währung des Landes A unter Abwertungsdruck, muss die Notenbank von A die eigene Währung kaufen; sie verwendet ihre Devisenreserven und kauft A-Geld. Gehen die Devisenreserven zur Neige, kann sie – je nach Ausgestaltung des Systems – entweder einen Beistandskredit bekommen oder aber ihr bleibt nichts anderes übrig, als sich den Spekulanten geschlagen zu geben und den Wechselkurs freizugeben. Ein Fixkurssystem ist nur stabil und funktionsfähig, wenn die Notenbanken den Devisenmärkten glaubhaft machen können, sie könnten jeden Angriff auf den Wechselkurs abwehren.

Da heute die Staaten des Westens ihre Kapitalmärkte geöffnet haben, sind die gehandelten Volumina so groß, dass die Notenbanken bei normaler Reservehaltung gegen andere Marktakteure kaum eine Chance haben. Um glaubwürdig ihre Währungen gegen Abwertungen verteidigen zu können, müssten sie einen hohen Preis zahlen: Sie müssten bereit sein, große Mengen Volksvermögens (Devisenreserven) einzusetzen. Oder sie müssten den Kapitalverkehr beschränkten wie zu Bretton-Woods-Zeiten – was angesichts der großen Vorteile internationaler Kapitalverflechtungen heute kaum mehr vorstellbar ist.

Wenn eine Währung unter Aufwertungsdruck gerät, hat die betroffene Notenbank grundsätzlich keine Mühe, den Kurs auf dem fixierten (nun zu niedrigen) Niveau zu stabilisieren: Sie kann fremde Währung aufkaufen und dafür ihre eigene Währung auf den Markt werfen. Da eine Notenbank so viel eigenes Geld auf den Markt werfen kann, wie sie will – sie kann ja in beliebiger Menge selbst produzieren –, kann sie praktisch unbegrenzt intervenieren. So haben es die Chinesen und andere asiatische Länder in den Jahren nach der Jahrtausendwende gehandhabt: Sie kauften Hunderte Milliarden Dollar auf, um zu verhindern, dass ihre Währungen aufwerteten und sich ihre Absatzchancen auf dem US-Markt verschlechterten. Der Preis eines derart niedrig gehaltenen Wechselkurses kann durchaus hoch sein: Durch den Ankauf der Reserven bringt die Zentralbank mehr und mehr eigenes Geld in Umlauf – die Inflation droht anzuziehen.

Da die Kosten der Wechselkursbindung (Vermögensverlust bei Abwertungsdruck, Inflation bei Aufwertungsdruck) potenziell hoch sind, stellt sich die Frage, wie nützlich eine solche währungspolitische Strategie ist. Der Nutzen der Wechselkursstabilität hängt von der Größe der jeweiligen

Volkswirtschaft ab: Die USA, Euroland und Japan sind relativ geschlossene Volkswirtschaften. Sie erwirtschaften jeweils allenfalls ein Sechstel ihrer Wirtschaftsleistung mit dem Rest der Welt. Entsprechend gering schlagen Wechselkursveränderungen auf Wachstum und Preise durch.

Für kleinere Länder hingegen, deren Außenhandel einen starken Einfluss auf die Wirtschaftsentwicklung hat, ist der Nutzen stabiler Wechselkurse höher. Einige kleinere Länder des Westens haben sich an Dollar oder Euro gebunden, wobei der Trend der letzten Jahre allerdings zu frei beweglichen, rein marktbestimmten Kursen geht. Von den einst ein Dutzend Teilnehmern des früheren EWS ist nur noch Dänemark übrig geblieben. Die Krone ist mit einer Schwankungsbreite von ±2,25 Prozent an den Euro gebunden. Auch andere Länder, gerade in Mittel- und Osteuropa, werden wohl in den kommenden Jahren dem Euro-Wechselkursmechanismus (WKM II) beitreten, weil die Wechselkursbindung ein vorgeschriebener Zwischenschritt auf dem Weg zum späteren Beitritt zur Währungsunion ist.

Wie erwähnt, verfolgen auch viele Länder in Asien eine formelle oder informelle Bindung ihrer Währung an den Dollar. Ob sich diese Strategie bei Volkswirtschaften der Größe Chinas oder gar Japans auf Dauer durchhalten lässt, ist indes fraglich. Einige der asiatischen Dollarländer – Hongkong und Singapur zum Beispiel – verfolgen die stärkste Form gemanagter Wechselkurse: die einmalige und endgültige Bindung an eine Ankerwährung. Wie in einer Währungsunion verliert die nationale Notenbank ihre Bewegungsfreiheit: Sie wird zur bloßen Währungsbehörde (engl. »Currency Board«) degradiert, die nur noch die Einhaltung der Wechselkursfixierung zu überwachen hat. In den Neunzigerjahren wurden Currency Boards vielen Entwicklungsländern und ehemals sozialistischen Staaten empfohlen. Das Argument: Mit einer Bindung an die Weltwährungen Dollar, D-Mark oder später Euro könnten sie rasch das Vertrauen der Investoren gewinnen. So kämen sie in den Genuss schnell sinkender Zinsen – ein Turbo für die wirtschaftliche Entwicklung.

Leider ist die Wechselkursbindung nicht so leicht zu bewerkstelligen. Ein Currency Board verlangt große Disziplin: Alle anderen Politikbereiche müssen sich dem Kurs der fremden Notenbank unterordnen. Strikte Ausgabendisziplin des Staates und eine strenge Kontrolle des Bankensektors sind unerlässlich. Auch strukturelle Reformen und öffentliche Investitionen in die nachhaltige Wettbewerbsfähigkeit der Volkswirtschaft sind notwendig. Gelingt dies nicht, verliert das Land unter der Wechselkursbindung seine Wettbewerbsfähigkeit – die Exporte brechen ein, das Land wird von Importen überschwemmt; die Verschuldung im Ausland explodiert. Ein spektakuläres Beispiel ist Argentinien, das seine Währung im Verhältnis von eins zu eins an den Dollar gebunden hatte. Am Ende war das Land zahlungsunfähig. Eine Währungskrise, wie sie 2001 in Argentinien auftrat, wird bei obigem Szenario unausweichlich. Ein geordneter Rückzug aus einem Currency-Board-System ist nicht möglich.

Noch etwas lehrt das argentinische Beispiel: Die vollständige Bindung an eine Ankerwährung funktioniert nur, wenn das Land klein und offen ist und wenn es einen großen Teil seines Außenhandels und seines Kapitalverkehrs mit dem Land der Ankerwährung abwickelt. Argentinien kam in arge Schwierigkeiten, als der Dollar gegenüber den übrigen wichtigen Weltwährungen Ende der Neunzigerjahre aufwertete. Als auch der Peso gegenüber Euro, Pfund, Franken und Yen an Wert gewann, würgte die Dollar-Bindung die schwache argentinische Wirtschaft vollends ab.

Hingegen bietet sich für kleine, offene Länder, die den größten Teil ihres Außenhandels mit einem einzigen Partnerland abwickeln, das Currency Board als Option an. So haben die eng mit der EU verflochtenen baltischen Staaten ihre Währungen seit einem Jahrzehnt an den Euro beziehungsweise an einen Währungskorb gebunden. Weil Währungsschwankungen – nach unten wie nach oben – in kleinen, offenen Ländern stark auf die gesamte Wirtschaft durchschlagen, ist die Bindung des Wechselkurses für sie vorteilhaft. Die vollständige Fixierung per Currency Board kommt allerdings nur für Länder in Frage, die – wie die ehemals sozialistischen Staaten – eine zweifelhafte wirtschaftspolitische Vergangenheit haben; ihnen hilft das Currency Board, Investoren und Spekulanten rasch Vertrauen einzuflößen.

Kurzum: Fixierte Wechselkurse kommen nur für zwei Gruppen von Ländern in Betracht – erstens für kleine, offene Volkswirtschaften, deren Handel stark auf einen großen Währungsraum ausgerichtet ist; zweitens für Entwicklungsländer, die sich für einen freien Kapitalverkehr nicht reif fühlen. Für alle übrigen gilt: Eine glaubwürdige und solide Geldpolitik ist der beste Schutz gegen spekulative Attacken.

Politische Ökonomie: Warum der Wechselkurs ein Politikum ist

Trotz der Komplexität des Themas sind Wechselkurse regelmäßig ein Politikum. Warum eigentlich? Wo liegt der Reiz des Themas? Welche Interessen sind berührt? Und warum ängstigen sich Politiker häufig vor einer zu starken Währung?

Die Antwort liegt in den Machtverhältnissen. Von einer schwachen Währung profitieren zunächst einmal die exportierenden Unternehmen. Dabei handelt es sich häufig um große Industrieunternehmen mit Tausenden, wenn nicht Hunderttausenden von Beschäftigten. Machtfaktoren, die Politiker ernst nehmen. Dass hingegen die heimische Bevölkerung und Unternehmen in Folge einer Abwertung auch unter teureren Importen leiden, spielt im Kalkül selten eine Rolle. Importeure sind typischerweise kleinere Unternehmen, häufig sind die Endverbraucher direkt betroffen – eine so diffuse Großgruppe, dass sie als politischer Machtfaktor kaum in Erscheinung tritt. Politiker sehen in einer Abwertung eine schnelle Lösung zur Entspannung wirtschaftlicher Probleme.[20]

Bei der Wechselkurspolitik geht es auch um die Machtverteilung zwischen Regierung und Notenbank. In vielen Ländern sind Notenbanken heute unabhängig, sie steuern einen strikten Antiinflationskurs. Politiker bevorzugen aber gerade vor Wahlen eine lockere Geldpolitik, die kurzfristig die Wirtschaft auf Touren bringt. Dass später, nach der Wahl, die Inflation bekämpft werden muss, nehmen sie billigend in Kauf. Über die Wechselkurspolitik, die in den meisten Ländern von der Regierung festgelegt wird, hoffen Politiker Einfluss auf die Geldpolitik zu gewinnen: Die Notenbank muss sich gegebenenfalls an einem politisch motivierten Wechselkurs ausrichten – und die Zinsen senken.

Eine laxe Geldpolitik und eine schwache Währung mögen als kurzfristige Problemlösung attraktiv erscheinen. Dieser Ansatz ist jedoch kein Ersatz für eine Politik, die nachhaltig die Wettbewerbsfähigkeit steigert – damit sich das Land eine starke Währung leisten kann.

Irrtum 15: Der Euro macht Europas Wirtschaft dynamischer

Es war ein großes Versprechen: Der Euro würde Europa vorwärts bringen, politisch wie ökonomisch. Ob der damalige Bundeskanzler Helmut Kohl (CDU) oder sein Vorgänger Helmut Schmidt (SPD), ob Banken, Industrie oder Gewerkschaften – in den Neunzigerjahren war Deutschlands politische und ökonomische Elite, von einzelnen Abweichlern abgesehen, geradezu Euro-phorisch. Die gemeinsame Währung als logische Vollendung des gemeinsamen Binnenmarkts, unterstützt durch eine vernünftige abgestimmte Wirtschaftspolitik: Dieser große Sprung nach vorn sollte für wirtschaftliche Dynamik sorgen, für eine neue Gründerzeit, für weniger Arbeitslosigkeit und mehr Wohlstand.

Gut ein Jahr nach dem Start der Gemeinschaftswährung nahmen die Staats- und Regierungschefs der EU sogar ein noch größeres Ziel ins Visier. »Der Euro ist erfolgreich eingeführt worden und bringt den erwarteten Nutzen für die europäische Wirtschaft mit sich. Der Binnenmarkt ist weitgehend vollendet und bietet sowohl Verbrauchern als auch Unternehmen spürbare Vorteile«, so formulierten die EU-Vorleute beim Gipfel von Lissabon im März 2000. Bis 2010 sollte Europa nun auch zur »wettbewerbsfähigsten und dynamischsten« Wirtschaftsregion der Welt werden. Ziel: 3 Prozent Wachstum pro Jahr – im Durchschnitt.

Der Euro – eine Wunderwaffe? In der Praxis ist die Bilanz fünf Jahre nach Beginn der Währungsunion enttäuschend. Europa hat sein großes Versprechen nicht eingelöst: Die Ökonomie der Eurozone bleibt weit hinter den Erwartungen – und den USA – zurück. Nicht dass der Euro eine schwache oder weiche Währung wäre, wie die deutschen Eurokassandras einst warnten. Das neue Geld erfüllt seine Funktion, Inflation und Zinsen sind niedrig. Aber den in Aussicht gestellten großen Wachstumsschub hat die neue Währung nicht ausgelöst.

Bemerkenswert, dass gerade jene langjährigen EU-Länder, die nicht am Euro teilnehmen – Großbritannien, Schweden und Dänemark – sich wirtschaftlich besser entwickeln als der Durchschnitt der Eurozone. Sie erfreuen sich ordentlicher Wachstumsraten, die Beschäftigung ist hoch, die Arbeitslosigkeit niedrig, die Staatsfinanzen sind gesund. Nach der Eurodoktrin müsste es umgekehrt sein: Die drei Außenseiter müssten unter ihrer Sonderrolle leiden, nicht davon profitieren.

Die Tatsache, dass die Eurodividende größtenteils ausgeblieben ist, und die Frage, welche Gründe dafür verantwortlich sind, spielen interessanterweise in der deutschen wirtschaftspolitischen Debatte keine Rolle. Der Euro ist immer noch das, was er schon in den Neunzigerjahren war: eine Glaubensfrage – man ist entweder dafür oder dagegen. Eine rationale Auseinandersetzung ist gleichsam ausgeschlossen.

Im Februar 2002 war ich eingeladen, anlässlich des 10. Jahrestags der Unterzeichnung des Maastricht-Vertrags – jenes Werks, das den Weg zum Euro vorzeichnete und die Verfassung der neuen multinationalen Währung niederlegte – einen Vortrag an der Universität Maastricht zu halten. Mein Thema lautete: »The Maastricht Promise – Did it hold?« Meine Antwort: »Bislang sind sowohl die Kosten und als auch der Nutzen der neuen Währung gering. Die Kosten der Euromitgliedschaft werden langfristig steigen. Und es kann gut sein, dass sich ein vernünftig regierter Mitgliedstaat wie die Niederlande in weiteren zehn Jahren entschließen wird, die Eurozone zu verlassen und den Gulden wieder einzuführen.«

Zugegeben, dies ist eine gewagte Schlussfolgerung. Aber die Entwicklungen sind tatsächlich Besorgnis erregend.

Was der Euro bewirken sollte …

Worauf gründete eigentlich die Hoffnung, der Euro werde für mehr Wachstum sorgen? Vor allem auf sechs Argumenten.

Niedrige Zinsen. Prinzipiell, so zeigt die Empirie, ist jede Währung mit niedriger, stabiler Inflationsrate wachstumsfördernd: Wenn die Geldpolitik berechenbar ist, wenn die Notenbank nicht selbst zum Störfaktor wird, dann wissen Bürger und Unternehmen, worauf sie sich einzustellen haben. Die Zinsen sind niedrig, Investitionen günstig zu finanzieren; die Wirtschaft hat eine solide monetäre Grundlage. Eine unberechenbare Geldpolitik hingegen produziert Inflation, Verunsicherung und hohe Zinsen – Gift für das Wachstum.

Der Euro sollte ein europaweites, stabiles Geld sein. Um dieses Ziel zu erreichen, übertrugen die teilnehmenden Länder die Souveränität über die Geldpolitik an die unabhängige gemeinsame Europäische Zentralbank (EZB), die im Maastricht-Vertrag eindeutig auf das Ziel der Preisstabilität festgelegt wurde.

Stabile Außenwirtschaft. Der Euro sollte die Volkswirtschaften der Mitgliedsländer gegenüber Turbulenzen auf den globalen Devisenmärkten resistent machen. Mit dem Übergang zur gemeinsamen Währung zurrten die Mitgliedstaaten die Wechselkurse untereinander ein für alle Mal fest. Fixierte Umtauschverhältnisse sollten den Binnenmarkt stabilisieren. Auf- und Abwertungen der europäischen Währungen und unterschiedliche geldpolitische Reaktionen auf Devisenmarktturbulenzen sollten nicht mehr den Austausch von Gütern, Dienstleistungen und Kapital zwischen den EU-Ländern stören.

Bevor der Euro kam, traten im Europäischen Währungssystem (EWS) immer wieder Spannungen auf, die aus einer mangelnden Koordinierung der Geld-, Lohn- und Finanzpolitik herrührten. So gelang es im EWS nur unzureichend, die Mitgliedstaaten auf einen gemeinsamen geldpolitischen Kurs zu verpflichten. Folglich mussten die im EWS vereinbarten Wechselkurse immer wieder angepasst werden; Währungen wurden gelegentlich Opfer der Attacken von Spekulanten. Anfang der Neunzigerjahre wertete beispielsweise die italienische Lira stark ab, was dortigen Industrieunternehmen zu unverhofften Wettbewerbsvorteilen verhalf. 1995 kam es zu einer Aufwertung der D-Mark gegenüber dem Dollar und einigen europäischen Währungen, nachdem Mexiko in eine Währungskrise geschlittert war; die plötzliche Verteuerung deutscher Exporte machte der hiesigen Wirtschaft damals schwer zu schaffen.

Plötzliche Wechselkursanpassungen sorgen für Verzerrungen des Wettbewerbs, wodurch wiederum protektionistische wirtschaftspolitische Gegenmaßnahmen ausgelöst werden können. Der Euro sollte unter den europäischen Ländern, die einander die wichtigsten Handelspartner sind, die Wechselkurse fixieren und möglichst auch die Weltdevisenmärkte beruhigen.

Mehr Handel. Da in einer Währungsunion die Preise aller Güter in der gleichen Einheit ausgedrückt werden, erhoffte man sich transparentere Märkte: Preisunterschiede würden unmittelbar erkennbar sein, der Wettbewerb würde intensiver. Zudem würden die Kosten des Umtauschs von einer Währung in die andere sowie die Kosten der Absicherung des Risikos von Abwertungen entfallen. Allein diese Kosten beliefen sich vor Einführung des Euro EU-weit auf 1 Prozent des gemeinsamen Sozialprodukts, wobei der Anteil in kleineren, sehr offenen Ländern wie den Niederlanden oder Belgien noch höher war, wie das Münchner Ifo-Institut in einer Untersuchung vor dem Eurostart schätzte. Diese Ersparnis würde ein direkter Vorteil der gemeinsamen Währung sein. Außerdem sollten nun einige grenzüberschreitende Transaktionen möglich werden, die vorher durch die währungsbedingten Transaktionskosten unterblieben – ein indirekter Vorteil.

Mehr Finanzmarktintegration. Noch bedeutender als im realen Sektor, der ja schon seit 1993 offene Grenzen genießt, sollten die Wirkungen der gemeinsamen Währung auf die Finanzmärkte ausfallen. Vor dem Start des Euro waren die Märkte durch die Kosten, die beim Umtausch von Währungen anfallen, insbesondere aber durch das Risiko von Wechselkursänderungen national segmentiert. Die Märkte kleinerer Volkswirtschaften waren illiquide und daher wenig effizient. Erst mit der Schaffung einer gemeinsamen Währung sollte Europa Größenvorteile realisieren können, die gerade bei Finanzmärkten besonders ausgeprägt sind. Dies sollte zu einer effizienteren Verwendung des europäischen Kapitals führen; die Ersparnisse des Eurolandes sollten in jene Verwendungen fließen, in denen sie die höchstmögliche Rendite abwerfen würden.

Mehr Direktinvestitionen. Bedeutsam sollte die gemeinsame Währung nicht nur für die Märkte für Finanzkapital, sondern gerade auch für Direktinvestitionen sein. Dank des Wegfalls von Transaktionskosten und von Wechselkursrisiken wären Unternehmen nun bei Investitionen nicht mehr auf ihr jeweiliges Heimatland angewiesen, sondern sie würden in anderen EWU-Ländern gleiche monetäre Bedingungen vorfinden. Damit würde eine bessere regionale Arbeitsteilung gefördert, die es ermöglichte, die jeweiligen Standortvorteile auszuschöpfen. Gesamteuropäische Konzerne sollten entstehen, die in der gleichen Liga wie die amerikanischen und japanischen Multis spielten.

Mehr politische Integration, mehr Systemwettbewerb. Der Euro sollte eine Initialzündung sein. Wenn die Mitgliedstaaten schon bereit seien, ein so fundamentales Souveränitätssymbol wie die nationale Geldpolitik auf die EU-Ebene zu übertragen, dann würden die Regierungen auch viel weitergehende Kompetenzen abgeben, so die Erwartung. Der Wille zur Kooperation werde gestärkt, Europa nach und nach zu einem Föderalstaat à la USA zusammenwachsen.

Gleichzeitig sollten die Staaten im Wettbewerb der Standorte effizienter werden. Da nun bewegliche Produktionsfaktoren – Kapital, hoch qualifizierte Menschen – an die Orte wandern könnten, wo sie die höchsten Einkommen erwirtschafteten, würde es zu einem heilsamen Konkurrenzkampf um das beste Preis-Leistungs-Verhältnis staatlicher Leistungen kommen. Unsinnige Subventionen und Sozialprogramme sollten gekürzt, im Gegenzug Steuern, Abgaben und Staatsverschuldung gesenkt werden.

Große Hoffnungen. Tatsächlich kam vieles anders.

... und was der Euro tatsächlich bewirkt hat

Zinsen. Die Zinsen sanken in der Phase der Vorbereitung auf die Währungsunion in vielen EU-Ländern auf historische Tiefststände und sind seither auf niedrigem Niveau geblieben. In Spanien, Portugal, Griechenland und Italien lagen noch Mitte der Neunzigerjahre die kurzfristigen Zinssätze zwischen 9 Prozent und 10,5 Prozent. Inzwischen genießen diese Länder das niedrige Euroniveau von 3 Prozent und weniger. Auch in Irland oder Finnland sind die Sätze deutlich gesunken. Selbst in den Ländern, deren Währungen früher an die D-Mark gebunden waren –, dem so genannten D-Mark-Block aus Deutschland, Frankreich und den Benelux-Staaten –, liegen die Zinsen deutlich unter dem Niveau der Neunziger- und erst recht der Achtzigerjahre.

Der Grund für diese positive, wachstumsfördernde Entwicklung liegt einerseits in der erfolgreichen Arbeit der nationalen Notenbanken und seit 1999 der EZB: Weil es ihnen gelang, die Inflationsraten zu senken und auf einem dauerhaft niedrigen Niveau zu stabilisieren, verringerte sich aus Sicht der Investoren das Risiko, durch überraschend steigende Preise einen Teil ihrer Vermögen zu verlieren. Folglich sanken die Risikozuschläge, die unsicheren Währungen abverlangt werden. Die Zinsen fielen, und zwar gerade in jenen Ländern, die traditionell eine unsolide Geldwirtschaft betrieben hatten, den einstigen »Club-Med«-Ländern Italien, Spanien, Portugal und Griechenland. Durch die Teilnahme an der Währungsunion kamen sie in den Genuss einer glaubwürdigen Geldpolitik, betrieben durch die Europäische Zentralbank, und profitierten folglich von ebenso niedrigen Zinsen wie die traditionellen Hartwährungsländer des D-Mark-Blocks.

Während die Südländer im Zuge der Euroeinführung einen Wachstums-schub durch die massiv gesunkenen Zinsen verbuchen konnten, kamen die ehemaligen Hartwährungsländer nicht in den Genuss dieser Eurodividen-de. Dass auch in Deutschland, Frankreich und Benelux die Zinsen zurück-gingen, ist kaum eine Folge des Euro, sondern Teil eines globalen Trends: In den Neunzigerjahren fielen weltweit die Zinsen, weil die Notenbanken sich effektiv und glaubwürdig um dauerhaft niedrige Inflationsraten bemühten. So sanken auch im kleinen Neuseeland die Sätze für kurzfristi-ge Ausleihungen von um die 20 Prozent Mitte der Achtzigerjahre auf rund 6 Prozent um die Jahrtausendwende, in Großbritannien und Schweden von knapp rund 14 Prozent 1990 auf 4–5 Prozent in den Jahren nach der Jahrtausendwende. Alles Länder, die nicht am Euro teilnehmen und die ihre Wechselkurse frei schwanken lassen.

Zugegeben: Dass in der Eurozone noch niedrigere Zinsen gelten als in diesen Ländern, liegt auch am größeren, liquideren Finanzmarkt, über den kleinere Länder nicht verfügen. Aber dieser Vorteil ist für den ehemaligen D-Mark-Block nicht sonderlich bedeutend.

Die Eurobilanz in puncto Zinsen fällt also recht günstig aus – das Ver-dienst der guten Arbeit der Europäischen Zentralbank.

Außenwirtschaft. Die Hoffnung, der Euro werde die teilnehmenden Volkswirtschaften gegen die Turbulenzen der Weltmärkte immunisieren, hat sich nur zum Teil erfüllt. Wie könnte es anders sein? Die Mitgliedstaa-ten des Eurolandes sind hochgradig in die Weltwirtschaft integrierte Volks-wirtschaften geblieben. Durch den Beitritt zur neuen Währung hat sich daran glücklicherweise nichts geändert. Zwar sind die Eurostaaten einan-der die wichtigsten Handelspartner, doch betreiben sie alle auch einen bedeutenden Teil ihres Außenhandels mit Ländern außerhalb der Währungsunion. Als Ganzes betrachtet ist das Euroland unter den drei größten Volkswirtschaften der Welt – USA, Euroland und Japan – die nach außen offenste, mit einem Anteil des Außenhandels am BIP von 13 Pro-zent. Es ist nur folgerichtig, dass weltwirtschaftliche konjunkturelle Umschwünge in Europa spürbar sind.

Was also hat der Euro gebracht? Unzweifelhaft haben die Wechselkurs-schwankungen seit Mitte der Neunzigerjahre nachgelassen (siehe Abbil-dung 13). Diese Entwicklung spiegelt den größeren Gleichklang in der Geldpolitik wider: Da alle einen strikten Antiinflationskurs steuerten, beruhigten sich auch die Wechselkurse. Früher war das typische Reaktionsmuster wie folgt: Kam es auf den Weltdevisenmärkten zu Spannungen, wertete die D-Mark als damals »sicherer Hafen« gegenüber dem Dollar und gegenüber den anderen europäischen Währungen auf. Um eine Abwertung ihrer Währungen zu verhindern, steuerten die übrigen europäischen Notenbanken dagegen, indem sie die Zinsen anhoben, während die Deutsche Bundesbank die Zinsen tendenziell senkte. Über diese Kettenreaktion brachten die Devisenmärkte früher stets Unruhe und Unsicherheit in die europäische Geld- und Währungspolitik. Mit dem Euro ist das vorbei: Es gibt nur noch einen Zinssatz und einen Wechselkurs. Ein Vorteil, zweifellos.

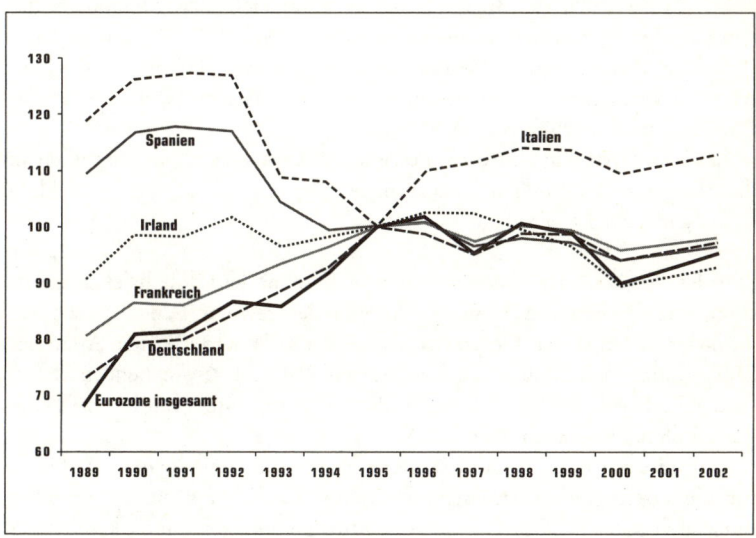

Abb. 13: Entwicklung der effektiven Wechselkurse in der Eurozone, 1989–2002
(1995 = 100)
Quelle: OECD

Andererseits wirken Veränderungen von Zinsen und Wechselkursen nach wie vor von Eurostaat zu Eurostaat sehr unterschiedlich, weil unterschiedliche Handelspartner außerhalb des Euroraumes für sie jeweils wichtig sind.[21] So schlug um die Jahrtausendwende die Aufwertung des US-Dollar in Deutschland, den Niederlanden und Irland weit stärker durch als in den übrigen Ländern. Dieser Effekt zeigt sich in der Entwicklung der »effektiven Wechselkurse« in Abbildung 13.[22] Weil die Zusammensetzung der wichtigsten Handelspartner für alle Euroländer unterschiedlich ist, bleiben auch die Bewegungen der effektiven Wechselkurse unterschiedlich.

Allerdings steht zu vermuten, dass die Schwankungen der Wechselkurse seit Mitte der Neunzigerjahre weit größer ausgefallen wären, hätten sich die meisten EU-Länder damals nicht auf den Weg zum Euro begeben. Diese Phase des Übergangs war geprägt von einigen extremen Entwicklungen auf den internationalen Finanzmärkten: Der Asienkrise 1997/98, der russischen Rubelkrise und dem Beinahe-Zusammenbruch des US-Hedge-Fonds LTCM 1998, der Brasilienkrise 1999, der sich entwickelnden Kursblase an den Hightech-Börsen der westlichen Welt 1997–2000 und deren Platzen ab März 2000 – allesamt dramatische Großereignisse, die früher Europas Wechselkurse durcheinander gewirbelt hätten und die wegen des Euro relativ glimpflich vorüberzogen.

Insofern dürfte der Euro ein gewisses Maß an zusätzlicher Stabilität in die außenwirtschaftlichen Beziehungen gebracht haben. Aber wirklich sicher gemacht hat er sie nicht.

Handel. Die Neunzigerjahre waren das Jahrzehnt der Globalisierung. Entsprechend stiegen die Handelsvolumina der reichen Länder rasch an, schneller zumal als das Gesamtwachstum der Volkswirtschaften. An dieser Entwicklung hatten auch die Eurostaaten Anteil. Entsprechend hart traf sie der Einbruch der Handelsströme 2001, die sich seither nur langsam wieder erholen (siehe auch Irrtum 11).

War nun, wie die Eurobefürworter stets behaupteten, die neue Währung für die rasche Globalisierung mitverantwortlich? Das muss zumindest bezweifelt werden. Die Exporte der Euromitglieder nahmen keineswegs schneller zu als die Exporte anderer Länder. In den Boomjahren 1996 bis 2000 stiegen die Ausfuhren der Euroländer um durchschnittlich 8 Prozent jährlich, genauso schnell wie die der USA; die Importe nahmen um 8,2 Prozent im Jahr zu, die der USA um 12,2 Prozent. Der Handel in den Euro-abstinenten Ländern Großbritannien und Dänemark nahm deutlich langsamer zu als im Euroland, in Schweden hingegen schneller, so die Europäische Kommission.

Hat der Euro wenigstens den Handel innerhalb Europas merklich befördert? Die Zahlen sprechen dagegen. Nach den Statistiken der Welthandelsorganisation (WTO) ist der Intra-Euro-Handel langsamer gewachsen als der Handel der EU mit dem Rest der Welt.

Auch wenn der Euro bislang keinen nennenswerten Effekt auf die Handelsströme hatte, so wäre es doch voreilig, derlei Effekte für die Zukunft auszuschließen. Die Neunzigerjahre waren eine weltwirtschaftliche Phase, die ganz wesentlich von der US-Konjunktur bestimmt wurde. Entsprechend waren die Handelsströme aller Weltregionen auf den Absatzmarkt USA gerichtet. Es ist denkbar, dass künftig die Europäer verstärkt Handel untereinander treiben, insbesondere falls sich das weltwirtschaftliche Klima weiter verschlechtert. Bisher bleibt die intensivere wirtschaftliche Verflechtung durch den Euro ein Versprechen. Mehr nicht.

Finanzmärkte. Um es ganz plakativ zu sagen: Immer noch dominiert die Wall Street das tägliche Börsengeschehen im Euroland. Es gibt keinen gemeinsamen Kapitalmarkt.

Im Bankensektor waren grenzüberschreitende Fusionen und Übernahmen zwischen den Eurostaaten die Ausnahme. Die Konsolidierung der Märkte hat bislang vor allem auf nationaler Ebene stattgefunden. Wo es grenzüberschreitende Firmenzusammenschlüsse gab, kauften sich Europäer gern in Amerika ein; so übernahm die Deutsche Bank lieber Bankers Trust als einen großen europäischen Konkurrenten.

Auch ein gemeinsamer Aktienmarkt fehlt bislang im Euroland. Zwar hat es einige Zusammenschlüsse von Börsen gegeben, wobei Euronext, die Fusion der Börsen von Paris, Amsterdam, Brüssel und Lissabon, der prominenteste Fall ist. Einen Eurobörsenplatz vom Range New Yorks, Tokios oder Londons gibt es jedoch nicht, und es ist auch kein vergleichbares Finanzzentrum in Sicht. Die große, globale Marktkonsolidierung findet weitgehend außerhalb Eurolands statt. Nach OECD-Berechnungen konzentrieren die fünf größten Börsen der Welt inzwischen annähernd 80 Prozent der globalen Aktienmarktkapitalisierung auf sich – Tendenz steigend. Euroland spielt in dieser Liga nur mit Euronext mit, und das an letzter Stelle.[23]

Selbst auf den Märkten für Staatsanleihen, wo die Vereinheitlichung am weitesten fortgeschritten ist, bleiben nationale Unterschiede bestehen. Regulierungen und das Emissionsverhalten der einzelnen nationalen Fisken sind so unterschiedlich, dass es anders als in den USA bislang keinen großen liquiden Markt entlang der gesamten Zinsstrukturkurve – von 24 Stunden bis zu 30 Jahren Laufzeit – gibt.

Das Fehlen einheitlicher europäischer Märkte sowohl bei Banken als auch bei Börsen und bei staatlichen Schuldscheinen hat einen gemeinsamen Grund: Die EU-Staaten bestehen weiterhin auf ihren nationalen Regulierungen und Besonderheiten. So gibt es immer noch keine EU- oder Euroland-weite Finanzaufsicht. Folge: Der Wettbewerb wird behindert. Einheitliche Finanzprodukte anzubieten – vom Bankkredit bis zur Versicherungspolice – ist quasi unmöglich. Warum also sollten Banken oder Versicherungen sich grenzüberschreitend zusammenschließen, wenn sie doch keine einheitlichen Produkte auf einem einheitlichen Markt verkaufen können? »Wichtige rechtliche, regulatorische, steuerliche und andere Regelungen«, urteilt die OECD, »verhindern immer noch die vollständige Integration.«

Direktinvestitionen. Auch außerhalb der Finanzbranche hat der Euro nicht für die erhoffte Welle von grenzüberschreitenden Fusionen und Übernahmen gesorgt. Natürlich waren auch europäische Konzerne an der gigantischen Fusionswelle Ende der Neunzigerjahre beteiligt. Dies war aber keine Folge des Euro, sondern der Globalisierungseuphorie und der Börsenspekulationsblase. Gerade deutsche Konzerne investierten in diesen Jahren lieber in den angelsächsischen Staaten oder in Asien. Um die Jahrtausendwende entfielen nach Bundesbankberechnungen nur 30 Prozent aller deutschen Beteiligungen auf die übrigen Eurostaaten, weniger als auf die USA und Großbritannien zusammen. Verständlich: Unternehmen investieren dort, wo sie die besten Chancen sehen, hohe Renditen zu erwirtschaften. Die fußkranken europäischen Hochsteuer-Ökonomien galten eben nicht als sonderlich attraktiv.

Politische Integration. Dass die ökonomische Bilanz des Euro nicht allzu umwerfend ausfällt, hat einen Grund: Die Politik in der Europäischen Union zeigt sich allen Versprechungen zum Trotz unfähig, die politische Integration fortzusetzen. Europa hat es bislang nicht geschafft, eine tragfähige Balance zwischen nationaler und europäischer Ebene, zwischen Wettbewerb und Vereinheitlichung zu finden. Selbst wo es unmittelbar notwendig und ökonomisch sinnvoll wäre wie bei den Regulierungen der Finanzmärkte (siehe oben), können sich die Regierungen nicht zu einheitlichen Lösungen durchringen. Lieber schützen sie mit nationalen Regeln heimische Branchen.

Noch folgenschwerer: In der politischen Realität löst sich seit Beginn der Währungsunion der vertragliche Rahmen für den Euro auf. Die gemeinsamen Regeln für die nationale Finanzpolitik, unabdingbare Voraussetzung für die dauerhafte Stabilität des Euro, gelten faktisch nicht mehr: Der Stabilitäts- und Wachstumspakt wird nicht eingehalten. Deutschland und Frankreich, Portugal und Italien machen mehr neue Schulden, als der Pakt erlaubt. Die Strafen, die der Pakt für diesen Fall vorsieht, haben sie kaum zu befürchten: Die drei großen Eurostaaten Deutschland, Frankreich und Italien verfügen im Ministerrat, jenem Gremium, das über die Sanktionen entscheidet, in Eurofragen über eine Sperrminorität. Gegen sie läuft nichts.

Immerhin haben die Mitgliedstaaten den Versuch unternommen, Ziele und Kompetenzen der EU zu klären und einen kohärenten Rahmen zu schaffen: Europa sollte vor der Osterweiterung eine Verfassung bekommen. Allerdings hat der Entwurf, den der Konvent aus Parlamentariern und Regierungsvertretern im Sommer 2003 vorgelegt hat, nicht zur erforderlichen Klärung beigetragen. Im Gegenteil: Sollte diese Verfassung ratifiziert werden, wird Europa noch komplizierter. Neue Institutionen und Ämter werden geschaffen, ein Präsident des Europäischen Rates und ein europäischer Außenminister beispielsweise, ohne dass diese Positionen mit Inhalt gefüllt würden und ohne dass bestehende Bereiche gemeinsamer Politik wie die Wirtschafts- und Währungspolitik funktionstüchtiger würden. Europa droht zunehmend unregierbar zu werden.

Der Euro – ein Katalysator für die politische Integration? Ein leeres Versprechen.

Politische Ökonomie: Wie Euroland funktionieren könnte

Der Euro als multinationale Währung wird auf Dauer nur unter zwei Bedingungen erfolgreich sein: Die Regierungen der Mitgliedstaaten müssen

- sich an die vereinbarten Grundregeln halten und
- sich dem schärferen Wettbewerb stellen.

Die Grundregeln des Eurolandes lauten: Lasst die Europäische Zentralbank gewähren; mischt euch nicht in die Geldpolitik ein; ernennt fähige Leute zu EZB-Ratsmitgliedern. Bringt eure Staatshaushalte in Ordnung; baut eure Schulden ab; erwirtschaftet in guten Jahren Überschüsse und in schlechten moderate Defizite, wie es der Stabilitäts- und Wachstumspakt vorschreibt. Versucht nicht, den Wettbewerb zu beschränken; lasst keine Kartelle zu; zahlt Unternehmen keine Subventionen.

Sich dem schärferen Wettbewerb zu stellen bedeutet: Gestaltet eure Staatswesen effizienter; baut die Umverteilung ab und Bildung und Forschung aus; senkt die Belastung der Beschäftigten mit Steuern und Abgaben, damit mehr Menschen Arbeit finden; konzentriert den Sozialstaat auf Bedürftige (siehe Irrtümer 1–10).

Beide Bedingungen sind bislang nicht erfüllt, jedenfalls nicht in den großen Mitgliedstaaten Deutschland, Frankreich und Italien: Sie halten sich weder an die Regeln, noch stellen sie sich dem Wettbewerb. Stattdessen gibt es einen ausgeprägten Hang der politischen Eliten, den Euro als Schutz vor den Zumutungen des internationalen Wettbewerbs misszuverstehen. Mittels der gemeinsamen Währung hoffen viele Politiker, die Konkurrenz zwischen den Mitgliedstaaten zu verhindern – die Steuern EU-weit zu vereinheitlichen, das vermeintliche »europäische Sozialstaatsmodell« auf die EU-Ebene zu übertragen, die Umverteilung gesamteuropäisch zu regeln und so weiter. Sicher ist: So wird die EU gerade nicht zur »wettbewerbsfähigsten und dynamischsten« Wirtschaftsregion der Welt, sondern zum Großsanierungsfall, der einer wachsenden Anzahl von Bürgern weder Wohlstand noch Sicherheit bieten kann – und folglich das große Versprechen, der Euro werde mehr Wachstum bringen, nicht eingelöst.

Wo also liegt der Konstruktionsfehler des Eurolandes? Das Grundproblem der Währungsunion besteht darin, dass die Euromitgliedschaft die Disziplinierung durch internationale Finanzmärkte mindert, es aber keine starken europäischen Institutionen gibt, die diese Disziplinierung übernehmen würden.

Vor dem Beitritt zum Euroclub mussten Länder mit schlechter Wirtschaftspolitik befürchten, von den Finanzmärkten bestraft zu werden: Regierungen, die hohe Staatsschulden auftürmten, die die Steuern erhöhten, die die Wirtschaft falsch regulierten, mussten mit Reaktionen der Märkte rechnen: Die Währung kam unter Abwertungsdruck, die Zinsen stiegen – sich zu verschulden wurde für Bürger, Unternehmen und Staat teurer. Gerade kleinere Länder haben in den Neunzigerjahren ihre Wirtschaftsstrukturen erheblich verbessert, um das Vertrauen der Kapitalmärkte zu gewinnen und mit günstigen Finanzierungsbedingungen belohnt zu werden. Sie wussten: Für Dynamik müssen sie selbst sorgen. Dies ist auch der Grund, warum die Euroaußenseiter Großbritannien, Schweden und Dänemark sich besser entwickeln als der Eurodurchschnitt.

Als Mitglied der Währungsunion entfällt dieser Disziplinierungsmechanismus größtenteils. Betreibt ein einzelner Staat eine laxe Finanzpolitik, wertet deshalb noch lange nicht der Euro ab. Bricht in einem Staat eine Finanzkrise aus, werden die übrigen Euromitglieder einen Staatsbankrott schon aus Eigeninteresse verhindern, auch wenn der Maastricht-Vertrag dies ausdrücklich verbietet (»No-bail-out«-Klausel). Entsprechend bleiben die Zinsen selbst für unsolide Eurostaaten niedrig. Regierungen, die es versäumen, ihren Volkswirtschaften durch Strukturreformen mehr Wachstumspotenzial einzuhauchen, können auf die Partner hoffen: Entwickeln sich die übrigen Eurostaaten dynamischer, profitieren davon auch schwache Länder durch steigende Exportnachfrage.

Das Trittbrettfahrer-Prinzip, das in die kollektive Verantwortungslosigkeit führt, ist tief verwurzelt in einer multinationalen Währungsunion. Der Euro beruht auf der freiwilligen Kooperation aller Mitgliedstaaten. Das Dilemma besteht darin, dass jede Regierung den starken Anreiz zu kurzfristig opportunistischem Verhalten verspürt und gerade nicht kooperiert. Wie man am Scheitern des Stabilitäts- und Wachstumspakts erkennt: Irgendwie ist niemals der richtige Zeitpunkt, die Staatsausgaben zu senken und die Haushalte in Ordnung zu bringen; immer stehen irgendwo Wahlen an; immer stellt sich irgendeine mächtige Interessengruppe dagegen.

Lässt sich das Dilemma auflösen? Zumindest lässt es sich lindern. Es bedarf einer klaren verfassungsmäßigen Abgrenzung der Kompetenzen zwischen der nationalen und der europäischen Ebene. Diese Abgrenzung fehlt bislang. Das größte Manko der Union ist die herausragende Rolle, die der Ministerrat im EU-Entscheidungsprozess spielt. Im Ministerrat sitzen Vertreter der Regierungen der Mitgliedstaaten. Um zu Entscheidungen zu finden, müssen sie mit »qualifizierter Mehrheit« abstimmen. Für eine qualifizierte Mehrheit sind generell 71 Prozent der Stimmen nötig, wobei die Stimmen der einzelnen Länder nach der jeweiligen Bevölkerungszahl unterschiedlich gewichtet werden.[24]

Eine qualifizierte Mehrheit hinter sich zu scharen ist schwierig, eine Sperrminorität zu erreichen hingegen leicht. Damit überhaupt entschieden wird, sind mühsame und zeitraubende Kompromisse nötig. Das kurzfristige nationale Kalkül überwiegt, das nachhaltige Gemeinschaftsinteresse hingegen spielt kaum eine Rolle. Es ist wie in der Bundesrepublik, wo der Bundesrat über Verhinderungsmacht, nicht jedoch über Gestaltungsmacht verfügt.

Die Lösung liegt auf der Hand: Über gemeinsame Politik dürfen nur echte Gemeinschaftsinstitutionen entscheiden, nicht der Ministerrat. In jenen Politikbereichen, in denen die Kompetenzen klar bei EU-Institutionen liegen, arbeitet die Union so gut wie jeder andere ordentlich regierte Staat: in der Geldpolitik, wo die EZB unzweifelhaft die Kompetenzen besitzt, und in der Wettbewerbspolitik, wo die Europäische Kommission allein entscheidet.

Ansonsten muss klar sein, dass die nationalen Regierungen für das Schicksal ihres jeweiligen Landes allein verantwortlich sind, dass Wettbewerb herrscht zwischen den Sozialstaaten, den Bildungs- und Forschungssystemen – dass jede Regierung auf der Suche ist nach der Lösung, die den Bedürfnissen ihrer Bevölkerung am besten entspricht.

Europa braucht beides: mehr Zentralisierung in den Kernkompetenzen der Union und mehr Dezentralisierung in allen übrigen Bereichen. Nur dann kann das Versprechen, der Euro werde für mehr Dynamik sorgen, eingelöst werden.

Irrtum 16: Die Industrie ist die Basis des Wohlstands

Die Zentrale des Weltkonzerns ähnelte der Lobby eines drittklassigen amerikanischen Hotels. Ein bescheidenes zweistöckiges Gebäude aus roten Ziegeln inmitten der englischen Kleinstadt Newbury, eingerichtet mit Holzimitatmöbeln und dicken Teppichen, es roch nach Mottenkugeln und Pfirsichshampoo. Der Chef trug Hosenträger und trank Cola aus der Dose. Anfang 2000, auf dem Höhepunkt der Übernahmeschlacht zwischen Vodafone und Mannesmann, traf ich den damaligen Vodafone-Chef Chris Gent zum Interview. Der Eindruck des Unfertigen, Vorläufigen setzte sich bei mir fest. Kein Wunder, der Mobiltelefonanbieter Vodafone war gerade 15 Jahre alt und steckte mitten in einer Phase dramatischen Wachstums. Da blieb keine Zeit, einen repräsentativen Konzernsitz zu errichten.

Und dieses Unternehmen, das nach außen so gar nichts hermacht, so schoss mir damals durch den Kopf, diese Bude will Mannesmann übernehmen – eine Ikone der deutschen Industrie mit, natürlich, repräsentativer, Ehrfurcht gebietender Konzernzentrale in Düsseldorf am Rhein; den Erfinder der nahtlosen Stahlröhre; jenen Konzern, dem es in Deutschland am besten gelungen zu sein schien, alte Industrie und neue Technologie (D2-Mobiltelefon) zu verbinden?

Dass die Übernahme tatsächlich zustande kam, hat Symbolkraft. Es beleuchtet den Unterschied zwischen einer Wirtschaft, in der Neues und neue Unternehmen entstehen und auf Weltformat heranwachsen können, und einer Wirtschaft, in der traditionelle Branchen immer präsent bleiben und das Neue beim Wachstum behindern. Es illustriert den Unterschied zwischen dynamischen und stagnierenden Volkswirtschaften. Großbritannien, die USA, aber auch die skandinavischen Länder haben Teile ihrer angestammten Industrien an Ausländer verkauft (siehe auch Irrtum 13) – Rover an BMW, Chrysler an Daimler, Volvo an Ford, Saab an GM, um nur ein paar prominente Beispiele zu nennen – und haben im Gegenzug hoch produktiven, innovativen, schnell wachsenden Wirtschaftszweigen wie Telekommunikation und Biotechnologie Entwicklungschancen eröffnet, bei einem zugleich mitwachsenden Servicesektor.

In der Bundesrepublik hingegen gilt die Produktion von physischen Gütern immer noch als Krone der Ökonomie. Als wahre Wirtschaft wird nur anerkannt, was lärmt und stinkt und Maschinen von beeindruckender Größe benötigt. In der Alltagssprache wird »Industrie« immer noch als

Synonym für »Wirtschaft« verwendet – auch wenn die produzierenden Branchen längst nicht mehr die Basis des Wohlstands sind.

Der relative Bedeutungsverlust der Industrie

Noch vor drei Jahrzehnten war das produzierende Gewerbe[25] der mit Abstand wichtigste Wirtschaftszweig Deutschlands. 1970 arbeiteten 43,5 Prozent der Arbeitnehmer in produzierenden Betrieben, die 40,4 Prozent der Wertschöpfung der deutschen Wirtschaft erbrachten; die Bauwirtschaft ist in diesen Zahlen noch gar nicht berücksichtigt. Heute beträgt der Beitrag der Produktion zu Beschäftigung und Wertschöpfung noch jeweils knapp ein Viertel (siehe Abbildung 14). Während die anderen Wirtschaftszweige wuchsen, stagnierte die Produktion von physischen Waren im langfristigen Durchschnitt.

Die Grafik zeigt, dass die Bedeutung der Industrie eine abwärts gerichtete Wellenbewegung vollzogen hat: In Rezessionszeiten infolge der Ölkrisen 1973 und 1980 schrumpfte die Industrie, es wurden Arbeitsplätze abgebaut. In den folgenden Jahren guter Konjunktur kam es erneut zu einer Ausweitung der Produktion und zum Aufbau von Beschäftigung, wobei das ursprüngliche Niveau jedoch nie wieder erreicht wurde. Dieses Muster galt bis zur Wiedervereinigung, die sich als gewaltige Zacke in der Beschäftigtenkurve niederschlägt. Nach der deutschen Einheit fand ein kontinuierlicher Abbau industrieller Kapazitäten statt, insbesondere von Arbeitsplätzen. In der Hochkonjunktur der zweiten Hälfte der Neunzigerjahre wurde dieser Abbau gebremst. Der Strukturwandel in Deutschland – weg von der Industrie, hin zu produktiveren und arbeitsintensiveren Tätigkeiten – kam zum Stillstand. Eine deutsche Besonderheit, denn in anderen Ländern setzte sich der Bedeutungsverlust der Industrie fort. Dieser verhinderte Strukturwandel wurde von der Öffentlichkeit jedoch keineswegs als Problem wahrgenommen.

Nachteile einer industrielastigen Wirtschaftsstruktur

Nach wie vor sind deutsche Unternehmen in traditionellen Industriezweigen führend. Autoindustrie, Maschinen- und Anlagenbau und Chemie bilden nach wie vor den Kern der bundesdeutschen Ökonomie. Traditionell

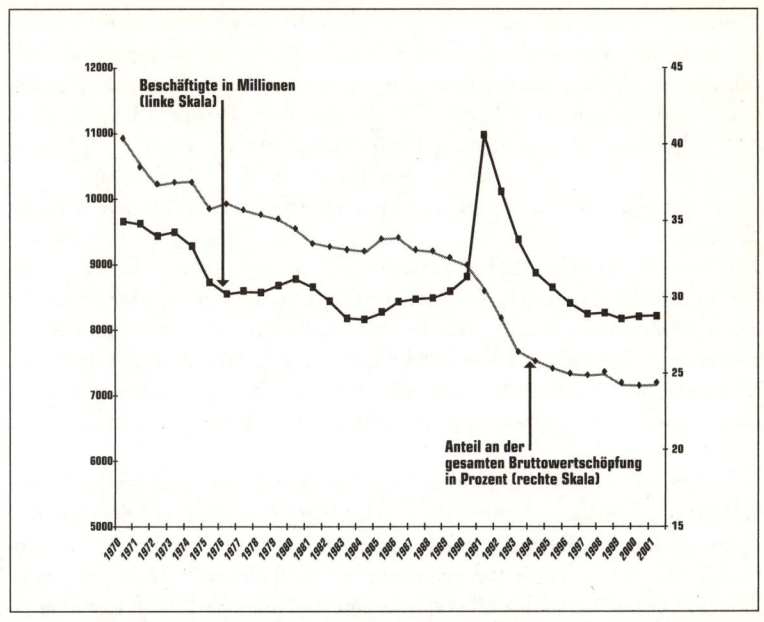

Abb. 14: Bedeutung der Industrie, Bundesrepublik Deutschland (verarbeitendes Gewerbe, ohne Bau; ab 1991: Gesamtdeutschland).
Quelle: Sachverständigenrat, eigene Berechnungen

heißt nicht: veraltet. Im Gegenteil, die führenden Firmen dieser Branchen haben die technologische Revolution der Neunzigerjahre mitgemacht, haben moderne Computertechnik, innovative Verfahren und Geschäftsmodelle aufgegriffen, neue Produkte entwickelt, viel Geld in Forschung und Entwicklung gesteckt. Die runderneuerten Unternehmen behaupten sich im globalen Wettbewerb – auch weil Staat und Gesellschaft helfen, wo sie nur können. Traditionell heißt aber auch: nicht sonderlich dynamisch. Die Märkte stagnieren. Mehr Wachstum und Beschäftigung entstehen anderswo – oder gar nicht.

Seit der großen Grenzöffnung Anfang der Neunzigerjahre ist die Konkurrenz der Industriestandorte erheblich härter geworden. Osteuropa, Lateinamerika, Asien, insbesondere China sind Standorte, in denen sich ähnlich hochwertige Produkte fertigen lassen wie in Deutschland, nur viel billiger. Die Folge ist ein massiver Druck auf die Kosten in bestehenden deutschen Fabriken. Neue, hoch produktive Fabriken entstehen ohnehin kaum noch in Deutschland – und wenn, dann nur, weil sie hohe Subventionen bekommen. So entschied sich BMW – nachdem sich 250 europäische Standorte beworben hatten – für den Bau einer Fabrik in Leipzig, weil die sächsische Landesregierung Finanzhilfen von bis zu 450 Millionen Euro zugesagt hatte. Andernfalls wären die Bayern nach Kolín in Tschechien gegangen, wo die Löhne rund ein Viertel des ostdeutschen Niveaus betragen.

Der internationale Standortwettbewerb, der nirgends so intensiv ist wie bei Industriegütern, die leicht über alle Grenzen hinweg zu transportieren sind und internationalen technischen Standards unterliegen, sorgt für einen permanenten Druck auf Löhne und Beschäftigung. Eine Rationalisierungsrunde folgt der anderen. Ständig müssen die Werktätigen Lohnzurückhaltung üben, um den Jobabbau nicht noch zu beschleunigen (siehe auch Irrtum 2).

Zudem ist die Industrie ein stark zyklischer Wirtschaftszweig, dessen Auslastung im Konjunkturverlauf erheblich schwankt. Folglich ist die deutsche Wirtschaft anfällig für Konjunkturflauten. Insbesondere das Auf und Ab der Weltwirtschaft schlägt spürbar durch: Weil die Industrie »handelbare« Güter herstellt und diese zu einem großen Teil exportiert, hängt die hiesige Ökonomie stark vom Konjunkturverlauf auf wichtigen Absatzmärkten ab. Wachstum aus eigener Kraft ist kaum möglich – schließlich stagniert die Industrie in Deutschland, andere Branchen erhalten kaum eine Chance –, also wächst Deutschland nur, wenn die Nachfrage nach deutschen Exporten steigt.

Wie der Staat den Strukturwandel behindert

In einem Interview, das wir mit Gerhard Schröder für das *manager magazin* führten, bekannte sich der Kanzler eindeutig zur Industrie. Natürlich, erklärte uns Schröder, andere europäische Volkswirtschaften seien im vergangenen Jahrzehnt schneller gewachsen als Deutschland, insbesondere Länder wie die Niederlande, die eine fortgeschrittenere Wirtschaftsstruktur mit einem größeren Dienstleistungssektor aufwiesen. Aber, fragte der Kanzler, solle man deshalb »die Produktionsstrukturen, die wir glücklicherweise noch haben, in denen ja sehr viele Leute beschäftigt sind, in Zweifel ziehen?« Und dann zählte er auf, welche Branchen ihm besonders am Herzen liegen: Automobilindustrie, Maschinenbau, Werkzeugmaschinenbau, Stahl-, Chemie- und Grundstoffindustrien anderer Art – um die wolle er sich »wirklich kümmern«.

Bemerkenswert, dass Schröder einen Gegensatz herstellte zwischen dem Gedeihen der Dienstleistungsbranchen und dem Fortbestehen der Industrie. Und dieser Gegensatz existiert tatsächlich. Viele bestehende staatliche Regulierungen nützen der Industrie oder schaden ihr zumindest kaum, sie behindern aber das Entstehen neuer Unternehmen und Branchen. Hier einige Beispiele:

Flächentarif. Innerhalb der großen Industriebranchen ebnen die Flächentarifverträge das Lohnniveau ein. Vorteile für die Unternehmen: Der Flächentarif schaltet die Konkurrenz der Unternehmen um ihre wichtigste Ressource aus – die Beschäftigten. Konflikte um die Entlohnung werden aus den Unternehmen herausgehalten. Nachteile für die Gesamtwirtschaft: Eine nivellierte Lohnstruktur verhindert Dynamik auf dem Arbeitsmarkt, die nur entsteht, wenn es nennenswerte Lohnunterschiede gibt. Und der Tariflohn etabliert ein Anspruchsniveau, das für viele andere, weniger produktive Branchen, insbesondere den Servicesektor, zu hoch ist, sodass dort nicht genügend neue Jobs entstehen.

Mitbestimmung. Die Mitbestimmung durch hauptamtliche Betriebsräte schafft einen verlässlichen Rahmen für die Konfliktlösung im Betrieb. Auch wenn viele Unternehmer über die Mitbestimmung klagen: Sie sichert der Geschäftsführung einen berechenbaren Ansprechpartner. Allerdings ist die Mitbestimmung eine Hürde für das Gedeihen kleiner und junger Unternehmen. Betriebsräte sind teuer und verlangsamen tendenziell den Entscheidungsprozess. Ein Luxus, der Newcomer behindert.

Ausbildungssystem. Das duale System der beruflichen Bildung (Lehre im Betrieb plus überbetriebliche Berufsschule) wird im Ausland häufig bewundert. Unzweifelhaft sorgt es dafür, dass die Jugendarbeitslosigkeit in Deutschland im internationalen Vergleich gering ist. Das System versorgt die Industrie mit handwerklich versierten Belegschaften, wie es sie anderenorts kaum gibt. Die Flexibilität in der Fertigung im deutschen Automobil- und Maschinenbau ist nur dank dieser speziellen Fähigkeiten deutscher Industriearbeiter möglich. Es gibt jedoch auch eine Kehrseite: Das Berufsbildungssystem ist starr, es kann sich nur mit Zeitverzögerung auf neue wirtschaftliche Entwicklungen einstellen. Es qualifiziert eng; wer seinen Job verliert, findet nur mit Mühe einen neuen. Und schließlich idealisiert es das Leitbild vom Facharbeiter und hält dadurch junge Leute davon ab, eine höhere Bildung anzustreben. Nur 23 Prozent der deutschen Erwerbsbürger haben eine Fachschule, Fachhochschule oder Universität absolviert. Zum Vergleich: In Schweden sind es 29 Prozent, in den USA gar 35 Prozent.

Finanzierung. Bei Industrieunternehmen handelt es sich um reife Firmen, die meist über einen soliden Strom an Erlösen verfügen. Da sie, wenn überhaupt, moderat wachsen, können sie Investitionen größtenteils aus dem laufenden Zufluss an liquiden Mitteln finanzieren. Benötigen sie dennoch zusätzliches Kapital, so fällt es ihnen als große, stabile Schuldner leicht, Kredite bei Banken oder auf den Anleihemärkten aufzunehmen – eine industrielastige Ökonomie hat keinen dringenden Bedarf an Kapitalmarktsegmenten für rasch wachsende, risikoreiche Unternehmen. Entsprechend spät wurden in Deutschland Märkte für Risikokapital eröffnet, die im internationalen Vergleich nach wie vor unterentwickelt sind. Recht mager ist folglich die deutsche Start-up-Szene.

Hinzu kommen weitere Begünstigungen: Die deutsche Forschungslandschaft ist auf die Industrie ausgerichtet. Hohe Subventionen fließen nach EU-Analysen vor allem der Industrie zu; Staatsgelder, die wiederum für andere Aufgaben fehlen – und so weiter.

Die Kehrseite der Industriefixierung des bundesrepublikanischen Systems ist eine chronische Schwäche bei neuen, innovativen, hoch produktiven Branchen. Während in den USA, Skandinavien oder Großbritannien Hightech-Branchen wie Chipproduktion, Softwareentwicklung und Biotechnologie in den vergangenen zehn Jahren Dynamik erzeugten, spielen deutsche Unternehmen nur in Ausnahmefällen global mit. Der Hauptgrund für die Hightech-Schwäche liegt nach einhelliger Meinung in einem Mangel an Hochqualifizierten. Die Folge: Heute muss Deutschland Technologien im großen Stil importieren. Im technologischen Dienstleistungsbereich wie bei Ingenieur- und EDV-Leistungen, Patenten und Lizenzen klafft ein Handelsbilanzdefizit von 7,5 Milliarden Euro – 15-mal so hoch wie noch 1990.

Besonders augenfällig wird diese Technologielücke am Beispiel der Pharmaindustrie. Über viele Jahrzehnte galt Deutschland als »Apotheke der Welt«. Die drei Nachfolgefirmen der einstigen IG Farben – Hoechst, Bayer und BASF – führten den Weltmarkt an. Diese Ära endete vor etwa 15 Jahren. Hoechst wurde aufgespalten und ging größtenteils im Pharmakonzern Aventis auf; der Firmensitz liegt in Frankreich; nur noch ein Teil der Arzneiforschung findet am ehemaligen Stammsitz Frankfurt/Main statt. BASF verabschiedete sich aus der Pharmaindustrie, spezialisierte sich auf die Chemie und ist heute in dieser Branche Weltmarktführer. Bayer vermied die Entscheidung zwischen Chemie und Pharma lange und versucht es nun mit einer Aufspaltung des Konzerns. Nach wie vor gilt die Pharmasparte als schlicht zu klein, um die gigantischen risikoreichen Investitionen in die Entwicklung neuer Medikamente tätigen zu können.

Neben Managemententscheidungen bei den ehemals großen Drei der Branche sind vor allem strukturelle Probleme in Deutschland für den Niedergang der Pharmaindustrie verantwortlich. Als Genforschung und Biotechnologie in der Medikamentenentwicklung Einzug hielten, verabschiedete sich Deutschland. Äußerst restriktive Regeln behinderten die Forscher; sogar fertiggestellte Produktionsanlagen erhielten keine Betriebserlaubnis. Während Ende der Achtzigerjahre in den USA oder Großbritannien scharenweise junge Biotech-Firmen entstanden, die für den technologischen Nachschub der Branchengrößen sorgten, fehlte für einen solchen Gründerboom in Deutschland die Basis: Bürokratische Hürden und mangelndes Risikokapital verhinderten diese Entwicklung. Auch Universitäten und Forschungseinrichtungen reagierten träge; in der öffentlichen Pharmaforschung ist Deutschland längst nicht mehr Spitze. Junge Forscher zog es in die USA, wo sie sich wirtschaftlich wie wissenschaftlich besser entfalten konnten. Als die Bundesregierung Mitte der Neunzigerjahre ihre Fehler erkannte, war es längst zu spät. Die Gravitationszentren der Pharmaforschung finden sich anderswo.

Der Niedergang der deutschen Pharmaindustrie wirkt sich in gravierender Weise auf die gesamte Wirtschaft aus: Die hohen Renditen, die die Pharmaindustrie dank patentgeschützter Produkte einfährt und die in einer alternden Gesellschaft in den kommenden Jahrzehnten noch steigen dürften, fallen nun anderswo an. Hoch bezahlte Jobs in Entwicklung und Produktion wandern ab.

Das Pharmadrama illustriert, wie wenig anpassungsfähig das System Deutschland auf neue Entwicklungen reagiert. Dies vor allem, weil die Fixierung auf traditionelle Industrien Strukturen erzeugt, die verhindern, dass Neues entstehen kann.

Politische Ökonomie: Wie erklärt sich die Bevorzugung der Industrie?

Die Antwort findet sich auf dem politischen Markt der Bundesrepublik: Die Industrie kann ihre Interessen besonders lautstark artikulieren und effektiv durchsetzen. Sie ist die Branche, die in der Politik mit Abstand am meisten Gehör findet. Dies ist auf den ersten Blick erstaunlich angesichts der auch in Deutschland stark verminderten gesamtwirtschaftlichen Bedeutung der produzierenden Wirtschaftszweige. Verschiedene Faktoren machen die deutsche Industrie zu einem mächtigen Block. Dazu gehören insbesondere:

Größe der Unternehmen. Produzierende Betriebe mit hohem Kapitaleinsatz sind relativ groß. Das einzelne Unternehmen beschäftigt vergleichsweise viele Menschen. Sie stellen daher Machtfaktoren in ihrer direkten Umgebung, ihrer Kommune und ihrer Region dar. Manager von Großunternehmen sind geschätzte Gesprächspartner der Regierenden, die sich, das liegt in der Natur des Politikerberufs, angezogen fühlen von Macht.

Alter der Unternehmen. In reifen Branchen sind die Firmen relativ alt. Sie hatten Zeit, ein Netzwerk zu knüpfen, sind in Verbänden organisiert, unterhalten etablierte Beziehungen zu Politik und Verwaltung.

Etablierte Verbände. Aufgrund ihrer Größe und ihres Alters sind Industrieunternehmen vergleichsweise leicht in Verbänden zu organisieren. Der Bundesverband der Deutschen Industrie (BDI) gilt nach wie vor als höchste politische Instanz der Wirtschaft. Auch die Arbeitgeberverbände, obwohl auch in anderen Branchen aktiv, sind industriedominiert. Ihr Oberhaupt auf Bundesebene, der »Arbeitgeberpräsident«, ist wie der Präsident des BDI eine der einflussreichsten Figuren auf der politischen Bühne.

Gewerkschaften. Was für die Wirtschafts- und Arbeitgeberverbände gilt, trifft auch auf die Arbeitnehmerseite zu. Die Gewerkschaften sind industriedominiert. Die IG Metall und die IG Bergbau Chemie Energie bleiben dem stetigen Mitgliederverlust zum Trotz große Organisationen, die Millionen Mitglieder vertreten; der Dachverband DGB setzt sich lautstark für die Interessen der Industriearbeiter ein – oder jedenfalls für das, was die

Funktionäre dafür halten. Weil andere Interessen viel schwieriger zu organisieren sind, gehören die Gewerkschaften bis dato zu den bindungsstärksten Großorganisationen. Während die Verbände vor allem im bürgerlichen politischen Lager wirken, beeinflussen die Gewerkschaften die Sozialdemokratie.

Korporatismus. Die deutsche politische Kultur sucht traditionell den Konsens der großen gesellschaftlichen Gruppen. Weil die Bundesregierung gemäß Verfassung relativ schwach ist – viel schwächer als ihre Pendants in Großbritannien, Frankreich oder den USA –, versucht sie sich durch Zustimmung möglichst aller Verbände und Gewerkschaften abzusichern. Auch überlässt sie es häufig den Großorganisationen selbst, bestimmte Regelungen zu treffen; Beispiele reichen von den Flächentarifen über die paritätische Mitverwaltung der Sozialversicherungen bis zu den (gescheiterten) Verbändevereinbarungen zur Liberalisierung der Märkte für Strom, Gas und Wasser. Die Industrie und ihre Vertretungen erhalten somit direkten Einfluss auf politische Entscheidungen. Die Ergebnisse lassen aus gesamtwirtschaftlicher Sicht oft zu wünschen übrig.

Natürlich kann es nicht darum gehen, die Bundesrepublik gezielt zu entindustrialisieren. Jede wettbewerbsfähige Branche ist willkommen. Aber die Einsicht, dass die klassischen produzierenden Branchen nicht die Zukunft der deutschen Wirtschaft sichern können – jedenfalls nicht, wenn die Deutschen eine der wohlhabendsten Nationen der Welt bleiben wollen –, ist bislang kaum verbreitet. Eine große Anstrengung ist erforderlich, um auf der technologischen Leiter weiter nach oben zu steigen; um einen Know-how-Vorsprung zu erarbeiten; um sich dem Wettbewerb mit Niedriglohnstandorten teilweise entziehen zu können.

Für Regulierungen, die gezielt der Industrie nützen, aber andere Bereiche der Wirtschaft behindern, sollte in Deutschland kein Platz mehr sein.

Irrtum 17: Der Mittelstand ist das gesunde Herz der deutscchen Wirtschaft

Politiker und Verbandsfürsten beschwören nur allzu gern den Archetyp des guten Unternehmers, in Deutschland »Mittelständler« genannt. Anständig, solide, sozial, heimatverbunden und doch dynamisch. Ein Kapitalist mit menschlichem Antlitz – der leibhaftige Gegenentwurf zur kalten Welt der Großkonzerne und Finanzmärkte.

Der Mittelständler als Typus ist schwer mit objektiven Maßstäben zu fassen. Verbindliche Definitionen gibt es nicht. Die Bandbreite der als mittelständisch betrachteten Unternehmensgrößen variiert erheblich. Mittelständler zu sein, und damit fangen die Probleme schon an, ist eher ein Gefühl, eine Geisteshaltung: Als Mittelständler gilt, wer Herr im eigenen, inhabergeführten Familienunternehmen ist. Die Firma darf allerdings keine Konzerngröße aufweisen, darf also nicht so komplex sein, dass sie nur mit professionellen Managementmethoden zu führen ist – der Otto-Versand, obwohl von Firmeneigner Michael Otto selbst geführt, würde wohl nicht mehr als Mittelstandsbetrieb durchgehen.

Natürlich ist der Mythos Mittelstand nicht vollkommen aus der Luft gegriffen. Es gibt sie ja: hervorragende familiengeführte Unternehmen, stabil, finanzstark, innovativ, langfristig denkend und investierend. Hunderte von »Hidden Champions«, die am Weltmarkt erfolgreich mitspielen und die selbst in der schwierigen Lage, in der sich Deutschland befindet, wachsen und schwächere Konkurrenten übernehmen. Doch leider befinden sich die Starken in der Minderheit. »Der Mittelstand«, tönte Kanzler Gerhard Schröder in seiner viel beachteten Rede, in der er im Frühjahr 2003 seine »Agenda 2010« verkündete, »ist und bleibt der Motor des Wachstums.«

Wenn es doch so wäre. Tatsächlich stottert der Motor Besorgnis erregend. Die Mehrheit der Mittelständler sieht sich von Problemen eingekreist: chronische Kapitalschwäche; die Hausbank, die jahrzehntelang bereitwillig Kredite gab, knausert mit frischem Geld; die Konsumflaute erschwert den Absatz; der internationale Wettbewerb wird härter. Hunderttausende Unternehmen kämpfen um ihre Existenz. Firmen, die jahrzehntelang stabil wirtschafteten, stehen plötzlich am Rande des Ruins. Seit 2001 gingen über mehrere Jahre in Folge jeweils knapp 40 000 Unternehmen in Konkurs – und das ist nur die Spitze des Eisbergs. Viele Unternehmerfamilien geben auf, verkaufen, versuchen, sich in eine Fusion oder

Kooperation zu retten. Eine brutale Konsolidierungswelle überrollt die kleineren und mittleren Unternehmen.

»Dies ist eine dramatische Situation, und wir haben den Höhepunkt noch nicht erreicht«, warnt Michael Hinderer von Altium, einer Investmentbank für Mittelständler. Gnadenlos deckt die Krise strukturelle Schwächen und unternehmerische Versäumnisse auf: die dünne Kapitaldecke, die schwache Innovationsfähigkeit, die zu geringe Internationalisierung, die ungeordnete Nachfolge an der Firmenspitze. Missmanagement in Abertausenden von Fällen. Privatsache der Unternehmersippen? Nicht nur. Probleme des Mittelstands sind Probleme des ganzen Landes.

Nach Definition des Bonner Instituts für Mittelstandsforschung[26] erwirtschaften mittelständische Firmen rund die Hälfte der Wertschöpfung im Unternehmenssektor, sie beschäftigen rund 70 Prozent aller Arbeitnehmer. Im Mikrokosmos der kleinen und mittleren Betriebe findet sich eine der tiefer liegenden Ursachen der anhaltende Wachstumsschwäche, ein Kernpunkt des deutschen Dilemmas.

Im Frühjahr 2003 lernte ich Thorsten Rachow kennen, einen klugen Mann von Anfang 40. Drei-Tage-Bart, offenes Hemd, wacher Blick. Im Hamburger Hafengebiet betreibt Rachow eine internationale Handelsfirma für Frischfleisch, Fisch und Meeresfrüchte. Seine Firma Rari ist kerngesund, wirft eine Menge Geld ab und hat Rachow viel Freude bereitet. Dennoch erzählte er mir: »Man sollte aussteigen, solange es einem gut geht.« Die Entscheidung ist längst gefallen, er beendet die mehr als 100-jährige Familientradition. Die Mehrheit an Rari hat er an die britische Vestey-Group verkauft, den Rest der Anteile übernimmt der neue Mutterkonzern 2006. Rachow bleibt noch einige Jahre Geschäftsführer, um einen geordneten Übergang zu ermöglichen. Auf keinen Fall, sagte Rachow, wolle er irgendwann dastehen wie Boris Becker. Nur nicht alten Erfolgen hinterherlaufen – wie der scheinbar ewig 17-jährige Leimener, der immer wieder antrat und doch längst den Nimbus des Champions verloren hatte. »Wer dreimal Wimbledon gewonnen hat, der sollte abtreten – was will man denn danach noch erreichen?«

Bei anderen Unternehmern in seinem Bekanntenkreis ist Rachows Entscheidung weithin auf Unverständnis gestoßen. Die Erkenntnis, die eigene Traditionsfirma werde die absehbaren Strukturveränderungen nicht überleben, fällt vielen schwer. Solche Gedanken werden gerne verdrängt. Zu verkaufen und dann kein Unternehmer mehr zu sein, das klingt nach Exkommunizierung aus einer elitären Kaste der Freien. Und genau hier liegt das Problem: Die angeblich so vorbildlichen Familienunternehmen plagen ein paar typische strukturelle Konstruktionsfehler.

Eine problematische Firmenverfassung

»Die Familie ist viel kritischer mit dem Vorstand als Analysten oder Fondsmanager von außen. Die Familie verfolgt ein langfristiges Interesse, sie will das Unternehmen für weitere Generationen erhalten«, sagt Ludwig Georg Braun. Deshalb seien Mittelständler tendenziell die besseren Unternehmer. Braun ist Präsident des Deutschen Industrie- und Handelskammertages (DIHK), selbst Oberhaupt eines erfolgreichen Familienunternehmens und damit leibhaftiger Beweis für die Richtigkeit seiner These – allerdings nicht für ihre Allgemeingültigkeit.

Bei den meisten Mittelständlern entscheidet der Chef einsam und allein. Die Familie lässt ihn gewähren. Kontrolle findet nicht statt. »Wenn es in der Firma schlecht läuft, ist das immer ein Problem der Führung«, sagt Bandik Thomas von der Industrieberatung Zemitzsch, der Dutzende Sanierungsfälle betreut hat. »Viele können ihr Unternehmen einfach nicht steuern.« Es fehle am Einmaleins der Betriebswirtschaftslehre. Controlling, strategische Planung, systematische Personalpolitik – Fehlanzeige. Ohne zu wissen, wie es um die Firma tatsächlich steht, tasten sich die Unternehmer durch die Zeit. Management by Bauchgefühl. Und by Zufall. Das kann jahre-, sogar jahrzehntelang funktionieren. »Solange die wirtschaftliche Lage gut ist, werden die Macken zugeschmiert«, sagt Thomas. Läuft es schlecht, gehen die Firmen in die Knie.

Der größte Vorteil der Familienunternehmen ist zugleich ihr größter Nachteil: die Fixierung auf die Unternehmerpersönlichkeit. Seine individuellen Stärken bringen die Firma voran – seine Schwächen schaden ihr. Im Lebenszyklus des Unternehmens ändern sich die Anforderungen an die Führungsfigur. In der Gründungsphase schaffen es eher enthusiastische, instinktgesteuerte Persönlichkeiten, die Firma aufzubauen. Später hingegen sind analytische Köpfe gefragt, die Entscheidungsbefugnisse delegieren, den Überblick behalten und die sich auch mit strategischen Fragen befassen.

An der schwierigen Metamorphose vom Entrepreneur zum Manager scheitern viele. »Wir haben es ständig mit Unternehmern zu tun, die erst merken, wie es um ihre Firma steht, wenn die Bank den Geldzufluss stoppt«, sagt Rainer Hornbostel, Chef der Kölner Unternehmensberatung EMC. Und selbst dann sei es gar nicht so einfach, die mittelständische Klientel davon zu überzeugen, dass die Anschaffung des neuen Mercedes warten muss, weil nicht mehr genug Geld in der Kasse ist. »Der Statusverlust tut extrem weh«, hat Hornbostel beobachtet.

Den Mut, die eigene Rolle infrage zu stellen und die Konsequenzen aus eigenen Unzulänglichkeiten zu ziehen, besitzen nur wenige Familienunternehmer. Viele überschätzen ihre Fähigkeiten; es fällt ihnen schwer zu erkennen, dass sich das Tempo der Wirtschaft beschleunigt und die Komplexität erhöht hat – und welche Konsequenzen sich aus dieser Veränderung für ihr Geschäft ergeben.

Wie die Banken den Druck erhöhen

Der Zwang zu Veränderungen geht vor allem von den Banken aus. Die Geldinstitute drehen den Hahn zu – im schlimmsten Fall Grund für die Pleite, im besten Fall Auslöser eines Kulturwandels.

So erging es auch dem Göttinger Fassadenbauer Lanco: Als ich die Firma im Frühjahr 2003 besuchte, hing noch das Ölgemälde des Firmengründers Friedrich Lange im Foyer, Symbol einer generationenlangen Familientradition. Äußerlich sah alles aus wie immer, aber im Innern befand sich die Firma in Alarmbereitschaft. In der Rezession 2001, als es Lanco ohnehin nicht gut ging, hatten die beiden Hausbanken Schwierigkeiten bereitet: Die eine hatte Millionenkredite zurückgefordert, die andere drastisch die Zinsen erhöht. »Das war der Beginn eines Kulturwandels«, erzählte mir Lanco-Manager Martin Schmidt-Unverfehrt. Vieles hatte sich verändert: 30 von 150 Leuten waren entlassen, und der Firma war eine moderne arbeitsteilige Struktur verpasst worden; einige Mitglieder der Unternehmerfamilie Lange waren aus der Geschäftsführung ausgeschieden und hatten dem ehrgeizigen Manager Schmidt-Unverfehrt den Einstieg in die Firma ermöglicht. »Früher kümmerte sich niemand im Betrieb ernsthaft ums Kaufmännische – es interessierten vor allem technische Fragen«, berichtete Schmidt-Unverfehrt. Das Geschäft lief ja auch so: Die Bank gab Kredite zu niedrigen Zinsen, ohne allzu bohrend nachzufragen. Man kannte sich schließlich schon lange.

Die jahrzehntelang niedrigen Zinsen verleiteten viele Mittelständler dazu, immer höhere Schulden anzuhäufen. Heute liegt die Eigenkapitalquote im internationalen Vergleich extrem niedrig – in kleineren Unternehmen bei nur 8 Prozent. Die geringen Eigenmittel und die hohe Verschuldung werden angesichts der schwachen Wirtschaftslage zur Sollbruchstelle. Mit der Freigebigkeit der Kreditinstitute ist es vorbei. Die deutschen Banken sind in die schwerste Krise der bundesrepublikanischen Geschichte gestolpert und geben sich extrem zugeknöpft (siehe auch Irrtum 4). Die angespannte Situation und die neuen Eigenkapitalvorschriften (»Basel II«[27]) zwingen die Institute, systematisch Risikovorsorge zu betreiben. Folge: Das Volumen der an Unternehmen ausgeliehenen Kredite stagniert, zeitweise ist es in den vergangenen Jahren sogar gesunken.

Für die Vergabe eines Darlehens genügt nicht mehr das vertrauensvolle Gespräch zwischen Banker und langjährigem Kunden. Heute werden die Unternehmen einer genauen Prüfung unterzogen; sie müssen Bücher, Kalkulationen, Verträge offen legen – die Banken fordern von ihren Kunden größtmögliche Transparenz. Noch wichtiger: Die Unternehmer müssen über die Zukunft nachdenken. »Die meisten Mittelständler haben bislang keine Vorstellung davon, wo sie in zwei oder gar fünf Jahren stehen werden«, sagt Ralf Garrn, Chef von Hermes Rating. Jetzt fordern die Banken von den Unternehmen eine Liquiditätsplanung. Das Ratingverfahren zwinge die Unternehmer erstmals, so Garrn, »das ganze Unternehmen zu durchdenken«.

Der Blick in die Zukunft fördert gelegentlich unangenehme Wahrheiten zutage. Lanco-Manager Schmidt-Unverfehrt zum Beispiel hat erkannt, welche Herausforderungen auf die Firma in den nächsten Jahren zukommen: Mit dem Beitritt der osteuropäischen Länder zur EU gerät die arbeitsintensive Fertigung seines Unternehmens in einen schärferen Preiswettbewerb. Seine Schlussfolgerung: »Wir müssen nach Osten.« Wie viele andere Mittelständler will er künftig von den niedrigen Lohnkosten in Osteuropa selbst profitieren. Insbesondere arbeitsintensive Teile der Produktion werden dorthin verlagert.

Das Problem ist nur: Die Internationalisierung ist teuer. Und wer ohnehin schon kein Geld mehr auf dem Konto hat, kann sie sich kaum leisten. Deshalb umwerben die Firmen die Beteiligungsgesellschaften (»Private Equity«). Allerdings: Diese Finanziers sind enorm wählerisch.

Wer wachsen kann – und wer weichen muss

»Wir schauen uns 300 Unternehmen im Jahr an und beteiligen uns an zwei«, erzählt Thomas Schlytter-Henrichsen von der Alpha Beteiligungsberatung in Frankfurt. Das Angebot an wirklich guten Firmen sei »schon sehr dünn«. Die Private-Equity-Spezialisten sind auf der Suche nach den Gewinnern der derzeitigen Konsolidierungsphase: soliden, eigenkapitalstarken Firmen, die gerade jetzt gute Wachstumschancen haben. Die Starken, die Größeren, die Internationalen unter den Mittelständlern fahren auf Expansionskurs. Während die Konzerne angesichts der schwachen weltwirtschaftlichen Entwicklung Kapazitäten abgebaut haben, während kleinere Firmen in Bedrängnis geraten, profitieren viele Unternehmen mittlerer Größe.

Expansion ist eine Strategie, zu der die Märkte die Unternehmen drängen. Der Druck zu wachsen kommt von zwei Seiten: Zum einen begünstigen risikoscheue Finanzmärkte Größe. Den Banken sind umsatzstärkere Firmen als Kreditkunden lieber, weil sie, so eine Studie der Kreditanstalt für Wiederaufbau (KfW), weniger leicht Pleite gehen: Je größer ein Unternehmen ist, desto breiter gestreut ist das Risiko, dem es ausgesetzt ist, desto weniger anfällig ist es für Turbulenzen auf einzelnen Märkten. Private-Equity-Financiers investieren ihr Geld ohnehin nicht in Kleinunternehmen. Für den Gang an die Börse, um selbst Aktien oder Anleihen zu platzieren, benötigt ein Unternehmen erst recht eine gewisse Größe. Zum anderen erzwingen offene Grenzen Wachstum: Die Internationalisierung, die viele Mittelständler lange hinausgezögert haben, gelingt nur größeren Unternehmen. Die anderen gehen unter oder werden übernommen.

Doch wer wächst und sich internationalisiert, durchlebt eine Kulturrevolution – weg vom Familienunternehmen, hin zum kleinen Konzern. Diese Erfahrung machte auch die Neu-Isenburger Firma Jost, ein Hersteller von Anhängern und Sattelschlepperkupplungen. Vor ein paar Jahren verkaufte die Unternehmerfamilie die Mehrheit an eine Beteiligungsgesellschaft. Die neuen Herren heuerten Lars Brorsen an, den ehemaligen Chef der Daimler-Tochter Smart. Der Däne setzte sich sogleich ein ambitioniertes Ziel: Binnen weniger Jahre wollte er den Umsatz verdoppeln, auf rund 500 Millionen Euro.

Wachsen bedeutet Stress. Ständig hat sich Brorsen in den vergangenen Jahren verkaufswillige Firmen angesehen; 2001 übernahm er den Münchener Anhängerkupplungshersteller Rockinger. Zugleich treibt Brorsen die

Internationalisierung voran. Das Jost-Werk in Kassel hat er geschlossen, dafür im US-Staat Tennessee eine Fertigung aufgebaut. In China hat er zwei Werke errichtet. Brorsens Ziel: so schnell wie möglich der deutschen Misere entrinnen. Es seien gerade die schlechten Aussichten in der Bundesrepublik (»Mir kommt es manchmal so vor, als habe die DDR den Westen übernommen«), die Jost ins Ausland trieben: »Wenn es hier besser liefe, würden wir uns langsamer internationalisieren.« Ohne das dynamischere Auslandsgeschäft wären auch »unsere deutschen Standorte nicht überlebensfähig«, meint Brorsen.

Dynamische, große Mittelständler wie Jost gehören zu den lebendigsten Elementen der deutschen Wirtschaft. Es ist nur allzu verständlich, dass alle gern mit diesen Unternehmen ins Geschäft kommen würden: Investmentbanken wie Goldman Sachs, die sich noch vor wenigen Jahren auf das Geschäft mit Weltkonzernen konzentrierten; Unternehmensberater wie McKinsey, denen Mittelständler noch vor kurzem als uninteressante Provinzgrößen galten; Private-Equity-Firmen wie Apax, deren Manager vor nicht allzu langer Zeit vom schnellen Geld am Neuen Markt träumten. Sie alle möchten beim Wachsen helfen und mitverdienen.

Doch in den Angeboten steckt ein Dilemma: Erfolgreiche ehemalige Familienunternehmen wandeln sich zu kleinen Konzernen, die sogar an die Börse gehen könnten. Die Firmen ändern ihren Charakter grundlegend. Ob es gelingt, ihre traditionellen Stärken zu erhalten, muss sich noch erweisen.

Auch Unternehmen, die weiterhin unter der Kontrolle einer Familie bleiben, werden sich radikal wandeln. Wer die Konsolidierungswelle überlebt, wird nicht mehr von allein herrschenden Patriarchen regiert, sondern häufig von angestellten Managern. Wo Familienmitglieder an der Spitze bleiben, werden sie sich der Kontrolle durch Bei- oder Aufsichtsräte unterwerfen.

Ist der Wandel in der Marktwirtschaft nicht etwas vollkommen Normales? Gehen im marktwirtschaftlichen Prozess der schöpferischen Zerstörung nicht ständig schwächere Firmen unter, während stärkere expandieren und neue hungrige Entrepreneure nachwachsen? Ohne Zweifel, doch der Wandel, den die deutsche Wirtschaft in diesen Jahren erlebt, ist so zerstörerisch wie noch nie seit Ende des Zweiten Weltkriegs – eine schmerzhafte Phase, die die Unternehmenslandschaft gravierend verändern wird. Auch zum Positiven: Die überlebenden Firmen werden transparenter und professioneller geführt sein; sie werden kapitalstärker, solider, größer und internationaler sein als heute. Im besten Fall wird die Kultur-revolution die Gesundung der deutschen Wirtschaft befördern.

Politische Ökonomie: Wem nützt die Glorifizierung des Mittel-stands?

Angesichts der meist tristen realen Lage in den Unternehmen stellt sich die Frage, wie es zu erklären ist, dass der Mittelstand ein derart gutes öffentli-ches Image hat.

Vor allem aus zwei Gründen: Zum einen aus schlechtem Gewissen. Tatsächlich ist die Politik auf Großunternehmen konzentriert. Politiker sind Machtmenschen, und die Macht in der Wirtschaft ist nun einmal bei den großen Konzernen konzentriert. Schon der persönliche Umgang mit Topmanagern, ihre im Vergleich zur Politik viel unmittelbarer ausgeübte Macht, ihre Weltgewandtheit und ihre hohen Einkommen faszinieren viele Politiker. Wenige Figuren entscheiden in diesen Großkonzernen über Milliardeninvestitionen, über Millionen von Arbeitsplätzen und damit nebenbei auch über das Wohlergehen des Landes insgesamt. Poli-tiker, die sich als Macher profilieren wollen, treffen gerne Vereinbarun-gen mit den Konzerngranden. Betriebe werden mit Steuergeldern geret-tet; Regelungen werden etabliert, die einseitig den Konzernen nützen, wie die Steuerfreistellung von Gewinnen beim Verkauf von Unterneh-mensanteilen. Den Millionen kleinen und mittelgroßen Unternehmen wird derlei Aufmerksamkeit nicht zuteil. Im Gegenteil: Neben hausge-machten Problemen schaden ihnen auch noch die Reformversäumnisse einer über Jahrzehnte mangelhaften Wirtschafts- und Sozialpolitik. Bekenntnisse zum Mittelstand sind zwar ein schwacher Trost für die betroffenen Unternehmen. Doch kommt die Glorifizierung der Kleinen in der Öffentlichkeit gut an.

Der zweite Grund: Gerade im über Jahrzehnte sozialdemokratisch geprägten Deutschland genießen die Schwachen einen Sympathiebonus – in der Gesellschaft insgesamt wie in der Wirtschaft. Die Starken, die Mäch-tigen, die Sieger, die Erfolgreichen gelten als suspekt, anders als etwa in den USA. Wer sich hierzulande als Helfer der Beladenen geriert, kann auf brei-te Zustimmung hoffen. Um nicht missverstanden zu werden: Natürlich ist der Impuls zur solidarischen Nothilfe für Privatpersonen richtig und ehrenwert, gegenüber Unternehmen und Unternehmern aber gänzlich

unangebracht. Sporadische Subventionsprogramme, vor allem über zins-
günstige Kredite für Mittelständler, lösen nicht das Grundproblem – die
chronische Renditeschwäche im Hochkosten- und Hochregulierungsland
Deutschland. Subventionen lindern die Leiden nur vorübergehend. Auf
Dauer verschärfen sie die Probleme.

Natürlich ist es möglich, dass sich der Mittelstand wieder zum »Motor
des Wachstums« (Schröder) entwickelt. Aber das wird noch Jahre dauern.
Und wenn es geschieht, dann wohl nicht wegen, sondern trotz der deutschen Politik.

Irrtum 18: Moral und Profit sind unvereinbare Gegensätze

Im Frühjahr des Jahres 2000 machte ich im Zuge einer Recherche eine hochinteressante Erfahrung. Bei einem großen deutschen Online-Broker durfte ich im Callcenter neben einem Kundenbetreuer sitzen und die Anrufe von Privatanlegern mithören, natürlich streng vertraulich. Es war zur Mittagszeit an einem Donnerstag im Februar, und die Telefone standen nicht still. Außendienstler, die auf irgendeinem Parkplatz standen und eben mal ihr Depot überprüften; Angestellte, die im Großraumbüro an ihrem Computer saßen und, statt zu arbeiten, die Kursbewegungen beobachteten. Allesamt Männer am Rande des Nervenzusammenbruchs: »Ich kaufe für 18 000 Euro China Telecom.« – »Kann ich meine Wertpapierkreditlinie verdoppeln und dafür Infineon-Aktien zeichnen?« – »Wo steht mein Depot jetzt? Aha. Gut. Dann kaufe ich 300 EM.TV und 200 Intershop.« Die Kursblase an der Börse wuchs jeden Tag mehr. Niemand wollte den großen Reichtum verpassen.

Es war die Zeit der großen Gier, als alle hergebrachten Wertmaßstäbe verschwammen und die bisherigen Regeln und Gesetze des Wirtschaftens, ja des gesellschaftlichen Zusammenlebens insgesamt nicht mehr zu gelten schienen. Moral? Anstand? Fairness? Niemand schien sich solch altmodische Werte noch leisten zu können.

Nicht nur Privatanleger waren von der großen Gier befallen, auch Manager großer Konzerne und Wirtschaftsprüfer ebenso wie Aktienanalysten und Fondsmanager. Viele von ihnen ließen alle Hemmungen fallen. Den großen Reichtum vor Augen, machten sie Geschäfte jenseits der guten Sitten. Der harmloseste Exzess waren noch die in absurde Höhen gestiegenen Managergehälter. Andere scheuten selbst vor Betrug nicht zurück.

Nach dem Zusammenbrechen der Börsenblase hat ein massiver Vertrauensverlust die Wirtschaft in allen westlichen Ländern erschüttert. Die große Frage steht im Raum, wem man eigentlich noch trauen könne. Eine längst vergessene Einsicht ist auf die Tagesordnung zurückgekehrt: Moral und Anstand sind Grundbedingungen erfolgreichen Wirtschaftens. Wenn hingegen die Sitten verfallen, wenn auf niemanden mehr Verlass ist, dann leidet auch die Wirtschaft.

»Erst kommt das Fressen, dann kommt die Moral«, ließ Bert Brecht den Gangster Macheath in der »Dreigroschenoper« proklamieren. Wohlstand und Anstand, so sah es der Marxist Brecht, schließen sich im liberalen

Raubtiersystem gegenseitig aus. Es ist der uralte Generalverdacht gegen alle Erfolgreichen – wie im Kamel-durch-das-Nadelöhr-Gleichnis der Bibel. Aber Brechts Macheath hat deshalb noch lange nicht Recht. Es ist gerade umgekehrt: Ohne Moral gibt es auch nicht viel zu fressen.

Wie das Vertrauen verloren ging

Nach den Ausschweifungen der Neunzigerjahre hat ein massiver Vertrauensverlust die Wirtschaft erfasst, in Europa wie in den USA. Die Krisensymptome sind unübersehbar: Die Finanzmärkte zweifeln an der Glaubwürdigkeit von Managern und Wirtschaftsprüfern.

Die Bürger zweifeln an der Integrität von Managern und Politikern. Ständig kommen neue Korruptionsfälle ans Tageslicht. Auf dem weltweiten Index der unabhängigen Antikorruptionsorganisation Transparency International ist Deutschland in den vergangenen Jahren um mehrere Plätze abgerutscht. Nie zuvor gab es so viele Ermittlungsverfahren gegen bestechliche Politiker und bestechende Manager – die Zahl der Korruptionsverfahren hat sich laut Bundeskriminalamt in der zweiten Hälfte der Neunzigerjahre verfünffacht.

Die Manager zweifeln an der Verlässlichkeit ihrer Geschäftspartner. Weil sich Unternehmen nicht an Verträge und Absprachen halten, weil sie Preise drücken, zu spät oder gar nicht zahlen, geraten jährlich Zigtausende Firmen in Schwierigkeiten. Besonders dramatisch ist die Lage in der Bauindustrie: 78 Prozent der Pleiten der vergangenen Jahre gingen auf verspätete Zahlungen der Kunden zurück.

Die Mitarbeiter zweifeln am Anstand ihrer obersten Chefs. In einem nicht nachvollziehbaren Maß sind die Gehälter der Topmanager gestiegen. Zwischen 1997 und 2000 genehmigten sich die Vorstände der Dax-Unternehmen Zuschläge von im Schnitt 30 Prozent jährlich, so Kienbaum-Gehälterexperte Heinz Evers. In der folgenden Krise sind die Vergütungen zwar gesunken, aber das Niveau bleibt hoch, der Vorwurf der Selbstbedienungsmentalität steht im Raum.

Die alten Spielregeln haben an Bedeutung verloren. Sie sind einem rigorosen Egoismus gewichen, der bisher sicher geglaubte Schranken durchbricht. Und es sind gerade die Eliten der Wirtschaft, die zunehmend als Vorbilder versagen.

Ein »totaler Opportunismus« habe sich ausgebreitet, sagt der Saarbrücker Wirtschaftsprofessor Christian Scholz. Jeder blicke nur noch auf seinen eigenen Vorteil: »Ganz oben in der Hierarchieebene gibt es Leute, deren Bezüge in den Himmel schießen, während die Aktienkurse in den Keller gehen. Auf der unteren Ebene klinken sich immer mehr Mitarbeiter einfach aus oder melden sich krank – ohne Rücksicht auf die Firma.« Vernichtet sich die viel geschmähte Turbo-Ökonomie am Ende selbst?

Ökonomie und Moral: Einige grundsätzliche Betrachtungen

Ökonomen beschäftigen sich seit langem nicht mehr mit Fragen der Moral, sondern lieber mit mehr oder weniger eleganten, mehr oder weniger relevanten mathematischen Modellen. Dabei ist die Ökonomie in ihren Ursprüngen eine zutiefst moralische Wissenschaft, die sich mit der Frage beschäftigt, wie große Teile der Bevölkerung ein besseres Leben führen könnten – ohne zu hungern, ohne ausgebeutet zu werden. Adam Smith, Urahn der Zunft, war von Haus aus Moralphilosoph.

Die Verbindung von Ökonomie und Moral liegt auf der Hand: Die Werte, die in einer Gesellschaft gelten, die das Zusammenleben und -arbeiten der Bürger bestimmen, bilden die Grundlagen des Wirtschaftslebens. Je höher entwickelt eine Gesellschaft ist, je arbeitsteiliger sie Güter und Leistungen erzeugt, je größer die räumlichen Distanzen zwischen Geschäftspartnern in einer globalisierten Wirtschaft werden – je unpersönlicher also die ökonomischen Beziehungen sind –, desto wichtiger werden Werte. Erst das freiwillige und zuverlässige Zusammenspiel der Kooperationspartner ermöglicht den Austausch von Waren, Diensten, Kapital und Wissen ohne große Reibungsverluste. Auch staatliche Gemeinwesen arbeiten besser, wenn ein hohes Maß an Vertrauen in einer Gesellschaft herrscht (siehe Irrtum 6).

Die liberale Wirtschaft funktioniert nur, wenn die Verantwortlichen einem informellen Wertekanon folgen: Rechnungen werden (prompt) bezahlt; Verträge eingehalten; Mitarbeiter, Aktionäre, Wettbewerber, Kunden, Zulieferer und das Finanzamt fair behandelt. Nur wenn sich die große Mehrheit an diese Regeln hält, funktioniert die Wirtschaft reibungslos. Nehmen jedoch die Verstöße überhand, wird Raffgier zum dominierenden Verhaltensmuster – dann wird die Effizienz insgesamt gemindert. Im Ökonomenjargon gesprochen: Wenn das wechselseitige Vertrauen schwindet, steigen die Transaktionskosten. Studien der OECD und des Internationalen Währungsfonds (IWF) zeigen: Gesellschaften mit einem hohen Vertrauenspotenzial wachsen schneller. Volkswirtschaftlich betrachtet ist Moral ein wichtiger Standortfaktor.

Aus betriebswirtschaftlicher Sicht ist Moral ein Erfolgsfaktor erster Güte. Mitarbeiter, die bereit sind, untereinander und mit dem Management zu kooperieren, sind produktiver, so eine IWF-Studie. Wer Kunden und Zulieferern trauen kann, hat mehr Planungssicherheit. Eine korruptionsarme Wirtschaft sorgt dafür, dass es im Wettbewerb um die besten Produkte geht, nicht um die besten Kontakte. Staatsausgaben fließen in effizientere Projekte. Der internationale Vergleich zeigt: Zwischen Korruption und Wohlstand gibt es einen eindeutigen Zusammenhang.

Besonders sensibel reagieren die Börsen. Wo Misstrauen herrscht, steigen die Zinsen. Die Unternehmensfinanzierung wird teurer – Moral beeinflusst auch den Shareholder-Value.

Das Schrumpfen des Vertrauenskapitals stimmt bedenklich. Empirische Untersuchungen lassen den Schluss zu, dass nicht nur in Deutschland, sondern gerade auch in den angelsächsischen Ländern USA, Großbritannien und Australien die gemeinsamen Werte schwinden.

Ein gefährlicher Trend. »Wenn eine nennenswerte Anzahl von Geschäftsleuten gegen das Prinzip wechselseitigen Vertrauens verstößt«, warnt US-Fed-Chairman Alan Greenspan, »werden unsere Gerichte und unsere Wirtschaft zur Bewegungslosigkeit verurteilt.«

So weit, so schlecht. Wie konnte es dazu kommen?

Die Globalisierung, die Unternehmen und die Moral

Die Börseneuphorie der späten Neunzigerjahre ist eine der Ursachen der derzeitigen Krisensymptome: In Zeiten der Kursblase stiegen die Ansprüche auf einer nach oben offenen Gierskala ins Unermessliche. Das Denken wurde extrem kurzfristig. »Das schnelle Geld war eine Versuchung, der viele offenbar nicht widerstehen konnten«, sagt Robert Suckel, Chef der Analystenfirma SES Research. Enron, Comroad, Global Crossing, Insidergeschäfte am Neuen Markt: Die Auswüchse waren zahlreich. In der extrem kurzsichtigen Schneller-reich-Wirtschaft stieg der Preis des Anständigseins. Insofern war der Zusammenbruch der Börsenblase ein gutes Zeichen: Wenn die Ansprüche sich normalisieren, dürfte die Moral sich bessern. Genau das geschieht, indem die Auswüchse dieser Phase geahndet und öffentlich gebrandmarkt wurden.

Kein Grund zur Entwarnung allerdings: Es sind noch weitere, tiefer gehende Veränderungen am Werk, die Werte und Normen grundsätzlich in Frage stellen. Viel ernster als die Exzesse an den Börsen ist ein fundamentaler Vorwurf: nämlich dass der Kapitalismus dabei sei, sich seiner sittlichen Basis zu berauben. »Ökonomische Unsicherheit« mache die Menschen misstrauisch, analysiert der US-Politologe Francis Fukuyama. Sie zögen sich zurück, seien schwieriger in Unternehmen und gesellschaftliche Gruppen zu integrieren. »Wir haben gesehen, wie ökonomische Unsicherheit, von der Ölkrise bis zum Downsizing, dem Zynismus Auftrieb gegeben hat.« Ein Prozess, der insbesondere in den USA sichtbar sei – der Kapitalismus frisst seine eifrigsten Adepten.

Firmen gehören neben Familien und Schulen laut OECD zu den wichtigsten Institutionen, in denen Vertrauenskapital gebildet wird. Globalisierung und rascher Strukturwandel hingegen bringen Unordnung in soziale Netzwerke. Unternehmen gehen Pleite, werden übernommen, zerfallen, werden neu zusammengesetzt. Menschen werden verschoben oder entlassen. »Risikokapitalismus« lautet ein Schlagwort. Die Folge ist eine große Verunsicherung. Manager haben in den vergangenen Jahren vor allem eine Doktrin verfolgt: alles für die Renditen, alles für die Börsen. Nur Zahlen zählen.

Das Unternehmen als Wertegemeinschaft, als Großgruppe von Menschen, die die gleichen Ziele mit den gleichen Mitteln verfolgen, verliert an Bedeutung. Paradoxerweise geht beim Versuch, hoch effiziente Strukturen zu schaffen, eines der wichtigsten Vermögensgüter des Unternehmens verloren: das Vertrauenskapital. Angesichts all der Fusionen, Akquisitionen, Umstrukturierungen und Zerschlagungen sei es »sehr schwer geworden, sich in einem Unternehmen zu Hause zu fühlen«, sagt Dieter Heuskel, Deutschland-Chef der Unternehmensberatung Boston Consulting Group. In den vergangenen Jahren habe »die Loyalität in den Unternehmen durch die reine Ausrichtung auf den Kapitalmarkt« gelitten. Seine Schlussfolgerung: »Wir brauchen eine Rückbesinnung auf die Institution Unternehmen.«

Wo Personen zu Personalnummern degradiert werden, tragen Firmen eine Mitschuld, wenn auch die Mitarbeiter versuchen, so viel wie möglich herauszuholen. Und das kann teuer werden: Durch Veruntreuung, Betrug und Unterschlagung entsteht den Firmen in Deutschland jährlich ein Schaden von 2 Milliarden Euro — mehr als doppelt so viel wie noch vor zehn Jahren.

Wem kann man eigentlich noch trauen? Eine schwierige Frage. Im

Grunde, so würden viele antworten, nur noch dem unmittelbaren Familien- und Freundeskreis. Je unübersichtlicher die Gesellschaft wird, so zeigen sozialwissenschaftliche Untersuchungen, desto enger wird der Vertrauensradius.

Das gesellschaftliche Umfeld, in dem Unternehmen heute agieren, ist ziemlich rau. »Rationaler, aber auch kälter« sei das Klima in den vergangenen zwei Jahrzehnten geworden, so die »Dialoge«-Studie des Verlags Gruner + Jahr, die größte deutsche Langfriststudie zum Thema. Solidarische Werte und Verhaltensweisen haben an Bedeutung verloren, soziales Verantwortungsbewusstsein weicht zunehmend einem individuellen Vorteilsdenken.

Unternehmen können sich nicht mehr darauf verlassen, dass die Gesellschaft ihnen loyale Mitarbeiter bereitstellt. Stabile Teams zu formen wird schwieriger, weil die Menschen anders sind: individualistisch, hedonistisch, unverbindlich. Eine ausgeprägte Ich-Bezogenheit hat Helmut Klages, Professor in Speyer und einer der renommiertesten wissenschaftlichen Trendforscher Deutschlands, geortet. Wer nur noch sich selbst vertraut, mag sich nicht mehr auf andere verlassen: »Die Gesellschaft im Ganzen beginnt sich als eine Egoistengesellschaft zu verachten, wie man feststellen kann, wenn man die Menschen fragt, was sie von ›den anderen‹ halten.« Nämlich herzlich wenig.

Das Ende der Verbindlichkeit und die bedenklichen Folgen

Weil das alle umfassende Gemeinschaftsgefühl schwindet, zerfasern die Wertvorstellungen. Es gibt keinen festen Kanon mehr, der bestimmt, was »man« tut und lässt. Moral im beginnenden 21. Jahrhundert – das ist ein fließender Maßstab. Im Zweifel gewinnt die wirtschaftliche Opportunität. So erklärt sich der Widerspruch, dass Manager ständig die »Kundenorientierung« beschwören, dass sie aber, wenn sich die Gelegenheit bietet, nur zu gern Kartellabsprachen treffen – sich also mit Wettbewerbern gegen die Abnehmer verbünden. Früher, erzählt der EU-Kartellfahnder, der deutsche Spitzenbeamte Georg de Bronett, habe schlicht das Unrechtsbewusstsein gefehlt. »Jetzt wissen die sehr genau, dass ihr Handeln verboten und verwerflich ist. Aber sie machen es trotzdem. Sie gehen das Risiko bewusst ein.« Gerade wenn die Wirtschaft lahme, wachse die Versuchung, über Kartellvereinbarungen die Erträge zu stabilisieren. Auch Anwälte, die Kartellsünder vertreten, die verständlicherweise nicht namentlich genannt werden wollen, sagen im vertraulichen Gespräch, ihre Klienten kalkulierten ganz rational mögliche Bußgeldzahlungen ein.

Drahtzieher von Kartellabsprachen sind meist Vertriebsmanager mittlerer Ebene. Getrieben von immer ambitionierteren Gewinnvorgaben der Unternehmensleitung verbünden sie sich mit ihren Gegenübern bei Konkurrenzunternehmen, denen es schließlich genauso geht, gegen ihre Kunden. Die Topebene im Unternehmen ist zwar meist nicht explizit eingeweiht, verschließt aber nur allzu gern die Augen, wenn plötzlich in einem bislang eher mäßig florierenden Geschäftsbereich die Gewinne steigen.

Traditionsreiche deutsche Großunternehmen wie BASF, Commerzbank und Dresdner Bank oder der Hoechst-Ableger SGL Carbon wurden in den vergangenen Jahren von der EU-Kommission wegen Preisabsprachen zu hohen Geldbußen verurteilt. In der Regel ziehen die Betroffenen vor Gericht – von Reue ist nicht viel zu erkennen.

Auch Korruptionsfälle zeigen, wie die Opportunität über die Moral siegt. Zum Beispiel bei ABB: Einen satten zweistelligen Millionenbetrag soll der Anlagenbauer in den Neunzigerjahren an so genannten Provisionen und Nützlichen Aufwendungen (NA) für Türöffner im In- und Ausland ausgegeben haben – mutmaßlich zum großen Teil gut getarnte Schmiergelder. »Beatmen« hieß das im ABB-Jargon. Die Zahlungen wurden weitgehend von höchster Stelle angewiesen.

Das Grundproblem der westlichen Gesellschaften liege in einer »völligen Monetarisierung des Lebens«, sagt Ulrich Hemel, Vorstandsvorsitzender des Hygieneartikelherstellers Paul Hartmann AG, der nebenbei als Professor katholische Theologie lehrt: »Sogar das Selbstwertgefühl bemisst sich nur noch in Geld. Weil andere Wertmaßstäbe fehlen, schlagen die Leute über die Stränge – sie tun alles, um erfolgreich zu sein.«

Gute Vorbilder, schlechte Vorbilder – das Unternehmen als moralische Anstalt

Gier, Werteverfall, Korruption – stehen wir nun, nach dem zügellosen Kapitalismus der Jahre der Börsenblase vor dem Offenbarungseid der Wettbewerbsgesellschaft? Geht die Marktwirtschaft an sich selbst zugrunde, weil sie die schlechtesten Seiten des Menschen offen legt?

Mündet der globale Wettbewerb gar in jenen »Krieg aller gegen alle«, den einst der britische Philosoph Thomas Hobbes als wolfsgesetzlichen Naturzustand der Menschheit beschrieb? Wie geht es weiter? Was tun?

Thomas Hobbes' Antwort war klar: Die Gesellschaft lasse sich nur befrieden, wenn einerseits ein gerechter Staat den Kampf aller gegen alle unterbinde und wenn andererseits die Bürger von »Tugenden« wie »Gerechtigkeit« und »Sittlichkeit« geleitet würden – von »gemäßigten Leidenschaften«, wie Hobbes formulierte. Gerade diese gemäßigten Leidenschaften machen die Marktwirtschaft zu einem so erfolgreichen System: Gier, zu Gewinnstreben domestiziert, ist ein höchst produktiver Antrieb (siehe Irrtum 1). Solange die Bürger freiwillig und vernünftig auf Exzesse verzichten, entfalten sie ihre Fähigkeiten zum allgemeinen Nutzen. Erst wenn die Schranken der Mäßigung fallen – wie im Boom der späten Neunzigerjahre –, gefährden die Leidenschaften ganze Unternehmen (Enron) oder ganze Systeme (Neuer Markt) in ihrer Existenz.

Dass die Grenzen des Anstands derart löchrig geworden sind – an dieser Entwicklung haben die Eliten der Wirtschaft tatkräftig mitgewirkt. Wer seit Jahren nur noch »Profit, Profit, Profit« (DaimlerChrysler-Chef Jürgen Schrempp) predigt und dabei das eigene Gehalt ohne Fingerspitzengefühl in die Höhe treibt, versagt als Vorbild. Gerade die Führungskräfte in den Unternehmen, meint Burkhard Schwenker, Chef der Unternehmensberatung Roland Berger, müssten sich ihrer Vorbildrolle bewusst sein und sich entsprechend verhalten: »Fairness, Glaubwürdigkeit, Integrität – das müssen sie vorleben. Es ist die beste und vielleicht einzige Möglichkeit, die Bedeutung dieser Werte im Unternehmen zu erhalten.«

Das oberste Gebot lautet »völlige Transparenz«: Regeln offen legen und sich selbst daran halten; Managergehälter veröffentlichen; mit den Mitarbeitern einen verbindlichen Rahmen definieren, welche Geschäftspraktiken erlaubt sind und welche nicht. Moral, Werte, Vertrauen – das soziale Gerüst stellte früher die Gesellschaft den Unternehmen zur Verfügung. Kostenlos. Heute müssen Unternehmen in diese Faktoren investieren.

Politische Ökonomie: Das Moralische und die Politik

Politiker prangern gern das moralische Versagen der Bosse an, appellieren an das Gemeinwohl und fordern die »Sozialpflichtigkeit des Kapitals« ein. Im Bundestagswahlkampf 2002, dem ersten nach der großen Enttäuschung der geplatzten Börsenblase, überboten sich Kanzler Gerhard Schröder und Herausforderer Edmund Stoiber im Manager-Anklagen, während sie andererseits Mittelstand und Handwerk zum Hort der Anständigkeit stilisierten. Ein Zerrbild. Einerseits sind nicht alle Topmanager gnadenlose Absahner; im Übrigen werden sie intensiv kontrolliert, unter anderem durch eine skeptische Öffentlichkeit. Andererseits findet diese Kontrolle gerade in typisch mittelständischen Unternehmen nicht statt; dass gerade die von Patriarchen geführten Firmen weniger anfällig sein sollen für unanständiges Verhalten, ist abwegig. Gerade Mittelständler fallen häufig durch Bestechung, Kartellabsprachen und einen zuweilen unternehmensgefährdenden großspurigen Lebensstil ihrer Vorleute auf (siehe auch Irrtum 17).

Wenn Politiker mangelnde Moral in der Wirtschaft anprangern, dann auch, um eigenes Versagen zu kaschieren. Denn auch sie haben in den vergangenen Jahren an Glaubwürdigkeit verloren, weil sie viel versprochen und viele Enttäuschungen produziert haben – gerade in der Wirtschaftspolitik. Spätestens seit der deutschen Einheit ist die Wahrhaftigkeit für alle sichtbar unter die Räder gekommen.

Wer ständig Versprechungen macht und sich später nicht dran hält; wer mit Lügen, Halb- und Viertelwahrheiten an die Macht kommen oder dort bleiben will – der bietet ein schlechtes Vorbild. Die Regierungen unter Helmut Kohl und Gerhard Schröder haben Ziele formuliert, die sie nicht erreicht, die sie, schlimmer noch, nicht einmal zu erreichen versucht haben. In Ostdeutschland sollten die Landschaften erblühen; die Zahl der Arbeitslosen sollte halbiert werden; Steuern und Abgaben sollten sinken; die Rente sollte sicher sein und die Finanzpolitik solide für einen stabilen Euro – lauter gebrochene Versprechen. Wie in der Wirtschaft, wo sich die Beschäftigten nicht mehr langfristig auf ihre Arbeitgeber verlassen können, so hat auch in der Politik die Glaubwürdigkeit gelitten. Weil kaum noch jemand an die langfristige Tragfähigkeit der Systeme glaubt, versuchen immer mehr Menschen kurzfristig so viel wie möglich herauszuholen – solange es noch etwas herauszuholen gibt. Eine Haltung, die den Niedergang nur noch beschleunigt. Kurzsichtiger Opportunismus und Zynismus siegen über Moral und Anstand, über Werte also, die sich nur langfristig auszahlen.

Nur wenn es in Wirtschaft und Politik gelingt, eine langfristige Verlässlichkeit wieder zu erlangen, nur dann wird dem Sittenverfall Einhalt geboten. Langfristig verlässlich heißt nicht: zurück zu alten Sicherheiten – zu lebenslanger Beschäftigung und zum Vollversorgungsstaat. Es heißt: Ehrlichkeit und Transparenz. Keine falschen Hoffnungen wecken, keine Sicherheiten vorgaukeln, die längst nicht mehr existieren. Sodass sich die Bürger langfristig darauf einstellen können.

Irrtum 19:
Das Energieproblem ist leicht lösbar[28]

Vor drei Jahrzehnten beschwor der Club of Rome die »Grenzen des Wachstums«. Die natürlichen Ressourcen gingen zu Ende, warnte die Wissenschaftlergruppe, eine Energieknappheit stehe bevor, die die Ökonomie abwürgen werde. Die Grenzen des Wachstums stellten das Kernszenario der Siebzigerjahre dar. Die Ölkrisen von 1973 und 1979/80, als der Preis des Erdöls sich jeweils quasi über Nacht vervielfachte, unterstrichen die Energieabhängigkeit und Verletzlichkeit des Westens eindrucksvoll. Und die Regierungen reagierten: Energiepolitik wurde zu einem wichtigen Politikfeld. Die Sicherung der Versorgung mit Öl, Strom und Wärme geriet zum politischen Topthema. In den USA wurde das Tempolimit von 55 Meilen pro Stunde eingeführt. In Deutschland formierte sich die Öko-Bewegung, die heute über ihren parlamentarischen Arm, die Grünen, die deutsche Politik maßgeblich mitbestimmt. Der Westen begann in großem Stil Ölreserven einzulagern, als Krisenpuffer und als strategische Machtressource im Ringen mit den ölexportierenden OPEC-Ländern.

Doch irgendwann verblasste die Gefahr einer heraufziehenden Energieknappheit: Dem OPEC-Kartell gelang es nicht, den Preis hochzuhalten, sodass Öl wieder billig zu kaufen war; der Westen erschloss sich neue Lieferanten jenseits der OPEC, Öl aus der Nordsee zum Beispiel oder Erdgas aus der Sowjetunion; auch die Energiesparmaßnahmen griffen. Gegen Mitte der Achtzigerjahre begannen die Gesellschaften des Westens, die Energieversorgung wieder als etwas Gegebenes zu betrachten, das keiner besonderen Beachtung bedürfe. Die USA verschwendeten wieder fröhlich Energie. In Deutschland wie im übrigen Europa konzentrierte sich die Diskussion nach der Atomkraftwerkshavarie im ukrainischen Tschernobyl auf den Ausstieg aus der Kernenergie. Beide – sorglose Energievergeuder wie AKW-Gegner – waren sich einig in der Analyse, dass Energie in Hülle und Fülle im Prinzip vorhanden sei. Die Kapazitäten der Strommonopolisten, so meinten deutsche Öko-Aktivisten, seien sogar übertrieben groß. Die Stilllegung der als extrem gefährlich erachteten Atommeiler sei also durchaus machbar.

Seit der Jahrtausendwende schiebt sich das Thema Energieversorgung allmählich wieder auf die Tagesordnung, und zwar wiederum zunächst in den USA: Im Winder 2000/2001 brach in Kalifornien, der reichsten Wirtschaftsregion der Welt, die Stromversorgung zusammen. Weil die Kapazitäten nicht ausreichten, mussten die Netzbetreiber per »Rolling Blackouts« immer wieder regional den Strom für einige Stunden abstellen. Im August 2003 schließlich kollabierte die Elektrizitätsversorgung in New York City und der gesamten östlichen Grenzregion zu Kanada – anderthalb Tage lang stand die wichtigste Wirtschaftsmetropole der Welt still. Anzeichen für eine schleichende Elektrizitätskrise, die vor allem einen Grund hat: zu geringe Investitionen in die Infrastruktur.

Auch der Krieg der USA gegen den Irak gründete auf der sich abzeichnenden prekären Ölversorgung, die den Westen, zumal Nordamerika, in Zukunft noch weit abhängiger von Öl aus dem Persischen Golf machen wird. Der Mittlere Osten wird mehr noch als in der Vergangenheit zu einer strategisch äußerst wichtigen Region. Entsprechend groß ist das Interesse der Weltmacht an politischer und militärischer Stabilität.

Dies ist zweifellos erst der Anfang. Insbesondere weil die rasch wachsenden Entwicklungsländer Asiens sich zu Großverbrauchern entwickeln, steuert die Welt auf eine angespannte Lage zu. Mit Macht kehrt das Thema Energieversorgung auf die Agenda zurück – als eines der großen Probleme, die den Lauf der Weltwirtschaft und der Weltpolitik in den kommenden Jahrzehnten bestimmen werden.

Welttrend Nr. 1: Die Nachfrage nach Energie wird explodieren

Einen dramatischen Anstieg der Energienachfrage prognostiziert die Internationale Energie Agentur (IEA) in Paris, eine internationale Organisation, der alle wohlhabenden Industrieländer angehören. In einer umfassenden Prognose für die weltweiten Energiemärkte haben die Experten errechnet, dass der Energiehunger der Welt immer weiter zunimmt, bis zum Jahr 2030 um 1,7 Prozent jährlich. Binnen drei Jahrzehnten steigt die globale Nachfrage um zwei Drittel.

Insbesondere zwei Faktoren treiben den Energiebedarf: das Wachstum der Wirtschaft und die Zunahme der Weltbevölkerung.

Die IEA rechnet bis zum Jahr 2030 mit einem durchschnittlichen globalen Zuwachs des Weltsozialprodukts von 3 Prozent jährlich. Die Weltbevölkerung wird weiter stark wachsen, von heute rund 6 Milliarden Menschen auf 8,2 Milliarden im Jahr 2030. Beides – das Wachstum der Wirtschaft und der Kopfzahl – ist besonders ausgeprägt in Entwicklungsländern, vor allem in jenen Asiens. Insbesondere China wird die Energienachfrage kräftig ankurbeln.

Die regionale Struktur des Weltenergiebedarfs verschiebt sich gen Südosten. Der Anteil der Entwicklungsländer an der Energienachfrage wird bis 2030 von heute 30 Prozent auf 43 Prozent zunehmen. Die reichen OECD-Länder werden dann nur noch 47 Prozent statt heute 58 Prozent der globalen Nachfrage auf sich vereinigen.

Öl bleibt auch in den kommenden Jahrzehnten die wichtigste Energiequelle der Welt, gefolgt von Erdgas und Kohle. Der Anteil der Nuklearenergie dürfte deutlich sinken, weil alte Kraftwerke das Ende ihrer Nutzungsdauer erreichen und kaum neue gebaut werden. Erneuerbare Energiequellen – Wasser, Wind, Sonne und Biomasse, auf die in Deutschland so große Hoffnungen gesetzt werden – sind auch künftig Randerscheinungen.

Öl ist insbesondere auch deshalb in Zukunft unverzichtbar, weil der Transport schneller als alle anderen Energieverbraucher wächst. Und im Transportsektor gibt es auf absehbare Zeit keine wirtschaftliche Alternative zu Benzin und Diesel. Die Menschheit wird immer mobiler, der Handel zwischen Regionen und Ländern nimmt zu – folglich benötigt der Verkehrssektor immer mehr Treibstoff. Im Jahr 2030 werden 55 Prozent des globalen Ölkonsums im Transport verwendet, heute sind es 47 Prozent.

Überproportional stark wächst auch der Strombedarf, nämlich über die nächsten Dekaden mit einer Rate von 2,4 Prozent jährlich. Insbesondere in den Entwicklungsländern wird die Nachfrage rasch steigen; dort sind viele Haushalte bislang überhaupt nicht an ein Netz angeschlossen, und ein steigender Wohlstand wird es immer mehr Bürgern erlauben, sich mit elektrischen Haushaltsgeräten auszustatten.

Die viel beschworene »Energiewende«, eines der Lieblingsschlagwörter der deutschen rot-grünen Bundesregierung, bleibt also nach der Analyse der Internationalen Energie Agentur aus, jedenfalls wenn man die Erde als Ganze betrachtet. Immerhin: Weil sich das Wachstum der Weltwirtschaft und der Weltbevölkerung verlangsamen, wird auch der Energiebedarf künftig etwas langsamer wachsen als in den vergangenen Jahrzehnten. Absolut steigt die Nachfrage aber in Dimensionen, die nur mit großem Aufwand zu befriedigen sein werden.

Welttrend Nr. 2: Das Angebot wird knapper

Zwar hat die IEA keinen Zweifel, dass die Welt auch künftig ihren Energiebedarf wird decken können – aber nur zu deutlich höheren ökonomischen, ökologischen und politischen Kosten als in der Vergangenheit.

Insbesondere die Ölversorgung bereitet den Pariser Experten Kopfzer-
brechen. Immer mehr Ölquellen in den USA und in Europa werden in den
kommenden Jahren erschöpft sein. Entsprechend wird die heimische Förderung des Westens sukzessive sinken. Schon heute sinkt die Ausbeute an
Öl aus der Nordsee. In den USA, Kanada und Mexiko werden mehr und
mehr Quellen in den Jahren nach 2010 versiegen. Zwar gibt es so genannte »nicht konventionelle« Ölvorkommen in Amerika: ölhaltige Sande in
Kanada und Schlämme in Venezuela. Die Ausbeutung ist aber so teuer,
dass sie sich erst lohnt, wenn der Ölpreis auf Dauer stark steigt.

Wahrscheinlicher ist daher, dass der Westen sich immer mehr auf den
Import von Öl verlegen wird, und zwar aus jenen beiden Regionen, in
denen sich die globalen Vorkommen ballen: dem Persischen Golf und der
ehemaligen Sowjetunion. Saudi-Arabien, Russland, Irak, Iran, die Vereinig-
ten Arabischen Emirate und Kuwait verfügen über die mit Abstand größten Vorkommen der Welt, wobei Saudi-Arabiens Reserven allein so groß
sind wie die der übrigen Golfregion zusammen. Nirgends lässt sich Öl zu
so niedrigen Kosten fördern wie dort. Entsprechend wird die Abhängigkeit
von Öl aus dem Mittleren und Nahen Osten weiter zunehmen.

Um nicht vollständig von Lieferungen aus diesen politisch heiklen
Regionen abhängig zu werden, versucht der Westen bereits heute, sich
alternative Öllieferanten zu erschließen: Russland, Aserbaidschan, Kasach-
stan, Brasilien, Angola, Algerien, Ägypten, Libyen und Nigeria. Alles Länder mit einer unzureichenden Infrastruktur. Um die steigende Ölnachfra-
ge bedienen zu können, warnt die IEA, würden »gigantische
Investitionen« in den Ausbau der Produktions- und Transportkapazitäten
fällig. »Den Bau neuer Energieinfrastruktur in Entwicklungsländern zu
finanzieren wird eine der größten Herausforderungen.«

Während Öl als Treibstoff im Transportsektor bislang weitgehend alter-
nativlos ist, steht für die Industrie, für die Strom- und Wärmeerzeugung
eine Auswahl von Energieträgern zur Verfügung. Für den Ausbau der
Stromversorgung sind große Investitionsvolumina nötig. Die IEA rechnet
mit 4,2 Billionen Dollar, davon je die Hälfte in den Entwicklungsländern
und in entwickelten Ländern.

Schnell wachsende Länder wie China und Indien werden vor allem auf ihre heimische Kohle zurückgreifen und Förder- und Kraftwerkskapazitäten stark ausweiten. Weltweit werden sich die Kapazitäten für die Verstromung von Kohle verdoppeln müssen (insbesondere in China), die von Gas gar verdreifachen (insbesondere in den USA und Europa). Auch Öl wird künftig mehr als heute in Kraftwerken verbrannt (in Entwicklungsländern). Wasserkraft wird ausgebaut, aber unterproportional. Die Leistung an Atomkraft steigt bis 2010 noch leicht an und stagniert dann in den Folgejahren.

Neue Technologien, die fossile Brennstoffe ersetzen könnten, existieren zwar, sie werden aber auf absehbare Zeit nicht wirtschaftlich sein. Die IEA rechnet damit, dass sie erst gegen Ende des Prognosezeitraums, in den Jahren nach 2020, eine spürbare, wenn auch immer noch kleine Rolle spielen werden. Wasserstoffbetriebene Brennstoffzellen beispielsweise sind heute zwar technisch serienreif. Sie sind aber immer noch so teuer, dass sie keine echte Konkurrenz darstellen. Wettbewerbsfähig seien Brennstoffzellen erst, wenn ihr Preis auf ein Viertel des heutigen Niveaus sinke und sich zugleich der Wirkungsgrad verdopple, so die IEA. Zunächst würden sie für die stationäre Energieversorgung, erst später in Autos und anderen Transportmitteln eingesetzt.

Energieaussichten für Deutschland

Früher als die meisten anderen Länder (Ausnahme: Japan) hat die Bundesrepublik Energiesparen und Umweltschutz auf die politische Agenda gesetzt. Die Bemühungen haben sich verstärkt, seit die rot-grüne Koalition 1998 an die Regierung kam, insbesondere durch die Heraufsetzung der Mineralölsteuer in mehreren Stufen. Eine Hilfe beim Energiesparen waren der Zusammenbruch der hochgradig energieineffizienten Wirtschaft der ehemaligen DDR und die Schließung der dortigen Braunkohlekraftwerke. Folglich ist seit Anfang der Neunzigerjahre der jährliche Bedarf an Primärenergie deutlich gesunken, nämlich um 4,5 Prozent.

Dieser Trend wird aber nicht anhalten: Künftig wird Deutschland seine Energienachfrage wieder erhöhen, jedenfalls sofern die Wirtschaft in den kommenden Jahren wächst. In den Jahren bis 2010 soll der jährliche Primärenergiebedarf zunächst um 3,2 Prozent zunehmen. Im Jahrzehnt bis 2020 jedoch dürfte die Nachfrage gegen den globalen Trend wieder leicht zurückgehen, wie eine Studie[29] im Auftrag des Bundeswirtschaftsministeriums vorhersagt.

Öl bleibt auch in Deutschland der wichtigste Energieträger. Die »Energiewende« vollzieht sich höchst graduell. Nur ganz allmählich ändern sich die Strukturen beim Verbrauch und bei der Erzeugung von Energie. So hat sich die Endnachfrage seit Anfang der Neunzigerjahre kaum verschoben: Die Hälfte wird in Form von Öl und Ölprodukten konsumiert, 23 Prozent in Form von Gas, 17 Prozent als Strom, 4 Prozent als Kohle und 3 Prozent als Wärme (siehe Abbildung 15). Etwas anders sehen die Strukturen der Energieproduktion insgesamt aus. Bedeutsam ist hier vor allem, aus welchen Primärenergieträgern Elektrizität erzeugt wird: Die mit Abstand wichtigste Stromquelle ist nach wie vor Kohle (53 Prozent, zu gleichen Teilen Stein- und Braunkohle), gefolgt von Atomkraft (30 Prozent) und Gas (9 Prozent); die übrigen 10 Prozent verteilen sich auf Wasser, Wind, Biomasse, Öl und Solarenergie.

An diesen Verhältnissen wird sich ab Ende dieses Jahrzehnts einiges ändern: Die rot-grüne Bundesregierung hat die schrittweise Stilllegung aller Kernkraftwerke bis 2025 beschlossen. Diese Kapazitäten müssen ersetzt werden: entweder durch den Neubau von Kohle-, vor allem aber Gaskraftwerken oder durch den Import von Strom aus europäischen Nachbarländern. Vermutlich wird eine Mischung aus beidem die AKWs ersetzen. Eine rein nationale Lösung würde sehr teuer, da der jährliche Strombedarf in den kommenden Jahrzehnten noch um etwa 8 Prozent steigen soll. Importe aus Niedrigpreiserzeugerländern im europäischen Verbundnetz – Portugal (wo billige Importkohle angelandet wird), Polen (wo billige Kohle abgebaut wird), Frankreich, Tschechien und die Ukraine (wo AKWs billigen Strom produzieren) – werden nach Einschätzung von Fachleuten des Wirtschaftsministeriums unabdingbar sein. Welche Umwelt- und Sicherheitsstandards in diesen Erzeugerländern gelten, ist eine andere Frage.

Wie die übrige westliche Welt auch, so wird auch Deutschland immer abhängiger von der Energieeinfuhr: nicht nur bei Strom, auch und vor allem bei Öl, Gas und Importsteinkohle – insgesamt steigt der Importanteil der deutschen Energieversorgung von heute 61 Prozent auf 74 Prozent im Jahr 2020. Weil Erdgas immer wichtiger wird im deutschen Mix, steigt die Bedeutung Russlands, das schon heute mit Abstand größter Energielieferant ist. Anders als die USA bezieht Deutschland kaum Öl und Gas aus dem Mittleren Osten, sondern vorwiegend aus der Nordsee und aus Nordafrika.[30] Da aber die Nordseequellen zur Neige gehen, wird sich auch die Bundesrepublik nach neuen Lieferanten umsehen müssen, am Kaspischen Meer, in Nordafrika, möglicherweise auch am Persischen Golf.

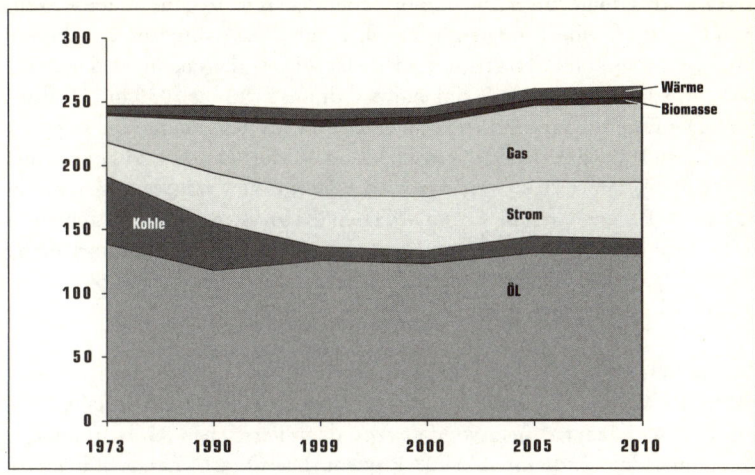

Abb. 15: **Endverbrauch von Energie in Deutschland (in Mio. Erdöläquivalenten), ab 2003 Prognose.** *Quelle:* IEA

Politische Ökonomie: Auswirkungen der Prognosen

Bei einer stark steigenden weltweiten Energienachfrage liegt es auf der Hand, dass die Preise anziehen werden – jedenfalls für jene Energieträger, die zu niedrigen Kosten weltweit handelbar sind und für die deshalb ein einheitlicher Weltmarktpreis gilt. Öl und Gas werden deutlich teurer, auch in Deutschland, obwohl hierzulande die Nachfrage stagniert. Die IEA rechnet mit stabilen Rohölpreisen bis zum Ende dieser Dekade, danach aber mit deutlich anziehenden Preisen. Nach 2020 soll sich der Preis bei 29 Dollar pro Fass bewegen. Bei diesem Niveau lohnen sich dann allerdings auch die Ausbeutung von kanadischen Ölsanden und venezolanischen Ölschlämmen sowie die Nutzung von alternativen Antrieben wie der Brennstoffzelle und anderen Substituten, was dazu beitragen dürfte, dass sich der Ölpreis stabilisiert. Nichtsdestotrotz: Eine dauerhafte 50-prozentige Steigerung der Ölpreises wird sich als schwer erträgliche Bürde erwei-

sen. Energie wird wieder zum teuren – und daher wichtigen – Wirtschafts-
faktor.

Erste Schlussfolgerung: Die ökologischen Kosten steigen. Weil die Welt
immer mehr fossile Energieträger (Öl, Kohle, Gas) verbrennt, während
Nuklearenergie und Wasserkraft an Bedeutung verlieren, steigt der Ausstoß des »Treibhausgases« Kohlendioxid dramatisch, bis 2030 um 70 Prozent. Die Emissionen nehmen sogar stärker zu als der gesamte Energiever-
brauch (60 Prozent). Die Entwicklungsländer werden zur größten
Emittentengruppe; 2030 werden sie 47 Prozent zum weltweiten Ausstoß
beitragen. Bislang sind die OECD-Staaten die größten CO_2-Emittenten.
Sollten sich die Horrorszenarien mancher Klimaforscher bewahrheiten,
werden Ausgaben in unabsehbarer Höhe notwendig, um die Folgen der
Erderwärmung einzudämmen.

**Zweite Schlussfolgerung: Die Machtverhältnisse verschieben sich zu-
lasten des Westens.** 54 Prozent der Erdölproduktion werden im Jahr 2030
aus OPEC-Ländern, insbesondere aus dem Persischen Golf kommen.
Heute liegt ihr Marktanteil bei 38 Prozent. Die OECD-Länder hingegen
müssen ihren eigenen Import von heute 24 Millionen Fass auf 34 Millionen
Fass im Jahr 2030 steigern – eine Erhöhung um 42 Prozent. Die mächtigen
Mineralölkonzerne des Westens, bislang als »Super-Majors« glorifiziert,
verlieren an Einfluss. Branchenriesen wie BP, Exxon oder Shell besitzen
schon heute nur noch knapp 5 Prozent der Weltölreserven und füllen nur
jedes siebte Ölfass auf dem Globus. Staatliche Ölgesellschaften wie Aram-
co (Saudi-Arabien) oder NIOC (Iran), die derzeit schon rund 70 Prozent
der Ölfelder kontrollieren, werden das Geschäft in den kommenden Jahrzehnten noch weit stärker dominieren.

Gerade Europa, der Kontinent der versiegenden Quellen, sei gefährdet,
warnt die EU-Kommission. Die »Abhängigkeit« habe ein »Besorgnis erre-
gendes Ausmaß erreicht«. EU-Kommissarin Loyola de Palacio, Ressort-
chefin für Energie und Verkehr, hat versucht, die Mitgliedstaaten zu über-
reden, ihre Ölreserven drastisch aufzustocken, von heute 90 auf 120
Verbrauchstage. Auch für den Alternativbrennstoff Erdgas solle Europa
Vorräte anlegen. Angesichts der »unsicheren geopolitischen Lage«, so de
Palacio, »müssen wir unbedingt wirksame Mechanismen schaffen.« Die
Kommissarin scheiterte jedoch mit ihrem Vorstoß; den Mitgliedstaaten
und den Ölmultis war die zusätzliche Bevorratung zu teuer.

Ob sie auch künftig bei ihrer Ablehnung bleiben? Die Reserven des Westens, nach der ersten Ölkrise 1973 angelegt, haben weniger konkrete Bedeutung als vielmehr strategische; erst einmal wurden sie tatsächlich angezapft, während des ersten Golfkriegs 1991. Das Signal »Wir könnten 90 Tage ohne jeden Ölimport überleben« dient dazu, Erpressungsversuche der OPEC abzuschrecken: Sollten die Ölproduzenten auf die Idee kommen, plötzlich die Lieferungen einzuschränken, müssten sie damit rechnen, dass der Westen seine Ölbunker öffnet – und den Scheichs die Preise verdirbt. Je mehr sich die Machtverhältnisse zugunsten der OPEC verschieben, desto wichtiger könnte es werden, die Bevorratung zu steigern.

Amerika, die militärisch potente Supermacht, müht sich derweil, die Golfregion auf Dauer zu befrieden. Die ölreichsten Staaten der Welt sollen kooperative Handelspartner sein und bleiben – und verlässlich billiges Öl liefern. »Schurkenstaaten« werden gerade in dieser Region nicht geduldet, wie der Krieg gegen den Irak und der Druck auf Iran deutlich gemacht haben. Bislang mit zweifelhaftem Erfolg.

Dritte Schlussfolgerung: Zwei Spieler gewinnen in der Energie- und Klimapolitik an Bedeutung: China und Russland. China dürfte sich als Öl-Großimporteur künftig in Energiefragen mit dem Westen verbünden. Möglicherweise erwächst daraus auch eine Annäherung in Klimaschutzfragen. Russland hingegen hat gegensätzliche Interessen: Ähnlich wie die OPEC-Staaten ist das Land auf den Öl- und Gasexport angewiesen und folglich an hohen Preisen interessiert. Sollten die Amerikaner etwa eine nachhaltige Schwächung der OPEC anstreben, wird Russland versucht sein, den Golfstaaten beizuspringen.

Vierte Schlussfolgerung: Die nationale Energiepolitik der Bundesrepublik hat äußerst beschränkte Wirkungen. Höhere Weltmarktpreise werden auf Deutschland durchschlagen. Dass die deutschen CO_2-Emissionen nach 2010 sinken werden, ändert nichts am weltweiten Trend. Der Ausstieg aus der Kernenergie dürfte im grenzenlosen europäischen Strommarkt dazu führen, dass Teile der Stromproduktion aus Deutschland abgezogen werden an Standorte, wo die Megawattstunde möglicherweise dreckiger und unsicherer hergestellt wird als hierzulande. Ähnliches gilt für den raschen Ausbau der Windkraft, einer Erzeugungsart, die nicht zur Deckung der Grundlast taugt – die Netzbetreiber können sich nicht darauf verlassen, einfach weil der Wind nicht immer bläst. Entsprechend muss die Grundlast weiterhin mit AKWs, Kohle- oder Gaskraftwerken – im In- oder Ausland – gedeckt werden.

Diese Resultate spielen aber in der nationalen Debatte über die Energie- und Klimapolitik keine Rolle. Stattdessen gibt sich eine politische Mehrheit der Illusion hin, Deutschland könne im Alleingang den Lauf der Welt verbessern. Die Perspektive stark steigender Ölpreise und die Gefahr einer globalen Klimakrise erfordern einerseits eine international koordinierte Antwort.

Andererseits kann jedes Land selbst am besten reagieren, indem es effizienter mit Energie umgeht – also pro Euro Bruttoinlandsprodukt weniger Energieinput beansprucht und weniger Emissionsoutput produziert. Die Energiepreise heraufzusetzen – durch Ökosteuern, durch handelbare Emissionszertifikate –, um Bürger und Unternehmen zum Energiesparen anzuregen, ist deshalb ein richtiger Ansatz. Das Land mit Windmühlen zuzustellen und die Dächer mit Solarzellen zuzupflastern, ist hingegen symbolische Politik – die teuer ist, bei der man sich gut und moralisch überlegen fühlt, mit der man aber letztlich wenig verändert.

Irrtum 20:
Eine alternde Gesellschaft kann nicht prosperieren

Wer einen Eindruck gewinnen will, wie die deutsche Gesellschaft in einigen Jahren aussehen könnte, der sollte nach Mallorca reisen. 18 000 ältere Deutsche leben ständig auf der Baleareninsel. Viel mehr verbringen den Winter dort. An einem sonnigen Herbsttag war ich zu Gast in Es Castellot, dem hübschen Altenheim des Diakonischen Werks auf Mallorca. Die evangelische Gemeinde hatte zum Kaffeekränzchen für deutsche Senioren eingeladen, aber nur wenige waren gekommen. Zwei Dutzend vielleicht. Zwei Dutzend von 18 000. Die übrigen, erzählte Pastor Andreas Ahnert, der nach dem Kaffeekränzchen auf der Terrasse noch eine Zigarette rauchte, litten still und einsam vor sich hin: »Viele der älteren Deutschen hier auf der Insel wollen mit niemandem Kontakt haben. Sie sind wahnsinnig passiv, leiden aber gleichzeitig unter ihrer Vereinzelung.«

Da sitzen sie nun im Paradies und mauern sich ein, während draußen der milde Wind nach Meer duftet – alt und verloren auf Mallorca. Der Pastor dachte einen Moment nach, inhalierte tief. Dann sagte er: »Hier auf Mallorca sind wir eine Generation weiter. Hier könnte man soziologische Studien treiben, was in 30 Jahren in Deutschland los ist.« In gewisser Weise seien die älteren Balearendeutschen eine Avantgarde: Sie lebten schon heute so individualistisch wie die jungen Deutschen.

Was in Mallorcas Deutschenghettos bereits heute unübersehbar ist, wird in wenigen Jahren auch in der Bundesrepublik das Straßenbild prägen: Das Land ergraut. Ein historischer Umbruch. Zum ersten Mal wird die Bevölkerung dauerhaft schrumpfen und altern. Nicht nur in Deutschland, sondern in allen westlichen Ländern. Heute kommen auf einen Senior (65 Jahre und älter) vier Jüngere (15–64 Jahre). In den nächsten 20 Jahren wird dieser »Altenquotient« auf eins zu drei steigen, in den nächsten 40 Jahren gar auf eins zu eins. Bis 2050 wird die Bevölkerung von heute 82 Millionen auf 70 Millionen Menschen sinken. Die Zahl der Hochbetagten (80 Jahre und älter) wird sich mindestens verdreifachen.

Diese Zahlen sind nahezu gesichert. Die Alten der Jahre 2020 bis 2060 sind schließlich heute schon alle geboren. Dass die Geburtenraten nach Jahrzehnten des Babymangels plötzlich wieder in die Höhe schnellen, ist äußerst unwahrscheinlich. Und dass die Einwanderung weit über den Durchschnitt der vergangenen Jahrzehnte von netto 200 000 pro Jahr steigen könnte, erscheint ebenfalls illusionär. Die demographischen Fakten liegen also weitgehend fest.

Die große Frage ist nur: Wie wird sich die Alterung und Schrumpfung der Gesellschaft auf die Wirtschaft auswirken? Die Antwort ist keineswegs eindeutig, und einfach schon gar nicht. Es gibt nämlich kein historisches Vorbild für eine solche Entwicklung. Wir betreten Neuland. Natürlich, das große Ergrauen kann eine fundamentale ökonomische Trendwende auslösen: Der Arbeitsmarkt trocknet aus. Die Staatshaushalte werden zum Zerreißen angespannt sein. Innovationen – eine Kernkompetenz der Jungen – werden rar. Unternehmen investieren kaum noch, weil die vorhandenen Anlagen für eine abnehmende Beschäftigtenzahl ohnehin zu groß sind. Die Börsenkurse bleiben auf Jahrzehnte im Keller. Das Sozialprodukt verringert sich; der Wohlstand schrumpft dramatisch.

So kann es kommen – möglicherweise. Genau weiß das niemand. Schließlich hat es eine solche Situation noch nie gegeben. Massensterben durch Kriege oder Seuchen vielleicht – aber keinen permanenten Geburtenrückgang bei gleichzeitig rapide steigender Lebenserwartung. »Wir leben in einer historischen Ausnahmezeit«, sagt der Freiburger Finanzwissenschaftler Bernd Raffelhüschen. Im 21. Jahrhundert stehen Bürger, Unternehmen und Regierungen vor ganz neuen Überlebensfragen: Kann eine Gesellschaft der Alten das Niveau ihres jetzigen Wohlstands halten? Kann ihre Wirtschaft sogar weiter wachsen? Oder steht ein unausweichlicher Niedergang bevor – ein langes Siechtum der westlichen Welt, ihrer Wirtschaft, ihrer Kultur?

Die bundesrepublikanische Öffentlichkeit begegnet der heraufziehenden demographischen Wende typisch deutsch: entweder mit vollständiger Ignoranz oder mit düsterstem Fatalismus. Zwischen »Mir doch egal« und »Hat doch sowieso keinen Zweck« oszillieren die Positionen. Wie bei vielen anderen Themen, so scheint es auch in demographischen Fragen nicht möglich zu sein, die Lage rational zu analysieren und pragmatische Problemlösungen zu entwickeln. Doch so groß die Herausforderungen auch sein mögen: Fatalismus ist keine förderliche Haltung.

Unterbevölkerung als ökonomische Falle?

Für Generationen von Politikern und Sozialwissenschaftlern bestand das Kernproblem jeder Gesellschaft in einer rasch steigenden Bevölkerungszahl. Wie gelingt es uns, all die Mäuler zu füttern? Wie kann die Wirtschaft mit der ewig steigenden Bevölkerungszahl Schritt halten? Diese Fragen trieben große Köpfe der Zunft um, vom britischen Ökonomen Thomas Malthus Anfang des 19. Jahrhunderts bis zu John Maynard Keynes in der ersten Hälfte des 20. Jahrhunderts. Auch heute noch bleibt die Bevölkerungsexplosion in manchen Weltregionen – insbesondere in Afrika und in den arabischen Ländern – das fundamentale ökonomische Problem. Hält das Wachstum der Wirtschaft nicht mit dem Wachstum der Köpfe mit, drohen Arbeitslosigkeit, Armut, Elend.

Europa und Japan hingegen treten in eine neue Phase ein: Die Vorzeichen kehren sich um. Wieso sollte das ein Problem sein? Schließlich verteilen sich das vorhandene Vermögen und der Kapitalstock bei abnehmender Bevölkerungszahl auf weniger Köpfe. Folglich könnte jeder Einzelne am Ende reicher dastehen, zumindest im Durchschnitt. Selbst wenn die Wirtschaftsleistung insgesamt stagnieren sollte, könnte der Wohlstand weiter steigen, nämlich falls sich ein konstantes Volkseinkommen auf weniger Bürger verteilte. Theoretisch könnte die demographische Wende also hochgradig prosperierende Gesellschaften hervorbringen.

Leider ist die Sache nicht ganz so einfach. Aus zwei Gründen: Erstens geht die Rechnung nur auf, wenn Vermögen und Kapitalstock ihren Wert behalten; ein allgemeiner Preisverfall für Kapitalgüter und Finanzaktiva würde Vermögen und Kapital vernichten. Der Reichtum verfiele. Ungünstigerweise ist genau dies der Preiseffekt, mit dem man rechnen sollte: Wenn Menschen knapp werden und Kapital vergleichsweise reichlich vorhanden ist, steigen die Löhne und fallen die Kapitalrenditen (das »Faktorpreisverhältnis« ändert sich.)

Zweitens weist die demographische Entwicklung eine weitere problematische Eigenschaft auf: Bevor die Gesellschaft schrumpft, altert sie. Die Zahl der Bürger bleibt konstant, aber ein immer kleinerer Anteil ist ökonomisch aktiv. Immer weniger Aktive müssen immer mehr Alte und Passive unterstützen.

Das Problem ist aber noch ein wenig vertrackter, denn beides hängt miteinander zusammen. Sinkt die Zahl der Aktiven, beschleunigt sich der Preisverfall des Kapitals. Oder anders gewendet: Je weniger Menschen arbeiten, desto weniger produktiv ist der Standort und desto geringere Renditen wirft das dort investierte Vermögen ab.

Der Schlüssel zur Lösung des Problems liegt also in der Beschäftigung: Wenn ein größerer Anteil der Bevölkerung arbeitet und das auch noch produktiver als heute – mehr Stunden, besser ausgebildet –, kann tatsächlich die Nirvana-Ökonomie einer alternden, aber prosperierenden Gesellschaft wahr werden. Glücklicherweise sind die Reserven in den meisten europäischen Ländern enorm: Im internationalen Vergleich arbeitet nur ein kleiner Anteil der Bürger (siehe Irrtümer 1 und 2). Gelingt es zudem noch, die Lebensarbeitszeit auszudehnen – früher in den Beruf, später in Rente –, lässt sich noch stärker gegensteuern. Eine Modellrechnung der EU-Kommission kommt zu dem ermutigenden Ergebnis, dass entschlossene Reformen der Arbeitsmärkte und der sozialen Sicherungssysteme die Auswirkungen der demographischen Entwicklung überkompensieren können: Die Wirtschaft könnte trotz alternder Bevölkerung stärker wachsen, weil die Leistungsanreize stiegen.

Natürlich ist diese Rechnung mit Vorsicht zu genießen: Es handelt sich um eine Modellrechnung, um eine Denkhilfe, nicht um eine Weissagung. Solche Kalkulationen dürfen nicht darüber hinwegtäuschen, dass die demographische Herausforderung gewaltig ist – weil sie viele Bürger zwingt, gewohnte Verhaltensmuster zu ändern.

Scheinlösungen: Einwanderung und Börsen

Bleibt alles im Großen und Ganzen wie es ist, dann werden Arbeitskräfte in den kommenden Jahren und Jahrzehnten rar. Noch liegt die Arbeitslosenquote in Deutschland bei 10 Prozent. Doch diese Durchschnittszahl verstellt den Blick auf das Problem: Bereits heute herrscht bei normaler Konjunktur in manchen Regionen und Branchen Arbeitskräftemangel. Die Industrie findet keine Ingenieure, mancher Handwerksmeister nicht genug Lehrlinge. Vorboten einer neuen Zeit.

In den kommenden Jahren wird sich die Lage verschärfen. Die Nachkriegsgeneration der heute 60-Jährigen geht in Rente, nur wenige Junge rücken nach. Bis 2010, vielleicht bis 2015, bröckelt die Zahl der Bürger im beschäftigungsfähigen Alter nur leicht oder steigt sogar noch, je nachdem wie viele Einwanderer kommen. Danach gehen dem Land die Arbeitskräfte aus.

Die Situation der Achtziger- und Neunzigerjahre wird sich umkehren: Damals drängten die geburtenstarken Jahrgänge, geboren zwischen 1958 und 1968, auf den Markt – einer der Gründe für die anhaltend hohe Arbeitslosigkeit. Nun drohe eine »Wachstum und Wohlstand auf breiter

Front gefährdende allgemeine Arbeitskräfteknappheit«, warnt Wolfgang Klauder, ehemaliger Chefökonom des Nürnberger Instituts für Arbeitsmarkt- und Berufsforschung (IAB).

Wenn uns die Deutschen ausgehen, können wir uns dann nicht auf »Menschenimport« (der Bamberger Bevölkerungsforscher Josef Schmid) verlegen? Schließlich gibt es anderswo auf der Erde immer mehr Menschen. Bis zum Ende des 21. Jahrhunderts wird die Weltbevölkerung von jetzt 6 Milliarden auf 10 Milliarden zunehmen, schätzen die Vereinten Nationen. Da sollte es doch kein Problem sein, genügend Neubürger nach Deutschland zu locken.

Ein Irrtum: Immigranten aus den Entwicklungsländern können die demographische Krise zwar lindern, aber nicht lösen. Selbst wenn jedes Jahr 500 000 Menschen mehr ein- als auswandern würden – also mehr als doppelt so viele wie in den vergangenen Jahrzehnten –, wird die Zahl der Arbeitsfähigen in Deutschland dauerhaft sinken, rechnet das IAB vor.

Und warum sollten die begehrten jungen, gut ausgebildeten Immigranten ausgerechnet nach Deutschland ziehen? Weltweit werden sie umworben. Bereits in den Boomjahren um das Jahr 2000 stellten deutsche IT-Unternehmen fest, dass sie die viel zitierten »Computer-Inder« nicht bekommen – die gehen lieber gleich nach Amerika. »Die Besten kriegen wir nicht«, sagt der Finanzwissenschaftler Raffelhüschen, »aber auch mit den Zweitbesten kann man eine Menge bewegen.« Damit die nach Deutschland kämen, müsse endlich eine rationale Einwanderungspolitik her. Und man müsse ihnen eine »Umgebung bieten, die sie mag« – vielleicht die schwierigste Aufgabe.

Auch der Glaube, privates Vermögen könne langfristig einen auskömmlichen Lebensabend finanzieren, ist trügerisch. Die Alterung der Gesellschaft wird die Kapitalmärkte nicht unberührt lassen. Die Börsen unterlägen einem »Babyboom-Babybust«-Zyklus, analysiert Robin Brooks, Ökonom beim Internationalen Währungsfonds: In Zeiten, da es viele Jüngere gibt, die Geld sparen und anlegen, treiben sie mit ihrer Nachfrage nach Wertpapieren die Kurse nach oben. Gehen die Babyboomer hingegen in Rente, geschieht das genaue Gegenteil: Sie ziehen ihr Vermögen ab, um davon im Alter zu leben – sie verkaufen Wertpapiere, die Kurse fallen.

Der lange Börsenaufschwung, den die westliche Welt von Anfang der Achtzigerjahre bis 2000 erlebt hat, war nach Meinung vieler Ökonomen zum Teil demographiegetrieben. Spätestens wenn die Altersverteilung der

Gesellschaft kippt, dürften dieser Analyse zufolge auch die Börsen endgültig kippen – in zehn bis 15 Jahren.

Die Hoffnungen ruhen auf kopfstarken Entwicklungsländern, allen voran China und Indien, die bis dahin zu globalen Wachstumsmotoren herangewachsen sein dürften – mit entsprechend haussierenden Börsen, die europäische Anlegergelder aufsaugen. Eine vage Perspektive.

Während die spiegelbildliche Entwicklung in Schwellenländern (»Emerging Markets«) auch die Finanzmärkte stabilisieren könnte, scheint ein Einbruch bei Immobilienpreisen unausweichlich. Wenn die Bevölkerung schrumpft, braucht sie weniger Wohnraum. Gerade Reihen- und Einfamilienhäuser in Vororten werden von Leerstand bedroht sein und im Preis verfallen. Wer glaubt, er könne sich einen behaglichen Ruhestand mit dem Verkauf seines selbst genutzten Hauses finanzieren, der dürfte ein böses Erwachen erleben.

Sanierungsfall Wohlfahrtsstaat

Auch vom Staat haben die Bürger in den kommenden Jahrzehnten nicht viel zu erwarten, jedenfalls nicht so viel wie bislang. Die Einsparungen der vergangenen Jahre, mühsam genug, waren nur ein bescheidener Anfang. Renten-, Steuer-, Gesundheits-, Pflege-, Bildungsreform – sie alle werden viele Fortsetzungen erleben. Der Wohlfahrtsstaat wird all jene Versprechen brechen, die für Generationen von Bundesbürgern Gewissheiten waren. Diese Entwicklung ist unausweichlich: Die Alterung der Gesellschaft belastet die Staatshaushalte stark – und zwar sowohl auf der Einnahmen- wie auf der Ausgabenseite.

Relativ präzise ist diese Belastung auf der Ausgabenseite zu beziffern. Sofern keine grundlegenden Systemänderungen stattfinden, werden die Ausgaben für die gesetzliche Rentenversicherung, in den meisten Eurostaaten per Umlageverfahren nach Äquivalenzprinzip organisiert, stark ansteigen, wie die EZB vorrechnet. Der Grund: Eine größere Anzahl von Rentnern muss über eine verlängerte Ruhestandsphase hinweg finanziert werden. Statt heute rund 13 Prozent werden dann bei unveränderter Politik 18 Prozent der Wirtschaftsleistung für die Rentenausgaben fällig. Da die heute im Umlageverfahren finanzierten Rentenversicherungen keine Rückstellungen für die kritische Phase bilden, werden die Mehrausgaben direkt die Staatshaushalte bzw. die dann beitragszahlende junge Generation belasten.

Drastische Reformen der heutigen Systeme werden damit unabdingbar, zum einen eine Heraufsetzung des Renteneintrittsalters, zum anderen eine Senkung des Rentenniveaus. Bei Ansprüchen, die nach Äquivalenzprinzip erworben wurden, wird dies aber nur in Grenzen möglich sein: Ansprüche der Pflichtversicherten gegenüber der staatlichen Rentenversicherung stellen Forderungen dar, die in einem Rechtsstaat nicht einfach enteignet werden dürfen (siehe auch Irrtum 7).

Neben den Ausgaben für Renten werden auch andere »altersbedingte« Ausgaben steigen, vor allem für Gesundheit und Pflege. Insgesamt lässt die demographische Entwicklung die Sozialausgaben per Saldo stark ansteigen.

Nicht nur die Ausgabenseite, auch die Einnahmeseite des Staates wird erheblich belastet. Die drei wichtigsten Kategorien laufender Staatseinnahmen – Steuern auf Einkommen und Ertrag, Verbrauchsteuern sowie Beiträge zu den sozialen Sicherungssystemen – werden betroffen sein. Dies liegt zum einem am nachlassenden Wirtschaftswachstum, zum anderen an der sinkenden Zahl Beschäftigter.

Derzeit lasten die Staatseinnahmen vorwiegend auf der jeweils erwerbstätigen Generation. Sie finanziert die sozialen Sicherungssysteme über ihre Beiträge und zahlt den Großteil der Einkommensteuer. Je höher jedoch der Anteil der Nichterwerbstätigen ist, desto mehr geraten die Staatseinnahmen unter Druck. Es ist daher mit zwei Tendenzen zu rechnen: Erstens werden Verbrauchsteuern als Einnahmequelle des Staates weiter an Bedeutung gewinnen, während Steuern auf Einkommen und Ertrag weniger wichtig werden. Zweitens werden Einkommensteuern zunehmend auch die alte Generation belasten, etwa durch eine verstärkte Besteuerung von Renteneinkommen beziehungsweise durch eine Besteuerung von Alters-Kapitaleinkünften. Dennoch wird der Staat die Abgaben nicht unbegrenzt steigern können. Im Gegenteil: Falls Arbeit finanziell noch unattraktiver wird, wird das Abgabensystem die demographische Krise noch verschärfen. Auch der Standortwettbewerb zwischen den Staaten setzt überbordenden Steuerbelastungen eine Grenze.

Was geschehen wird, liegt auf der Hand: Wenn die Einnahmen bestenfalls stagnieren und die Ausgaben demographiebedingt steigen, werden die Staatsschulden explodieren – jedenfalls sofern die Staatsausgaben nicht radikal zusammengestrichen werden. Bereits heute lasten hohe Schulden auf Deutschland und anderen europäischen Staaten. Künftig dürften sie noch weiter in die roten Zahlen abrutschen. Bei unveränderten Politiken rechnet die OECD für Europa mit einer Verdopplung der aufgelaufenen

Staatsschulden in Relation zum Bruttoinlandsprodukt auf annähernd 110 Prozent. In den ersten Jahrzehnten dieses Jahrhunderts dürften die laufenden Haushaltsdefizite in der Eurozone stark ansteigen. Modellrechnungen des Internationalen Währungsfonds zufolge erreichen sie ihren Höhepunkt in den Jahren 2040 bis 2050 mit rund 6 Prozent der Wirtschaftsleistung.

Wie wir (hoffentlich) arbeiten werden: mehr, länger, intensiver

Der Sozialstaat ist heillos überfordert; das Vermögen verfällt im Wert. Wie eingangs erwähnt, gibt es nur drei wirksame Gegenmittel: Arbeit, Arbeit, Arbeit. Arbeit der Jungen, Arbeit der Frauen, Arbeit der Alten.

Immer mehr Frauen werden erwerbstätig sein. Ein großes Potenzial: Zum einen beteiligen sie sich bis heute weniger am Erwerbsleben als in anderen Ländern; die Erwerbsquote liegt bei 59 Prozent. Zum anderen besteht zumindest die Hoffnung, dass sie in Zukunft besser ausgebildet sein werden als heute und damit produktiver arbeiten können (siehe auch Irrtum 2). Auch die Jüngeren werden früher ans Werk müssen. Jahrelang an der Uni herumgammeln und sich selbst finden – in Zukunft wird man sich das nicht mehr leisten können. Fachleute sagen, die Ausbildungszeiten ließen sich ohne Probleme um zwei Jahre verkürzen.

Vergleichbar groß dürfte das Potenzial bei Älteren sein. Gerade Hochqualifizierte, die keine physisch anstrengende Arbeit geleistet haben, können bis ins hohe Alter arbeiten. »Wenn es ein Patentrezept zur Lösung der demographischen Probleme gibt, dann ist es die Verlängerung der Lebensarbeitszeit«, sagt der Wirtschaftsweise und Regierungsberater Bert Rürup. Das heutige Bild vom Alter bedarf einer vollständigen Korrektur.

Rentner gelten bis heute als inaktiv, unproduktiv, passiv. Und viele verhalten sich genau so, wie es das Stereotyp von ihnen fordert: Tauben füttern im Park, mit altmodischen Hüten auf dem Kopf im Café sitzen, ab und zu auf große Rheumadecken-Verkaufsfahrt gehen – alles typische Zeitvertreibe der Klischeealten. Dabei wären sie zu ganz anderen Taten fähig: »Die Menschen«, schreibt die Organisation für wirtschaftliche Zusammenarbeit und Entwicklung (OECD) in einer Studie, »haben heute die Fähigkeit, über das 70. Lebensjahr hinaus in der Gesellschaft aktiv zu sein. Es gibt keinen biologischen Grund, nach dem 60. Lebensjahr mit der Arbeit aufzuhören.« Fazit der OECD: »Künftig müssten die Menschen zum ›aktiven Altern‹ erzogen werden« – aktiv im Job, in der Familie, in der Nachbarschaft.

Den Ruhestand als eigenständigen langen Lebensabschnitt wird es künftig nicht mehr geben. Die heutigen Senioren legen im Schnitt mit 60 Jahren die Arbeit nieder und haben dann noch 14 (Männer) beziehungsweise 20 Lebensjahre (Frauen) vor sich – bei anständiger Rentenversorgung. Historisch gesehen eine ausgesprochene Sondersituation: 1889, als Otto von Bismarck die gesetzliche Rentenversicherung einführen ließ, lag die durchschnittliche Lebenserwartung bei 40 Jahren. Rente gab es erst ab 70, einem Alter also, das ein Großteil der Beitragszahler gar nicht erreichte. Das Leben bestand aus Arbeit. Nur wer wirklich alt wurde, kam in den Genuss einer – kleinen – staatlichen Rente. Zurück in die Zukunft – so wird es kommen.

Die Schlüsselfrage der grauen Ökonomie des 21. Jahrhunderts lautet: Wie produktiv, kreativ, innovativ können ältere Arbeitskräfte sein? Bislang gelten sie als unproduktiv, weshalb viele Unternehmen versuchen, sie loszuwerden. In den Produktionshallen der deutschen Autoindustrie zum Beispiel wirken heute junge Hochleistungsteams – die Älteren sind über staatliche Vorruhestands- und Altersteilzeit-Regelungen hinauskomplimentiert worden. Auch Akademiker trifft die Generationenapartheid: Ingenieure jenseits der 45 gelten als schwer vermittelbar.

Nicht mehr lange. Die Unternehmen werden künftig ihre älteren Beschäftigten pfleglich behandeln, sie werden in den Erhalt ihrer Produktivität, in Fortbildung und Fitness investieren müssen. Auch die Beschäftigten sollten radikal umdenken. Sie werden sich permanent darum kümmern müssen, ihr Wissen und ihre Fähigkeiten dem Strukturwandel der Wirtschaft anzupassen, sich körperlich und geistig fit zu halten.

Anders als die Generation ihrer Eltern werden sich die Alten von morgen nicht darauf verlassen können, von den Sozialsystemen aus dem Arbeitsmarkt herausgekauft zu werden. Nur wenn die heutigen Jungen sich darauf einstellen und vorbereiten, bis ins hohe Alter werktätig zu sein, hat Deutschland eine Chance, die demographische Krise ohne gravierende Wohlstandseinbußen zu überstehen. Allerdings sind die Älteren der Zukunft für das lebenslange Lernen gut gerüstet: Viele haben eine deutlich bessere Ausbildung genossen als die Generation ihrer Eltern.

Politische Ökonomie: Die Koalition der Verdränger

Es gibt viel zu tun – werden wir's packen? Die typisch deutsche Antwort lautet: Nein. Die demographische Wende, so raunt es aus Politik und Medien, sei ein unentrinnbares Schicksal. Die »Hat-ja-doch-keinen-Zweck«-Fraktion hat die Lufthoheit über die öffentliche Debatte.

Es ist wie so oft in Deutschland: In den Siebzigerjahren dräuten die »Grenzen des Wachstums«, die damals der Club of Rome beschwor; am Ressourcenmangel werde der Planet zugrunde gehen. In den Achtzigerjahren sahen große Teile der Bevölkerung voraus, dass alle Wälder sterben und Fluten, Dürren und Wirbelstürme infolge des Treibhauseffektes die Welt verwüsten würden. In den Neunzigerjahren gewöhnten sich die Deutschen daran, die Mehrung des Wohlstands für unmöglich zu halten, und verhielten sich entsprechend (siehe Irrtum 1). Und jetzt in den 2000ern also die demographische Wende: Nach langem Leugnen ist das Problem endlich erkannt – und wird sofort mit dem Stempel »unlösbar« versehen. Chronisch ist dieses Land von einer eigentümlichen Mutlosigkeit befallen, verbunden mit einer lethargischen Gedankenarmut und Phantasielosigkeit.

Die Frage ist, wer eigentlich ein Interesse daran hat, dass heraufziehende Probleme resigniert und ohnmächtig hingenommen werden. Die Antwort ist einfach: alle, die den Status quo behalten wollen. Wer eine Entwicklung für unabwendbar erklärt, schließt implizit aus, dass sich etwas verändern muss. Wenn wegen Unlösbarkeit sowieso alles keinen Sinn hat, dann kann es auch so bleiben, wie es ist. Wer so argumentiert, muss seiner eigenen Klientel keinen unpopulären Wandel verkaufen. Nach diesem Muster versuchen Gewerkschafter und ihre parteipolitischen Unterstützer um Kürzungen bei den Staatsausgaben herumzukommen. Die bürgerlichen Parteien legen sich für Dynamikbremsen wie das Handwerk oder die Apotheker ins Zeug. Konservative Mittelschichten hoffen sich weiterhin vor Wettbewerb durch den Zuzug qualifizierter Ausländer schützen zu können. Und so weiter. Eine große Koalition steht beisammen, die fest entschlossen ist, die Augen vor der Zukunft zu verschließen.

Die Alterung der Gesellschaft mag eine große Herausforderung sein, aber sie ist kein unentrinnbares Schicksal. Man kann etwas dagegen tun, jeder Einzelne – durch Arbeit, Bildung, Sparen, tolerantes Verhalten gegenüber Einwanderern und, nicht zuletzt, das Großziehen eigener Kinder.

Wie stets sind die Menschen fähig, sich neuen Situationen anzupassen. Vorausgesetzt, sie sind sich über ihre Situation im Klaren.

Anmerkungen

[1] Dazu kamen noch höhere Abgaben, sodass in den Neunzigerjahren die Nettorealeinkommen der Beschäftigten sanken (siehe auch Irrtum 7).

[2] Zu diesem Thema siehe auch Irrtum 2.

[3] Mit diesem Verfahren werden von Land zu Land unterschiedliche Teilzeitquoten vergleichbar gemacht.

[4] Der Fairness halber sei erwähnt, dass in Deutschland zwei weitere Faktoren die Ausbildungszeiten verlängern: die 13. Gymnasialklasse und die Wehrpflicht für Männer. Beides fehlt in den USA und Großbritannien.

[5] Finnland und Irland passen scheinbar nicht in dieses Schema: Die Finnen arbeiten weniger als ihre skandinavischen Nachbarn, die Iren weniger als die anderen Angelsachsen. Verantwortlich sind Sondereffekte: 1990 brach der für Finnland traditionell wichtige sowjetische Markt weg – ein Schock, den das Land trotz beeindruckender Anpassungsleistung bis heute nicht völlig verdaut hat. Auch die irische Beschäftigungsquote ist niedriger als bei den angelsächsischen Vettern – Folge des raschen Bevölkerungswachstums infolge der traditionell hohen Geburtenraten.

[6] Auch Portugal passt nicht recht in dieses Schema. Verantwortlich für die günstigere Beschäftigungslage dort ist vor allem der Investitionsboom der Neunzigerjahre.

[7] Derzeit (2003) ist noch unklar, ob, wann und wie stark auch Immobilien an Wert verlieren werden; sicher ist jedoch, dass der große Immobilienboom an Deutschland vorbeiging.

[8] Übrigens kennt auch der Islam das Zinsverbot. Dort spielt es bis heute eine so wichtige Rolle, dass inzwischen sogar in Deutschland islamische Investmentfonds angeboten werden.

[9] Dass eine hochentwickelte Volkswirtschaft auch mit einer Infrastruktur, die sich aus europäischer Sicht in jämmerlichem Zustand befindet, höchst erfolgreich sein kann, beweisen die USA.

[10] Die Arbeitgeberbeiträge sind stets mitgerechnet; schließlich ist es den Unternehmen gleich, ob sie dem Beschäftigten seinen Lohn unmittelbar auszahlen oder nicht.

[11] Stand: 2001.

[12] Shillers Modell gründet auf dem Prinzip der Risikodiversifizierung. Dieses Prinzip besagt: Je mehr Einzelrisiken – hier: einzelne Personen – in einem Portfolio gebündelt werden, desto niedriger ist das Gesamtri-

siko des Portfolios. Das individuelle Risiko des Einkommensverlustes, das heute begrenzt über das System der Arbeitslosenversicherung übernommen wird, würde an den Börsen handelbar.

[13] Natürlich entstammen die letzten vier Begriffe nicht liberalem Gedankengut. Aber auch liberale Staatswesen wie das britische Empire, die amerikanische und die französische Republik verfolgten über lange Zeit eine rassistische Politik.

[14] Ausländische Arbeitskräfte kommen heute überwiegend temporär nach Deutschland. Zu ihnen zählen insbesondere eine Viertelmillion Saisonarbeiter, die maximal drei Monate pro Jahr im Land bleiben dürfen, sowie 40 000 Vertragsarbeiter, größtenteils aus Polen. Die im Jahr 2000 eingeführte »Green Card«, die den Zuzug hoch qualifizierter Computerfachleute vereinfachen sollte, spielt in der Praxis hingegen kaum eine Rolle.

[15] Gelingt es nicht, den Zuzug zumindest auf bisherigem Niveau zu halten, dürften auch immer mehr deutsche Staatsbürger das Land verlassen. Derzeit kehren jährlich rund 110 000 Deutsche dem Land den Rücken. Künftig könnte diese Zahl noch ansteigen.

[16] So war es ja auch im Fall DaimlerChrysler, einem Projekt, das zunächst als »Fusion unter Gleichen« verkauft wurde und letztlich doch zur echten Firmenübernahme mit deutscher Dominanz geriet.

[17] Wie teuer ein solcher Kauf für den Übernehmer werden kann, hat das Beispiel Rover gezeigt. Der marode britische Autokonzern kostete den Aufkäufer BMW über Jahre hinweg Milliardensummen, bis schließlich der damalige Vorstandschef Joachim Milberg die Reißleine zog und Rover in Einzelfirmen aufteilte und weitgehend verkaufte: Rover und MG an die britische Investorengruppe Phoenix, Land Rover an Ford; Mini blieb bei BMW.

[18] In kleinen Ländern, insbesondere in solchen, die erst in jüngerer Vergangenheit einen Entwicklungsschub durchlaufen haben wie Irland oder Ungarn, ist diese Quote weit höher.

[19] So war es etwa im Fall Mannesmann-Vodafone. Nach verlorener Übernahmeschlacht 2000 erhielt der damalige Mannesmann-Vorstandsvorsitzende Klaus Esser einen »Golden Handshake« im Wert von rund 30 Millionen Euro. Aufsichtsratsmitglied Klaus Zwickel, damals Chef der IG Metall, billigte die Zahlung. Gegen beide wurde später ermittelt.

[20] In rasch wachsenden, aufstrebenden Volkswirtschaften – aber auch in den USA – ist das Kalkül genau entgegengesetzt: Da ausländisches Kapi-

tal für den Aufbau der Wirtschaft zu möglichst günstigen Konditionen angelockt werden soll, sodass Wachstum ohne gigantische Sparanstrengungen der Bevölkerung generiert werden kann, streben die Regierungen eine möglichst hoch bewertete Währung an.

[21] Für Deutschland und Finnland, vor allem aber für Irland sind die USA der wichtigste Nicht-Euro-Markt, für Italien, die Niederlande und Griechenland hingegen spielen die USA als Handelspartner nur eine Nebenrolle. Wegen der geografischen Nähe sind für Deutschland und Italien, vor allem aber für Österreich und Griechenland die osteuropäischen Beitrittsländer inzwischen hoch wichtige Handelspartner, nicht jedoch für Frankreich, Portugal oder Spanien. Umgekehrt sind Frankreich und Spanien auf den südlichen Mittelmeerraum ausgerichtet, Spanien auch auf Lateinamerika – Regionen, die wiederum für die übrigen Eurostaaten kaum eine Rolle spielen.

[22] Diese Größe bezeichnet die durchschnittliche Bewegung der Wechselkurse gegenüber den Währungen der wichtigsten Handelspartner des jeweiligen Landes.

[23] Die übrigen der Top Five sind New York Stock Exchange, Nasdaq, Tokio Stock Exchange und London Stock Exchange.

[24] Für die »qualifizierte Mehrheit« sind generell 62 von 87 Stimmen erforderlich. Die Stimmen verteilen sich dabei wie folgt: Deutschland, Frankreich, Italien, Großbritannien je 10 Stimmen; Spanien 8 Stimmen; Niederlande, Belgien, Portugal, Griechenland je 5 Stimmen; Österreich und Schweden je 4 Stimmen; Irland, Finnland, Dänemark je 3; Luxemburg 2 Stimmen. In Euro-relevanten Fragen gilt eine Sonderregelung: Hier genügt eine Zweidrittelmehrheit der Teilnehmerstaaten (derzeit 47 von 70 Stimmen); die Außenseiterländer sind nicht stimmberechtigt. Entsprechend liegt die Sperrminorität in Eurofragen bei 23 Stimmen, sodass Deutschland, Frankreich und eines der kleineren Länder gemeinsam jeden Ministerratsbeschluss blockieren können – wie bei der Abstimmung über Sanktionen im Rahmen des Stabilitätspakts im Herbst 2003 geschehen. Ab 2005 gelten nach dem Beitritt der Osteuropäer neue Stimmengewichtungen.

[25] Die Statistik unterscheidet zwischen produzierendem und verarbeitendem Gewerbe. Das verarbeitende Gewerbe umfasst die klassischen Industriebranchen wie Auto, Maschinenbau oder Chemie. Das produzierende Gewerbe fasst die Aktivitäten von verarbeitendem Gewerbe, Energie- und Wasserversorgung sowie Bergbau zusammen. Die

genannten Zahlen beziehen sich auf das produzierende Gewerbe insgesamt.

[26] Als mittelständische Unternehmen gelten danach Firmen mit 10–499 Beschäftigten und 1–50 Millionen Euro Jahresumsatz.

[27] Der Name rührt vom Basler Sitz der Bank für Internationalen Zahlungsausgleich (BIZ) her, wo die Verhandlungen über die Kreditvorschriften stattfanden.

[28] Dieses Kapitel gründet zu großen Teilen auf den IEA-Publikationen World Energy Outlook und Germany Review 2002. Für intensive Gespräche danke ich dem IEA-Chefökonom, Fatih Birol, und Klaus-Dietmar Jacoby, Chef der IEA-Abteilung »Krisenplanung und -vorbereitung«.

[29] Zentrale Annahmen der Studie waren: Der rot-grüne politische Kurs wird beibehalten, das Steuersystem wird sukzessive auf Ökosteuern umgestellt und die Liberalisierung der Strom- und Gasmärkte fortgesetzt. Erstellt wurde die Studie vom Prognos-Institut, dem Deutschen Institut für Wirtschaftsforschung, dem Energiewirtschaftlichen Institut an der Universität Köln und dem Bremer Energieinstitut.

[30] Nach Russland sind die wichtigsten Energielieferanten Deutschlands: die Niederlande (Ölprodukte, Gas), Norwegen (Rohöl, Gas), Großbritannien (Rohöl, Ölprodukte), Libyen (Rohöl), Syrien (Rohöl) und Algerien (Rohöl).

Literatur

Bank für Internationalen Zahlungsausgleich (BIZ): *Jahresbericht 2002*. Basel.

–: *Jahresbericht 2003*. Basel.

Bestmann, Uwe: *Finanz- und Börsenlexikon*, 3. Auflage. München 1997.

Birg, Herwig: *Trends der Bevölkerungsentwicklung*. Frankfurt/M. 2000.

Blöndal, Sveinbjörn; Field, Simon; Girouard, Nathalie: »Investment in Human Capital through Upper Secondary and Tertiary Education«. In: *OECD Economic Studies*, No. 34, 2002/1.

Blomström, Magnus: »The Economics of International Investment Incentives«. In: *OECD: International Investment Perspectives*, No. 1, 2002, S. 165–183.

Boss, Alfred: »Schlusslicht Deutschland‹ – Was können die Unterschiede in der Wirtschaftspolitik erklären?« Kieler Arbeitspapier Nr. 1111, Institut für Weltwirtschaft, Kiel, Mai 2002.

–: »Arbeits- und Investitionsanreize in Deutschland – Die Rolle der Abgaben- und Transferpolitik als Determinante des Wachstums des Produktionspotenzials«. Kieler Arbeitspapier Nr. 1148, Institut für Weltwirtschaft, Kiel, Februar 2003.

Carone, Guiseppe; Salomäki, Aino: »Reforms in Tax Benefit Systems in order to Increase Employment Incentives in the EU«. Europäische Kommission, Generaldirektion Wirtschaft und Finanzen, Economic Paper No. 160. Brüssel, September 2001.

Chami, Ralph; Fulenkamp, Connell: »Trust as a Means of Improving Corporate Governance and Efficency«. IMF Working Paper 33, International Monetary Fund, Washington, D.C., 2002.

Davies, Sara; Hallet, Martin: »Policy Responses to Regional Unemployment. Lessons from Germany, Spain and Italy«. Europäische Kommission, Generaldirektion Wirtschaft und Finanzen. Economic Paper No. 161. Brüssel, Dezember 2001.

Deutsche Bundesbank: »Bestimmungsgründe und gesamtwirtschaftliche Bedeutung von Produzenten- und Konsumentenlohn«, in: *Monatsbericht*, Juli 2000, S. 15–27.

–: »Kapitalverflechtung mit dem Ausland«. *Statistische Sonderveröffentlichung* Nr. 10, 2002.

–: *Technologische Dienstleistungen in der Zahlungsbilanz*. Frankfurt/M. 2002.

–: »Verhältniszahlen aus Jahresabschlüssen deutscher Unternehmen 1998 bis 2000«. Statistische Sonderveröffentlichung Nr. 6, Februar 2003.

–: *Ausländische Direktinvestitionen im Inland 1999 bis 2002*. Frankfurt/M. 2003.

Deutsches Institut für Wirtschaftsforschung; Institut für Weltwirtschaft Kiel; Institut für Wirtschaftsforschung Halle: »Gesamtwirtschaftliche und unternehmerische Anpassungsfortschritte in Ostdeutschland«. In: *DIW Wochenbericht* 23/1999.

Economist, The: »Drowning in a Sea of Structural Funds?« Ausgabe vom 29. März 2003.

Europäische Kommission: *Broad Economic Policy Guidelines* (Grundzüge der Wirtschaftspolitik), diverse Jahrgänge.

–: *Report on the Implementation of the Broad Economic Policy Guidelines* (Mitteilung der Europäischen Kommission über die Umsetzung der Grundzüge der Wirtschaftspolitik), diverse Jahrgänge.

–: *Ninth Survey on State Aid in the European Union*. Brüssel 2001.

–: »The free movement of workers in the context of enlargement«. Information Note, 6. März 2001.

–: »Germany's Growth Performance in the 90's«. Generaldirektion Wirtschaft und Finanzen, Economic Papers No. 170. Brüssel, Mai 2002.

–: »Economic and Financial Market Consequences of Ageing Populations«. In: *European Economy*, No. 6, 2002, S. 172–210.

–: *European Economy*, No. 2, 2003.

Europäischer Rat: Schlussfolgerungen des Vorsitzes. Europäischer Rat von Lissabon am 23. und 24. März 2000 in Lissabon.

Foders, Federico: »Demografie und Bildung: Gehen uns die Qualifizierten aus? Auswirkungen der Bevölkerungsentwicklung auf das deutsche Bildungssystem«. Kieler Arbeitspapier Nr. 1003, Institut für Weltwirtschaft, Kiel, September 2000.

Förster, Michael; Pearson, Mark: »Income Distribution and Poverty in the OECD Area: Trends and Driving Forces«. In: *OECD Economic Studies*, No. 34, 2002/1, S. 7–40.

Fraunhofer-Institut für Systemtechnik und Innovationsforschung; Niedersächsisches Institut für Wirtschaftsforschung; Institut für Wirtschaftspolitik an der Universität Karlsruhe: »Bericht zur technologischen Leistungsfähigkeit Deutschlands 2002«, im Auftrag des Bundesministeriums für Bildung und Forschung.

Fukuyama, Francis: *The Great Disruption: Human Nature and the Reconstruction of Social Order.* New York 1999.

–: *Trust: The Social Virtues and the Creation of Prosperity.* New York 1996.

Greenspan, Alan: Speech at the Millenium Lectures Series at Grand Rapids, Michigan, 8. September 1999.

Hobbes, Thomas: *Leviathan.* Ditzingen 1998 (Originalausgabe: 1660).

Institut für Arbeitsmarkt- und Berufsforschung (IAB): »Potenzialprojektion bis 2040: Nach 2010 sinkt das Angebot an Arbeitskräften«. Kurzberichte des Instituts für Arbeitsmarkt- und Berufsforschung, Nr. 4, 20. Mai 1999.

Institut für Demoskopie Allensbach: »Corporate Governance – Einstellungen, Meinungen, Trends«. Unterlage zu einer Präsentation in Frankfurt/M. am 8. April 2003.

Institut für Mittelstandsforschung (IfM): *Unternehmensgrößenstatistik 2001/2002. Daten und Fakten.* Bonn 2002.

International Energy Agency (IEA): *World Energy Outlook.* Paris 2002.

–: *Germany Review.* Paris 2002.

International Monetary Fund (IMF): *World Economic Outlook*, Spring 2001. Washington, D.C.

Issing, Otmar: *Einführung in die Geldtheorie*, 10. Auflage. München 1995.

Joumard, Isabelle: »Tax Systems in European Union Countries«. OECD Economics Department Working Papers, No. 301, Juni 2001.

–: »Tax Systems in European Union Countries«. In: *OECD Economic Studies*, No. 34, 2002/1.

Junius, Karsten; Kater, Ulrich; Meier, Carsten-Patrick; Müller, Henrik: *Handbuch Europäische Zentralbank.* Bad Soden 2002.

Keynes, John Maynard: *The General Theory of Employment, Interest, and Money.* Cambridge 1936 (Nachdruck bei Prometheus Books, Amherst, N.Y. 1997).

Koldt, Henning: »Direktinvestitionen, Fusionen und Strukturwandel«. Kieler Arbeitspapier Nr. 1083, Institut für Weltwirtschaft, Kiel, November 2001.

Kreditanstalt für Wiederaufbau: *Rating – Herausforderungen für Kreditinstitute und Unternehmen.* Frankfurt/M. 2002.

–: *Warum Firmen Pleite machen. Der Einfluss finanzieller Kennziffern und anderer Faktoren auf die Insolvenzwahrscheinlichkeit kleiner und mittlerer Unternehmen.* Frankfurt/M. 2002.

Kuhnert, Jens; Kleff, Volker; Norden, Lars; Weber, Martin: *Mittelstand und Basel II: Der Einfluss der neuen Eigenkapitalvereinbarung für Banken auf die Kalkulation von Kreditzinsen.* Arbeitsbericht 01/07, Lehrstuhl für Finanzwirtschaft, Universität Mannheim, Mai 2002.

Lafontaine, Oskar; Strauss-Kahn, Dominique: »Euro – sozial und stark. Märkte brauchen die ordnende Hand des Staates«. In: *Die Zeit* 3/1999, S. 17.

McMorrow, K.; Roeger, W.: »The economic consequences of ageing populations. A comparison of the EU, US, and Japan«. Europäische Kommission, Generaldirektion Wirtschaft und Finanzen, Brüssel 1999.

Middelfart-Knarvik, Karen; Overman, Henry: »Delocation and European Integration: Is Structural Spending Justified?« Paper prepared for *Economic Policy*, April 2002.

Müller, Henrik: *Kursbuch Euro. Die neue Währung in der Praxis.* Frankfurt/M. 1997.

–: »Europa unter Solidaritätszwang«. In: *Blätter für Deutsche und internationale Politik*, Mai 1998, S. 565–574.

–: »Währungspolitik in der Euro-Ära«. Studie für *Liberal Report* der Friedrich-Naumann-Stiftung, Bonn 1999.

–: *Großmacht Euro – Sprengsatz für die Weltwirtschaft?* Bonn 1999.

–: *Wechselkurspolitik des Eurolandes – Konfliktstoff für die neue währungspolitische Ära.* Frankfurt/M. 1999.

–: »From Dollarisation to Euroisation. The Future of the Euro as an International Substitution Currency« In: *Intereconomics: Review of International Trade and Development*, No. 6, 1999, S. 286–296.

Organisation for Economic Co-operation and Development (OECD): *Economic Outlook*, diverse Ausgaben.

–: *Economic Survey Netherlands*, Paris 2002.

–: *Education at a Glance,* Paris 2002.

–: *Employment Outlook*, Paris 2002.

–: *Financial Market Trends*, No. 84 März, 2003.

–: *Fiscal Implications of Ageing: Projections of Age-Related Spending.* Paris 2001.

–: *International Investment Perspectives*, No. 1, Paris 2002.

–: *Maintaining Prosperity in an Ageing Society.* Paris 1998.

–: *Measuring Globalisation. The Role of Multinationals in OECD economies.* Paris 1999.

–: *Migration Survey 2002.* Paris 2003.

–: *Tax Revenue Statistics 1965–2001.* Paris 2002.

–: *Taxing Wages 2000–2001*. Paris 2002.

–: *The Well-being of Nations. The Role of Human and Social Capital*. Paris 2001.

–: *Trends in International Migration*. Paris 2001.

–: *Trends in International Migration*. Paris 2003.

Plattner, Dankwart: *Warum Firmen Pleite machen*. Veröffentlichungen der Kreditanstalt für Wiederaufbau, Frankfurt/M. 2003.

Rawls, John: *Eine Theorie der Gerechtigkeit*. Frankfurt/M. 2001. (Orig.: *A Theory of Justice*, Cambridge 1971).

Sachverständigenrat zur Begutachtung der Gesamtwirtschaftlichen Entwicklung: *Jahresgutachten 2002/03*. Wiesbaden 2002.

Schneider, Friedrich: »Der Umfang der Schwarzarbeit des Jahres 2002 in Deutschland, Österreich und der Schweiz – Weiteres Anwachsen der Schwarzarbeit«. Arbeitspapier der Universität Linz, Januar 2002.

Sinn, Hans-Werner: »Germany's Economic Unification. An Assessment after Ten Years.« CESifo Working Paper No. 247, Februar 2000.

Shiller, Robert: *Irrational Exuberance*. Princeton 2000.

–: *The New Financial Order*. Princeton 2003.

Straubhaar, Thomas: *On the Economics of International Labor Migration*. Bern 1988.

–: *Migration im 21. Jahrhundert*. Walter Eucken Institut, Beiträge zur Ordnungstheorie und Ordnungspolitik 167. Tübingen 2002.

–: »Die Stellung des Euro im internationalen Währungssystem«. In: *Wirtschaftsdienst*, 5/1998, S. 284–292.

Weber, Max: *Die protestantische Ethik und der »Geist« des Kapitalismus*. Textausgabe auf der Grundlage der ersten Fassung von 1904/05, 2. Auflage. Weinheim 1996.

Tanzi, Vito; Davoodi, Hamid R.: »Corruption, Growth, and Public Finances«. IMF Working Paper No. 182. Washington, D.C. 2000.

Temple, Jonathan: »Growth Effects of Education and Social Capital in OECD Countries«. Economics Department Working Paper No. 263, University of Bristol, October 2000.

Transparency International: »Corruption Conception Index«, im Internet unter www.ti.org

Unabhängige Kommission »Zuwanderung« (Süßmuth-Kommission): *Zuwanderung gestalten – Integration fördern*. Berlin 2001.

World Trade Organisation (WTO): »World Trade Figures 2002. Trade Recovered in 2002, but Uncertainty Continues«. Press Release, 22. April 2003.

Zak, Paul J.; Knack, Stephen: »Trust and Growth«. Working Paper No. 219, Center for Institutional Reform and the Informal Sector, University of Maryland, Juli 1998.

Register

Es läuft ... und läuft ... und läuft ... wie geschmiert

Hans-Joachim Selenz
Schwarzbuch VW
Wie Manager, Politiker
und Gewerkschafter den Konzern ausplündern
224 Seiten · broschiert
€ 14,90 (D) · sFr 25,90 · € 15,40 (A)
ISBN 3-8218-5612-2

Beraterverträge für Politiker, Bildung von Scheinfirmen, Geschäfte mit VW durch hochrangige VW-Manager oder Schmiergelder für den Betriebsrat – im »System VW« ist Bereicherung auf Firmenkosten und Käuflichkeit allgemeines Geschäftsprinzip. Jahrelang geduldet von den Gewerkschaften und Wirtschaftsprüfern, aber auch Medien und Staatsanwaltschaft, die mit Autos, Geld, Reisen und politischen Weisungen zum Schweigen gebracht werden.

Hans-Joachim Selenz zeigt erstmals anhand bisher unveröffentlichten Materials aus VW-internen Quellen das ganze Ausmaß des Skandals, benennt wichtige Akteure – und legt überzeugend dar, wie alle Kontrollmechanismen zur Farce wurden.

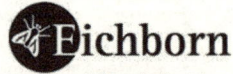Eichborn

Kaiserstraße 66
60329 Frankfurt
Telefon: 069 / 25 60 03-0
Fax: 069 / 25 60 03-30
www.eichborn.de

Wir schicken Ihnen gern ein Verlagsverzeichnis.